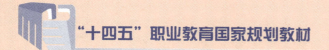

"十四五"职业教育国家规划教材

U0454323

中国特色高水平高职学校建设项目成果

职业教育跨境电子商务专业教学资源库项目建设成果

浙江省跨境电子商务专业中高一体化课程改革项目建设成果（2022VPZGZ023）

新编21世纪高等职业教育精品教材·经济贸易类

跨境电商
实务（第四版·数字教材版）

主　编　肖　旭

副主编　乔　哲　叶杨翔　郑雪英　杨　丹　李　姿

中国人民大学出版社
·北京·

图书在版编目（CIP）数据

跨境电商实务：数字教材版/肖旭主编. --4 版
. -- 北京：中国人民大学出版社，2024.1
新编 21 世纪高等职业教育精品教材. 经济贸易类
ISBN 978-7-300-31989-6

Ⅰ. ①跨… Ⅱ. ①肖… Ⅲ. ①电子商务—商业经营—高等职业教育—教材 Ⅳ. ① F713.365.2

中国国家版本馆 CIP 数据核字（2023）第 142768 号

"十四五"职业教育国家规划教材
中国特色高水平高职学校建设项目成果
职业教育跨境电子商务专业教学资源库项目建设成果
浙江省跨境电子商务专业中高一体化课程改革项目建设成果（2022VPZGZ023）
新编 21 世纪高等职业教育精品教材·经济贸易类
跨境电商实务（第四版·数字教材版）
主　编　肖　旭
副主编　乔　哲　叶杨翔　郑雪英　杨　丹　李　姿
Kuajing Dianshang Shiwu

出版发行	中国人民大学出版社				
社　　址	北京中关村大街 31 号		**邮政编码**	100080	
电　　话	010 - 62511242（总编室）		010 - 62511770（质管部）		
	010 - 82501766（邮购部）		010 - 62514148（门市部）		
	010 - 62515195（发行公司）		010 - 62515275（盗版举报）		
网　　址	http://www.crup.com.cn				
经　　销	新华书店				
印　　刷	北京昌联印刷有限公司		**版　　次**	2015 年 9 月第 1 版	
				2024 年 1 月第 4 版	
开　　本	787 mm × 1092 mm　1/16				
印　　张	17.5		**印　　次**	2025 年 1 月第 6 次印刷	
字　　数	398 000		**定　　价**	49.00 元	

党的二十大报告指出："推进高水平对外开放。""稳步扩大规则、规制、管理、标准等制度型开放。推动货物贸易优化升级，创新服务贸易发展机制，发展数字贸易，加快建设贸易强国。""推动共建'一带一路'高质量发展。""深度参与全球产业分工和合作，维护多元稳定的国际经济格局和经贸关系。"据商务部发布的信息，最近几年，我国的跨境电商保持了快速发展势头，5年增长了将近10倍。跨境电子商务作为我国外贸高质量增长的新军，为我国稳外贸、促增长、促就业做出了重要贡献。但是我国跨境电商人才缺口巨大，在数量、结构和质量上严重滞后于跨境电商行业的高速发展，种种原因中，高质量跨境电商实操类课程的缺乏是重要制约因素。

本教材自2015年9月第一版出版后多次修订，受到了广大师生和跨境电商企业的高度评价。本教材不仅成为许多高校跨境电子商务、国际贸易实务、国际商务、电子商务、报关与国际货运、物流管理等专业的核心课程教材，而且成为中国国际贸易促进委员会商业行业委员会跨境电商水平测试的培训教材和跨境电商技能大赛的指定教材。

2017年以来，全球知名第三方跨境电商平台如速卖通、Wish、亚马逊、敦煌网等在注册规则、招商政策、跨境物流规则、知识产权规则、交易及评价规则等方面进行了大幅度升级和更新。2019年1月1日，我国电商领域首部综合性法律《中华人民共和国电子商务法》正式实施，这标志着我国跨境电商的健康发展进入有法可依的重要阶段。2019年年底，速卖通平台更新了注册规则，将运行多年的技术服务费制度升级为保证金制度，平台卖家若有违规行为（主要涉及知识产权违规、商品信息质量违规、虚假发货及成交不卖等），平台将从保证金中扣罚相应金额。这对平台卖家的合规运营提出了明确要求。本教材第四版在更新工作任务时，以平台最新规则为依据，与跨境电商企业的真实情况无缝对接，让学生在学习和训练中体验到跨境电商行业发展的最新趋势。

2020年，我国首届跨境电子商务专业（含中职、高职和本科专业）开始招生，这是我国跨境电商教育界发展历史上的里程碑事件，对行业有序、健康、持续发展具有积极的推动作用。对此，我们系统研发了跨境电子商务专业人才培养方案，配套更新了"跨境电商实务"课程资源（包括教学视频、教学课件、习题、动画、沙画等，这些课程资源在中国大学MOOC平台爱课程、清华大学学堂在线-精品在线课程学习平台、智慧职教云平台、浙江省高等学校在线开放课程共享平台等同步更新上线），为职教跨境电商高质量发展贡献了力量。

本教材在调研跨境电商专员相关岗位工作任务和职业能力的基础上，依据"跨境电商实务"课程标准，抛弃以知识体系为线索的传统编写模式，采用以工作过程为主线，体现工学结合、任务驱动、项目教学的编写模式。该模式注重以学生为主体，以培养职业能力为核心目标，以真实项目为载体，融"教、学、做、考、创业"为一体，强调对跨境电商专员各操作环节能力的训练，紧紧围绕完成工作任务的需要来选取理论知识。

本教材基于跨境电商零售出口工作流程，分为跨境店铺注册操作、跨境物流与海外仓操作、海外消费者习惯调研操作、数据化选品和视觉设计操作、跨境产品刊登和发布操作、跨境店铺运营及推广操作、订单处理操作、客户维护操作八个学习情境。每个学习情境都包括学习目标、素养目标、工作项目、操作示范、知识链接和能力实训六部分内容。每个学习情境都依据学习目标设计了一个典型的工作项目，布置了相应的工作任务，进行了操作示范，提供了知识链接，最后提供了对应的知识测验和能力拓展任务。

教师在教学时，可以先让学生以跨境电商专员的身份，在第三方跨境电商平台注册（模拟）店铺，然后尝试完成每个学习情境的工作任务，教师结合学生完成工作任务的情况进行操作示范，在此过程中进行相关知识的讲解和总结，最后让学生完成能力实训部分的工作任务，以进一步巩固并提升其跨境电商业务的操作能力。

本教材可以作为高等职业院校、高等专科院校、成人高校、民办高校及本科院校举办的二级职业技术学院跨境电商类专业的教学用书，也可以作为五年制高职、中职相关专业教材，还可以作为社会从业人员的业务参考书及培训用书。

本教材由教育部国贸专业教学资源库"跨境电子商务"课程项目负责人、浙江金融职业学院肖旭担任主编并统稿，参加本次修订工作的人员有：肖旭、方叶（学习情境一），肖旭、项捷（学习情境二），肖旭、王婧、孟亚娟（学习情境三），乔哲、肖旭（学习情境四），肖旭、郑雪英（学习情境五），朱佩珍、肖旭（学习情境六），肖旭、李姿、叶杨翔（学习情境七），张帆、肖旭（学习情境八）。在编写本教材过程中，我们得到了全国关务职业教育教学指导委员会跨境电商数字化通关分委会、中国国际贸易促进委员会商业行业委员会、杭州跨境电子商务协会、海盟控股集团有限公司、浙江点库电子商务有限公司等的大力支持。此外，李巧巧、王琼、王晴岚、韩斌、韦昌鑫等老师给予了大量的帮助，在此一并表示衷心的感谢。

由于修订时间紧、任务重，教材中难免出现一些疏漏和错误，真诚欢迎各界人士批评指正，以便下一版时予以修正，使其日臻完善。

编者

CONTENTS ▶ 目 录

学习情境六
跨境店铺运营及推广操作 163

学习情境七
订单处理操作 213

学习情境八
客户维护操作 245

参考文献　　　　　　　　　　　　　　　　　　　　　　　270

跨境店铺注册操作

微课资源

学习目标

知识目标

1. 掌握跨境电商的基本含义、政策和常见的跨境电商第三方平台的特点。
2. 了解跨境电商与传统外贸的区别和联系。
3. 熟悉 B2B、B2C、B2B2C、M2C、C2C、O2O 等的含义和区别。
4. 熟悉全球速卖通平台店铺注册流程及实名认证操作。
5. 熟悉亚马逊平台店铺注册流程及认证操作。
6. 了解其他跨境电商平台店铺注册流程及认证操作。

能力目标

1. 能熟悉全球速卖通、亚马逊等跨境电商第三方平台店铺注册的规定和要求。
2. 能为跨境电商平台店铺注册准备相应材料。
3. 能模拟完成跨境电商平台店铺注册。

素养目标

1. 培育和践行社会主义核心价值观。
2. 培养互联网思维和大数据思维。
3. 强化数字素养，提升数字技能。
4. 培养遵纪守法、遵守平台规则和知识产权等意识，育成长初心。

工作项目

　　浙江金远电子商务有限公司是一家以全球零售为主的电商企业，致力于为全球消费者供应中国好商品，为中国供应商提供全球零售网络平台。公司为了进一步拓展业务，新招聘了一批跨境电商运营专员，要求其在全球速卖通、亚马逊等第三方跨境电商平台注册店铺，销售公司的产品。他们的主要任务是：

⊙ **工作任务 1：完成全球速卖通平台店铺注册**

熟悉全球速卖通平台特点，为在全球速卖通开店准备好资料，顺利完成注册、认证、考试和开店工作。

⊙ **工作任务 2：完成亚马逊平台（北美站）店铺注册**

熟悉亚马逊平台特点，为在亚马逊平台注册准备好资料，顺利完成平台注册工作。

🛒 操作示范

工作任务 1   完成全球速卖通平台店铺注册

在注册之前，首先准备好注册全球速卖通所需的材料：

（1）公司营业执照彩色扫描件（须在公司营业执照有效期内）；

（2）开店公司企业支付宝账号或公司对应法人个人支付宝账号；

（3）法人、股东基本信息（含身份证信息）；

（4）联系方式（公司的联系邮箱、电话等）（注意：注册全球速卖通店铺的邮箱需要从来没有注册或者绑定过全球速卖通卖家账户）。

【**Step 1**】打开 www.aliexpress.com，将鼠标移到"卖家入口"，在下拉菜单中点击"中国卖家入驻"按钮，进入注册流程（见图 1-1）。

图 1-1   全球速卖通注册入口

【**Step 2**】在注册页面，确定公司注册地所在国家或地区，点击"下一步"（见图 1-2）。

图1-2　确定公司注册地所在国家或地区

【Step 3】提供注册用邮箱、登录密码和手机号码等基本信息，勾选"您申请入驻即表明同意平台《免费会员协议》……"，点击"下一步"，验证手机，添加邮箱登录名（见图1-3至图1-5）。

注意：如果在收件箱中未找到确认邮件，可以查看一下邮件是否被归类为垃圾邮件。若未在垃圾邮件中找到，可以等出现"重新发送"按钮后再点击。

图1-3　提供基本信息

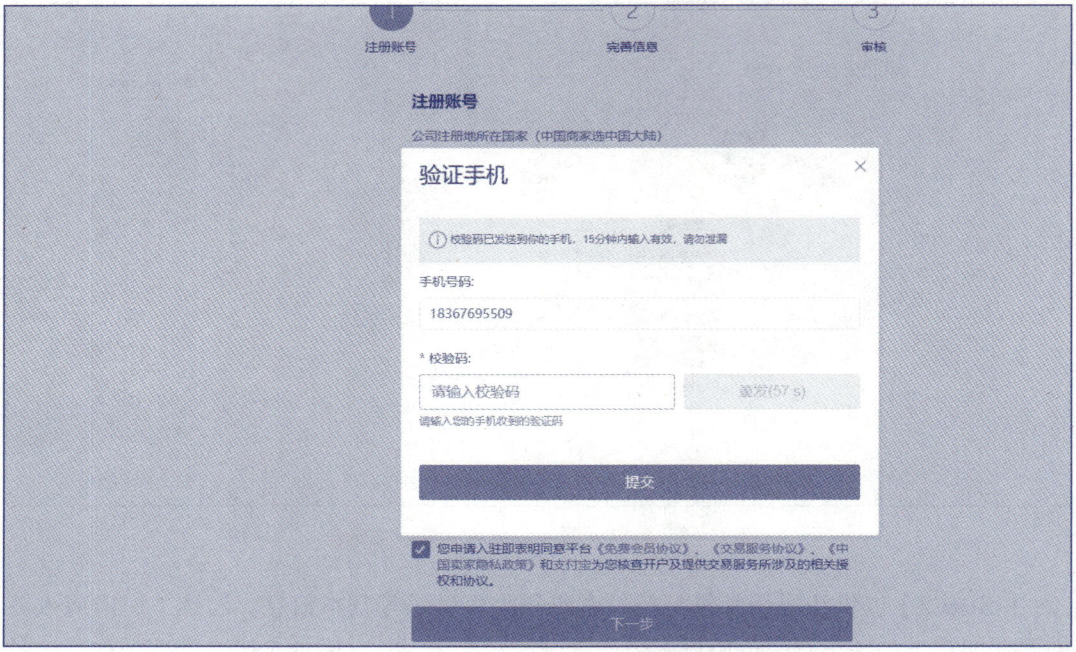

图1-4 验证手机

图1-5 添加邮箱登录名

【Step 4】填写并确认企业信息（见图1-6至图1-8）。使用邮箱、手机进行注册后，需要对企业信息进行验证，完成企业认证，此时，可以根据需要选择入驻方式（需注意速卖通不支持人民币以外的其他币种）。认证方式有两种：企业支付宝授权认证和自行填报入驻信息并通过企业法人授权认证（企业法人个人支付宝授权认证）。二者的主要区别如下：

（1）企业支付宝授权认证。需要提前申请企业支付宝账户，具体的申请方法可联系支付宝客服 95188 咨询。申请完成之后在速卖通认证页面登录企业支付宝账号即可，实时认证通过。

（2）企业法人个人支付宝认证。无需企业支付宝账号，只要在认证页面提交相关资料和法人的个人支付宝账号授权即可，资料审核时间是 2 个工作日。

图 1-6　企业实名认证

图 1-7　登录支付宝进行认证

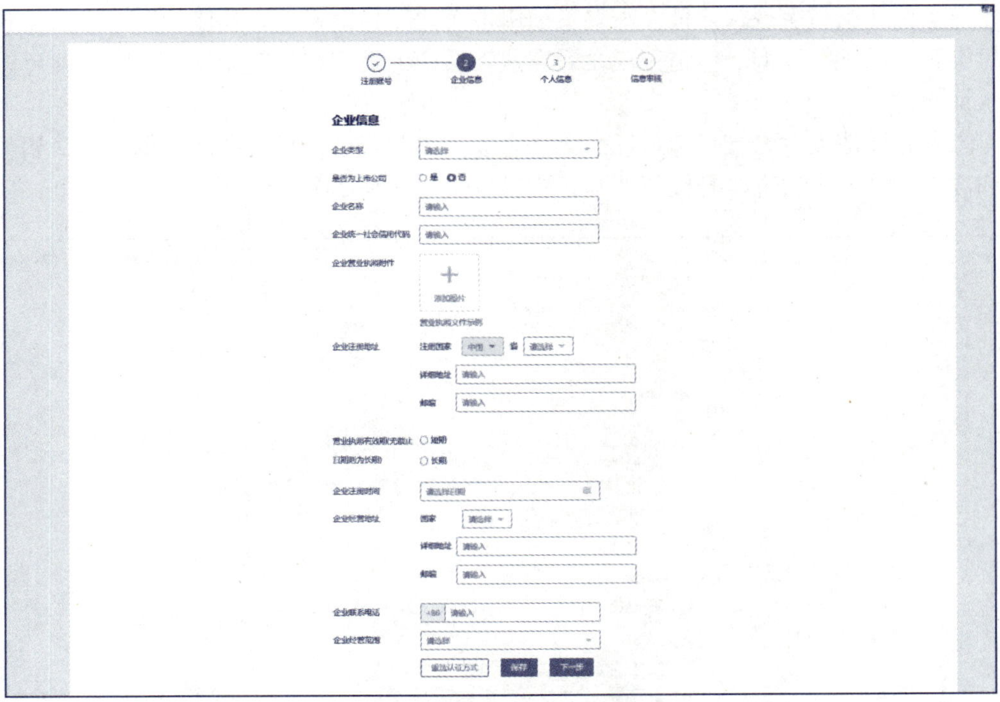

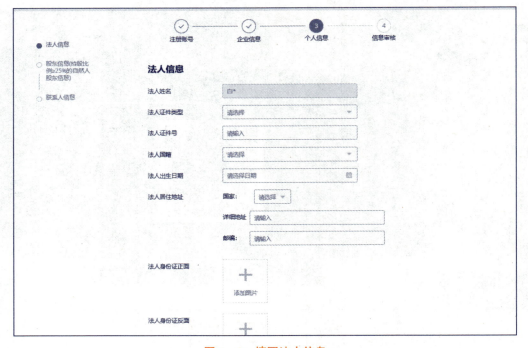

图 1-8　确认企业信息

【Step 5】填写个人信息。个人信息需填写三部分，包括法人信息、股东信息、联系人信息（股东信息可使用法人信息），完成信息审核（见图1-9至图1-12）。

图 1-9　填写法人信息

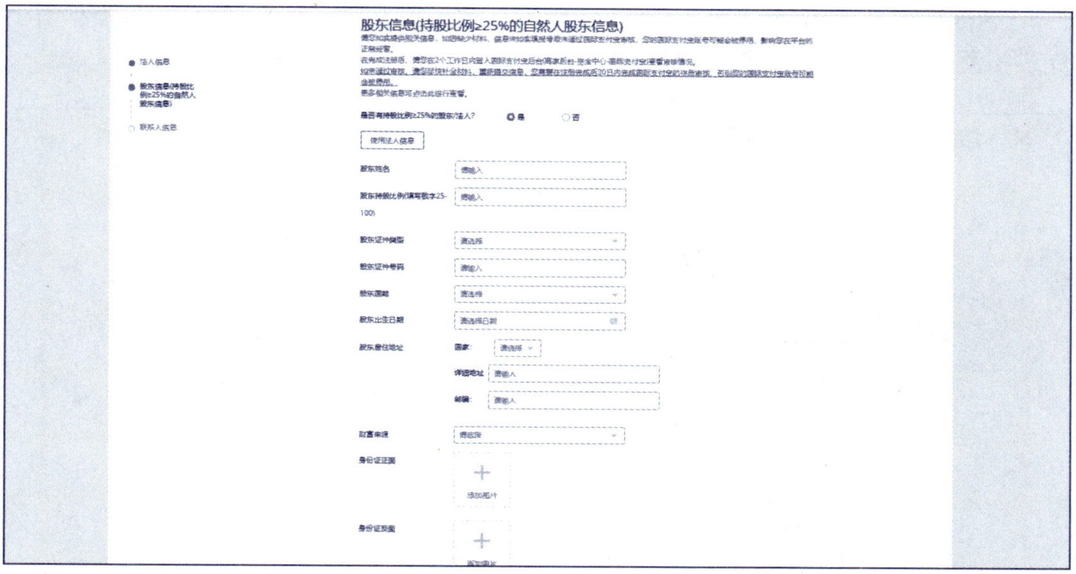

图 1－10　填写股东信息

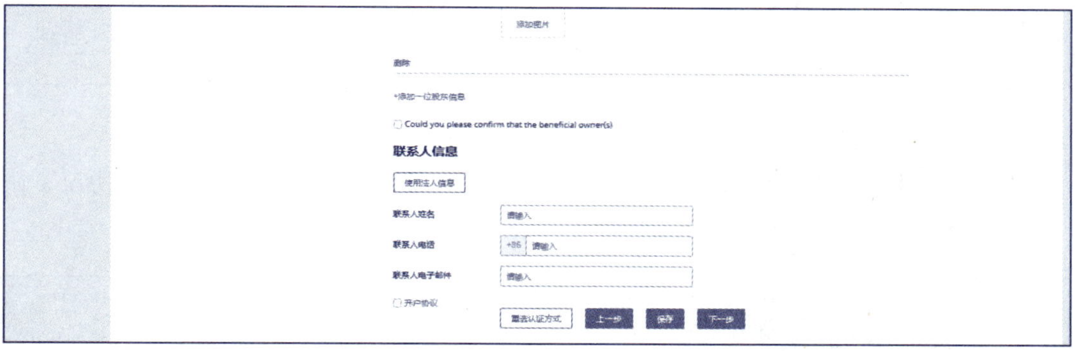

图 1－11　填写联系人信息

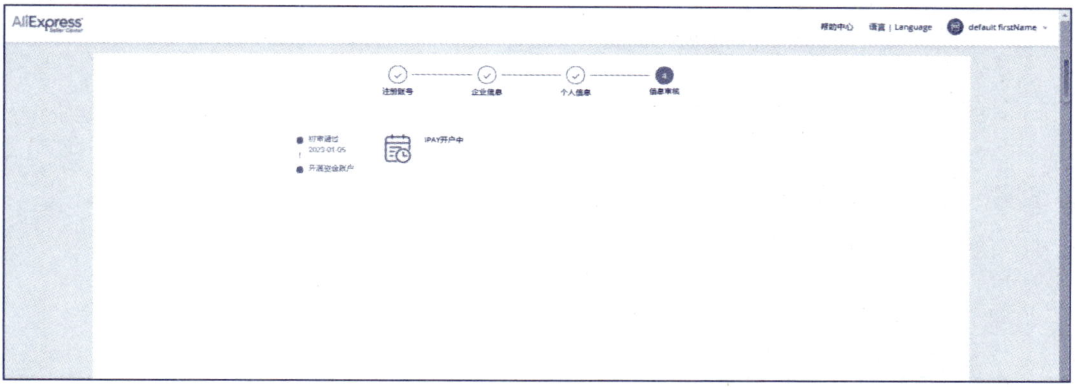

图 1－12　信息审核

【Step 6】开通店铺。完成企业认证后，会进入如图 1–13 所示页面，可根据需要完成相关申请。

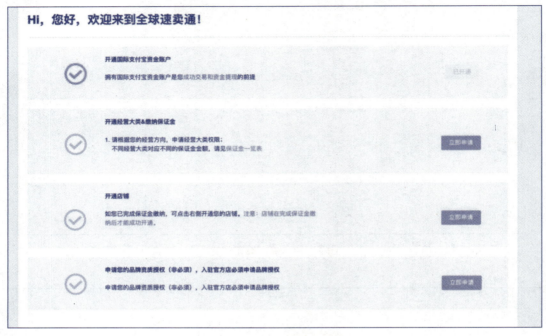

图 1–13　开店任务界面

【Step 7】签署服务协议（见图 1–14）。认真阅读并同意速卖通商户服务协议，认真阅读并同意履行《阿里巴巴诚信体系服务协议》。

图 1–14　签署服务协议

【**Step 8**】确定经营大类（见图 1-15）。正式开始经营店铺前，需要申请经营大类。每个速卖通账号在平台进行经营活动时（经营过程中支持更换经营大类）只能选取一个经营范围，并可在该经营范围下经营一个或多个大类（仅可在第 9 或第 10 经营范围下完成多个经营大类的入驻）。

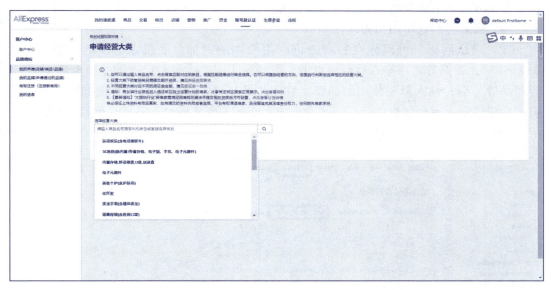

图 1-15　确认经营大类

【**Step 9**】缴纳保证金（见图 1-16）。店铺开展经营活动前须缴纳店铺保证金。在正常经营的情况下，店铺若申请退出平台，经确认无纠纷订单等情况下平台会将保证金退还给店铺。店铺申请不同的经营大类须缴纳不同金额的保证金。

图 1-16　缴纳保证金

【**Step 10**】开通店铺。店铺缴纳保证金后，通过速卖通平台的审核，就可以使用速卖通平台的运营账号，正式开启速卖通之旅。

补充说明：

（1）品牌使用/添加介绍和品牌资质申请介绍。当完成申请经营大类并缴纳保证金后，在部分类目下需要完成品牌资质申请方可发布商品。可以使用开店企业或法人注册的商标，或通过授权使用相关商标。

（2）确认商标。可以先在后台查询所需使用的商标是否已录入平台信息库（见图1-17）。查询方式：登入后台，点击『账号及认证』-『平台已有的品牌申请』-『申请新品牌』后，输入需要使用的品牌名称（见图1-18）。如果可以查询到该品牌，说明该品牌已录入平台信息库。按照平台要求提交相关资质信息，完成品牌授权申请（见图1-19），审核通过后，就可以使用该品牌进行商品发布。

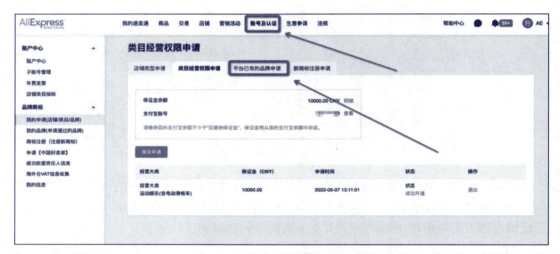

图1-17　查询品牌

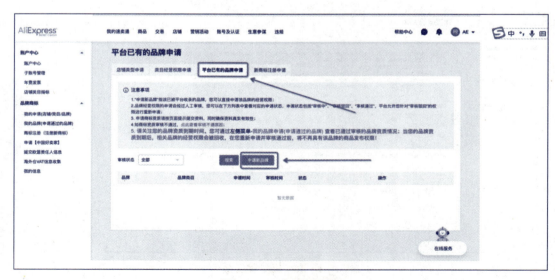

图1-18　申请新品牌

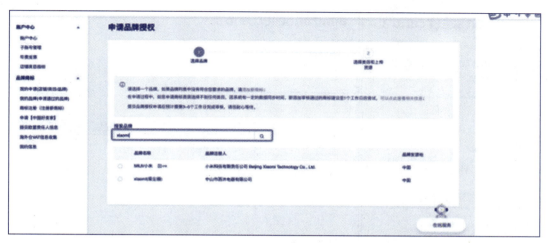

图 1－19　申请品牌授权

工作任务 2　完成亚马逊平台（北美站）店铺注册

在注册亚马逊专业账户时，卖家需要联系亚马逊招商经理，根据招商经理要求填写全球开店公司信息收集表。之后亚马逊会向注册邮箱内发送注册链接，卖家通过注册链接进行店铺注册。在注册之前，首先应准备以下材料：

（1）营业执照（名称、类型、法定代表人、住所等，中国大陆营业执照距离到期日期应超过 45 天）。

（2）法定代表人身份证（身份证上的姓名须与营业执照上法定代表人的姓名一致）。

（3）双币信用卡（卡号、有效期限以及信用卡账单地址）。

（4）收款账户信息（大多数卖家会使用第三方收款平台）。

（5）有效的邮箱（未注册或者绑定过亚马逊账户）。

（6）有效的电话号码（未注册或者绑定过亚马逊账户）。

注意：注册亚马逊店铺的邮箱和电话号码须从来没有注册或者绑定过亚马逊卖家账户和买家账户，注册和登录亚马逊店铺使用的电脑和网络也须从来没有登录过亚马逊卖家账户和买家账户，否则容易产生账号关联。

【Step 1】向账户经理提交开店信息表之后，注意查看注册邮箱内亚马逊账户经理发送的邮件，点击标题为"内含北美站注册链接"邮件内的注册链接，出现如图 1－20 所示页面，点击最下方按钮开始注册。

【Step 2】点击注册按钮之后进入如图 1－21 所示页面，分别输入法定代表人姓名的拼音、收到注册链接的邮箱以及密码，点击"下一步"，亚马逊将向邮箱内发送包含验证码的邮件（注册页面下方可以切换中文模式）。

【Step 3】查看注册邮箱内的邮件，会收到一封如图 1－22 所示邮件，包含验证码，将验证码输入图 1－23 的界面中，点击" Create your Amazon account"。如果暂时没有收到邮件，可以查看该邮件是否被归类为垃圾邮件；如果长时间没有收到，可以等出现"重新发送"按钮时再次点击。

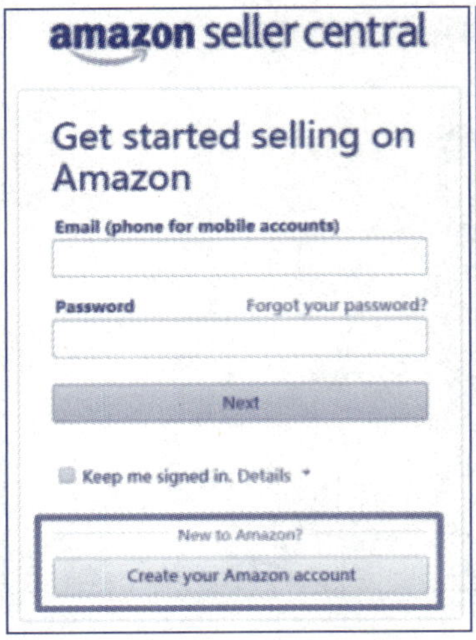

图 1-20　店铺注册

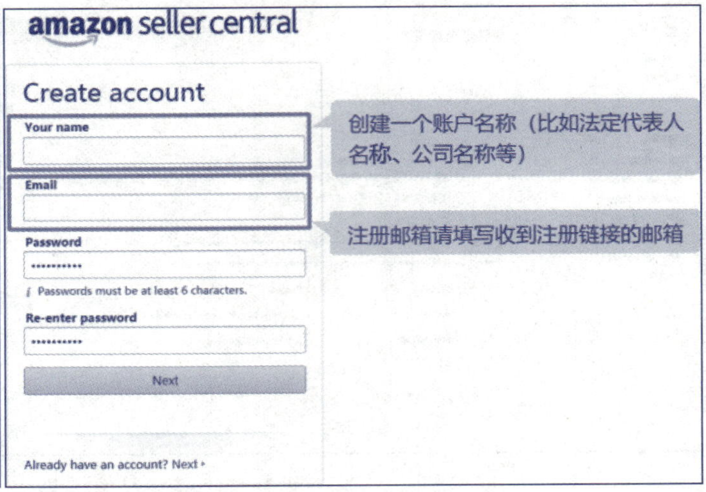

图 1-21　输入姓名和邮箱

图 1-22　验证码邮件

图 1-23　输入验证码

【Step 4】进入如图 1-24 所示页面，首先在公司地址下拉列表中选择营业执照所在的国家或地区（中国大陆卖家选择中国），然后根据公司实际情况选择业务类型，填写公司英文名称（可以写营业执照上公司名称的汉语拼音）和中文名称，点击"同意并继续"。

【Step 5】进入如图 1-25 所示页面，依次输入公司相关信息。公司注册号码要与营业执照信息相同。PIN 接收方式表示使用哪种方式进行验证，可以选择短信或者电话。需要注意电话号码格式（中国大陆电话号码选择"中国 +86"），如果选择短信验证就会收到短信，输入验证码即可，若验证码正确，网页会显示认证成功，信息输入完毕，点击"下一页"，注意一旦验证完成将无法再退回到本步骤修改信息。

【Step 6】进入如图 1-26 所示页面，进一步完善账号所在公司的法人的个人信息，选择国籍后（中国大陆卖家选择中国），依次输入或选择信息，勾选"是企业的受益所有人"以及"是企业的法人代表"两个选框。如果公司的受益人只有法人一个，"我已新增该公司所有的受益所有人"下就选择"是",否则就选"否",进一步添加其他受益人信息。

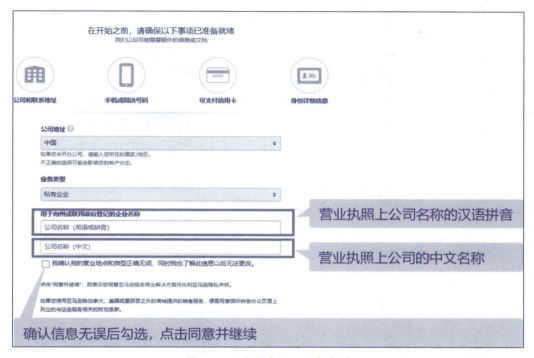

图 1-24 公司名称、业务类型

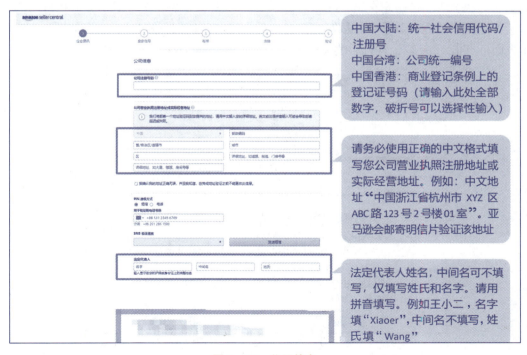

图 1-25 公司信息

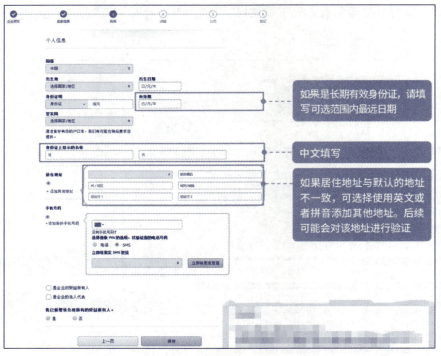

图 1－26　法人信息

【Step 7】进入如图1－27所示页面，仔细阅读信息，并点击"我了解"。进入如图1－28所示页面添加银行账户，如果有外币银行卡可以直接使用，如果没有的话可以使用第三方收款平台（连连支付、PingPong等），使用第三方收款平台需要提前将自己的银行卡绑定到第三方收款平台，填写完信息之后点击"验证银行账户"，进入如图1－29所示页面，点击"继续"，进行后续步骤。

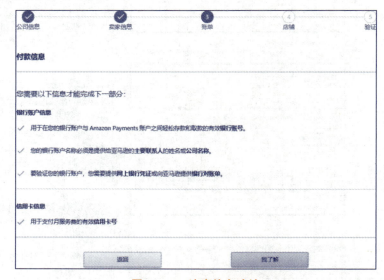

图 1－27　注意信息确认

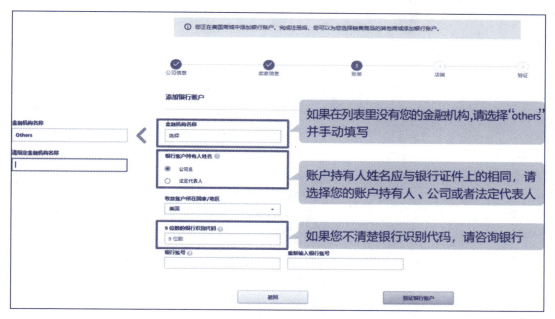

图 1－28 收款账户绑定

图 1－29 账户验证

【Step 8】进入如图1－30所示页面，绑定平台扣款时使用的信用卡信息，请使用国际信用卡（推荐 VISA 卡），否则会提示不符合要求。如果填写的信用卡账单地址与在银行填写的账单寄送地址不一致，可能会导致账户注册失败。信用卡持卡人与账户注册人无须为同一人，公司账户也可以使用个人信用卡，账户运营过程中可以随时更换信用卡，但频繁更换可能会触发账户审核。

【Step 9】进入如图1－31所示页面填写店铺信息，店铺名称建议使用英文或者拼音填写，其他根据实际情况选择即可。

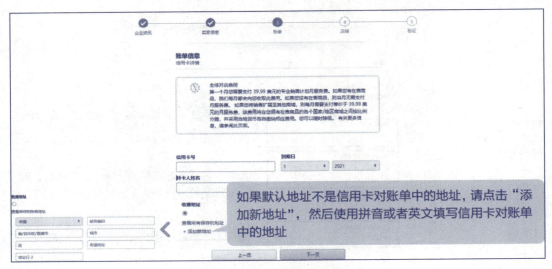

图1-30　付款账户绑定

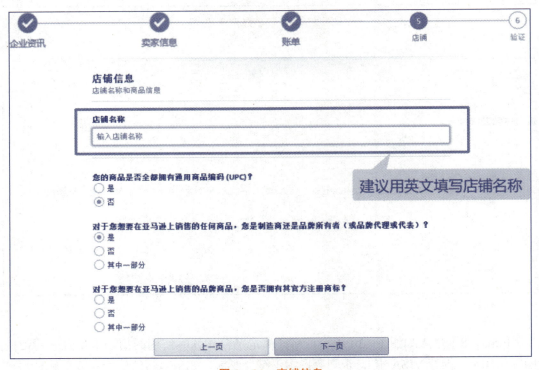

图1-31　店铺信息

【Step 10】进入如图1-32所示页面提交身份验证，上传法人身份证的正反面以及公司营业执照的彩色照片或彩色扫描件，注意照片清晰、完整，不要使用截图或经过处理的图片。

图 1-32 信息上传

【Step 11】进入如图1-33所示页面进入视频验证环节。亚马逊提供了两种视频验证方式：第一种是"即时视频通话"，可以立即开始排队等候接通亚马逊员工的视频通话；第二种是"预约视频通话"，部分地区可能只有预约视频验证选项，如图1-34所示，选择可选时间进行预约。

图 1-33 视频验证方式选择

图1－34　预约视频验证时间

【Step 12】完成预约后，卖家将在24小时内收到一封包含更多详情的邮件，卖家可以取消或更改预约。卖家需在预约时间提前调试好设备，打开注册页面，准备好法人身份证以及营业执照原件。亚马逊要求公司的法定代表人出席会面，点击如图1－35所示页面的"加入视频通话"后进行验证。

图1－35　加入视频通话验证

【Step 13】视频验证之后亚马逊会发送邮件告知卖家审核结果。审核通过之后，卖家可以登录账号，选择相应站点进入（见图1－36）。

【Step 14】选择站点之后需要启用两步验证（见图1－37），一般使用手机号码进行验证（见图1－38），完成两步验证之后进入店铺页面（见图1－39），查看是否有标红信息，如果有则进行补充，没有即为注册完成。

图 1 - 36　站点选择

图 1 - 37　两步验证

图 1 - 38　输入电话号码

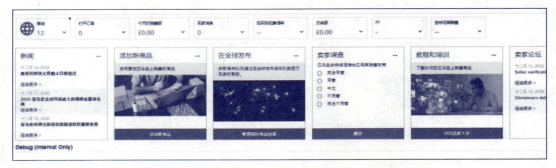

图 1－39　店铺后台页面

知识链接

一、跨境电商概述

（一）跨境电商的定义、监管模式、基本流程

1. 跨境电商的定义

跨境电子商务（Cross-border Electronic Commerce），简称跨境电商，是电子商务应用过程中一种较为高级的形式，是指不同国别或地区间的交易双方通过互联网及其相关信息平台实现交易。其实际上就是把传统国际贸易加以网络化、电子化的新型贸易方式。跨境电商以电子技术和物流为手段，以商务为核心，把原来传统的销售、购物渠道转移到互联网上，打破了不同国家和地区之间的壁垒，也使厂家实现了全球化、网络化、无形化、个性化、一体化服务。

以下是常见的海关监管方式代码。

"9610"的含义。海关总署公告 2014 年第 12 号（《关于增列海关监管方式代码的公告》）：增列海关监管方式代码"9610"，全称"跨境贸易电子商务"，简称"电子商务"。该监管方式适用于境内个人或电子商务企业通过电子商务交易平台实现交易，并采用"清单核放、汇总申报"模式办理通关手续的电子商务零售进出口商品（通过海关特殊监管区域或保税监管场所一线的电子商务零售进出口商品除外）。

"1210"的含义。海关总署公告 2014 年第 57 号（《关于增列海关监管方式代码的公告》）：增列海关监管方式代码"1210"，全称"保税跨境贸易电子商务"，简称"保税电商"。该监管方式适用于境内个人或电子商务企业在经海关认可的电子商务平台实现跨境交易，并通过海关特殊监管区域或保税监管场所进出的电子商务零售进出境商品［海关特殊监管区域、保税监管场所与境内区外（场所外）之间通过电子商务平台交易的零售进出口商品不适用该监管方式］。

"1239"的含义。海关总署公告 2016 年第 75 号（《关于增列海关监管方式代码的公告》）：增列海关监管方式代码"1239"，全称"保税跨境贸易电子商务 A"，简称"保税电商 A"。该监管方式适用于境内电子商务企业通过海关特殊监管区域或保税物流中心

（B型）一线进境的跨境电子商务零售进口商品。天津、上海、杭州、宁波、福州、平潭、郑州、广州、深圳、重庆10个城市开展跨境电子商务零售进口业务暂不适用"1239"监管方式。

"1039"的含义。"1039"即"市场采购"贸易方式，是指由符合条件的经营者在经国家商务主管部门认定的市场集聚区内采购的、单票报关单商品货值15万美元以下（含15万美元）并在采购地办理出口商品通关手续的贸易方式。目前，该贸易方式使用范围仅限于在义乌市场集聚区（义乌国际小商品城、义乌市区各专业市场和专业街）内采购的出口商品。

"9710"的含义。海关总署公告2020年第75号（《关于开展跨境电子商务企业对企业出口监管试点的公告》）：增列海关监管方式代码"9710"，全称"跨境电子商务企业对企业直接出口"，简称"跨境电商B2B直接出口"，适用于跨境电商B2B直接出口的货物。

"9810"的含义。海关总署公告2020年第75号（《关于开展跨境电子商务企业对企业出口监管试点的公告》）：增列海关监管方式代码"9810"，全称"跨境电子商务出口海外仓"，简称"跨境电商出口海外仓"，适用于跨境电商出口海外仓的货物。

2. 跨境电商的监管模式

海关总署按照"顺应电子商务发展潮流，遵循电子商务规律，发挥电子商务全程数据留痕、可追溯的特点，创新理念和方法，改革通关监管模式，支持和促进跨境电子商务健康、有序、快速发展"的工作思路，归纳提出"一般出口""特殊区域出口""直购进口"和"网购保税进口"4种新型海关通关监管模式，发布公告明确跨境贸易电子商务进出境货物、物品有关监管事宜，增列3种新型跨境电子商务监管方式（"9610""1210""1239"），建立跨境电商企业备案管理制度，完善统计工作的相关制度和办法。

（1）一般出口模式。一般出口模式（"9610"出口）：采用"清单核放、汇总申报"的方式，电商出口商品以邮、快件方式分批运送，海关凭清单核放出境，定期把已核放清单数据汇总形成出口报关单，电商企业或平台凭此办理结汇、退税手续。

（2）特殊区域出口模式。特殊区域出口模式（"1210"出口）：电商企业或电商平台将整批商品按一般贸易报关进入海关特殊监管区域或场所，企业实现退税；对于已入区退税的商品，境外买家网购后，海关凭清单核放，由邮、快件企业分送出区离境，海关定期将已放行清单归并形成出口报关单，电商企业或平台凭此办理结汇手续。

（3）直购进口模式。直购进口模式（"9610"进口）：符合条件的电商平台与海关联网，境内个人跨境网购后，平台将电子订单、支付凭证、电子运单等实时传输给海关，商品通过海关跨境电商专门监管场所入境，按照个人邮递物品征税，并纳入海关统计。

（4）网购保税进口模式。网购保税进口模式（"1210"进口和"1239"进口，"1210"适用于试点城市，"1239"适用于非试点城市）：电商企业或电商平台将整批商品运入海关特殊监管区域或场所内特设的电子商务专区，向海关报关。海关建立电子商务管理账册。境内消费者网购区内商品后，电商企业或平台委托报关代理公司向海关申报电子清单，海关对电子订单、支付凭证、电子运单、电子清单四单进行计算机自动比对，相符的，海关参照个人邮递物品自动征税，验放后账册自动核销。

3. 跨境电商的基本流程

跨境电商的基本流程见图 1-40。

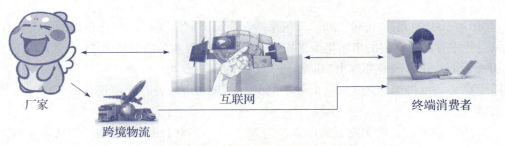

图 1-40　跨境电商的基本流程

跨境电商需要解决三个流程问题：

一是信息流：厂家在网上发布所提供的商品或服务信息，消费者通过互联网搜寻需要的商品或服务信息。

二是产品流（物流）：消费者在网上下单，厂家委托跨境物流服务公司将商品运送到海外消费者手里。

三是资金流：消费者通过第三方支付方式及时、安全地付款，厂家收汇结汇。

（二）主要的跨境电商第三方平台

目前，主要的跨境电商第三方平台有全球速卖通（AliExpress）、Wish、敦煌网（DHgate）、eBay 和亚马逊（Amazon）等。

1. 全球速卖通（AliExpress）

全球速卖通是阿里巴巴旗下唯一面向全球市场打造的在线交易平台，致力于跨境电商业务，被广大卖家称为国际版"淘宝"。全球速卖通于 2010 年 4 月上线，经过多年的迅猛发展，目前覆盖 200 多个国家和地区，拥有近 20 个语言分站，每天海外买家的流量超过 5 000 万人次，最高峰值达到 1 亿人次，已经成为全球最大的跨境电商交易平台之一。

全球速卖通的业务覆盖 3C、服装、家居、饰品等共 30 个一级行业类目，其中优势行业主要有服装服饰、手机通信、鞋包、美容健康、珠宝手表、消费电子、电脑网络、家居、汽车摩托车配件、灯具等。

全球速卖通最大的特点是"价格为王"，卖家的商品一定要有较高的性价比。同时，全球速卖通非常重视营销推广。该平台免费为卖家提供四大营销工具，即"限时限量折扣""店铺优惠券""全店铺满立减"和"全店铺打折"。卖家也可付费参加平台的直通车活动，在短时间内获得大量的曝光和流量。买家按照有效点击数来付费，费用高低与推广评价及出价相关。

全球速卖通首页如图 1-41 所示。

2. Wish

Wish 公司于 2011 年 12 月创立于美国旧金山硅谷，起初是一个导购平台。2013 年 3 月，Wish 在线交易平台正式上线，移动 App 于同年 6 月推出，当年经营收益即超过

1 亿美元。截至 2022 年 9 月，Wish 拥有超过 5 亿注册用户，月活用户超过 2 500 万，注册商家超过 25 万。Wish 85% 的用户来自欧洲和北美，80% 的用户为女性，并且集中在 15 ～ 35 岁。Wish 60% ～ 70% 的商家来自中国，占总交易额的 80% ～ 90%。

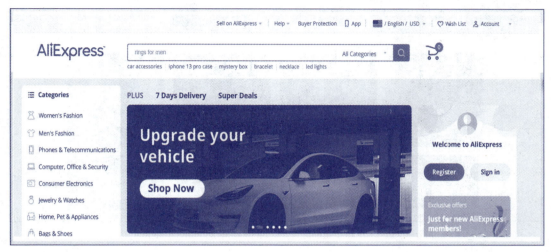

图 1 - 41　全球速卖通首页

Wish 最大的特点就是专注于移动端购物。在 Wish 平台，98% 的流量和 95% 的订单来自移动端。众所周知，我们正处于从 PC 端到移动端"迁徙"的时代。然而，能够摆脱传统互联网思维束缚，完全专注于移动端发展的平台少之又少。亚马逊、eBay、全球速卖通都在大力推广移动端 App，但这些移动应用都基本沿用了 PC 时代的思维，仅在交互设计上进行了屏幕适应性调整。而 Wish 平台采取基于搜索引擎的匹配技术，即通过用户行为判断用户偏好，并通过数学算法，将用户和商家、商品进行准确的匹配，每天给用户推送其可能感兴趣的商品和商家。Wish 平台的这一特点与其创始人彼得·舒尔泽斯基和张晟均具有硅谷工作背景（曾分别就职于谷歌和雅虎），是典型的技术派不无关系。Wish 平台秉持"让手机购物更加高效和愉悦"的原则，每屏只推送 4 ～ 6 件商品，并且以瀑布流的形式展示。

除用电子邮箱注册，用户还可以通过已有的 Facebook 和 Google 账号进行关联。首次登录后，用户只需要填写性别、年龄等基本信息，以及选择感兴趣的商品种类，随后就会收到来自 Wish 的个性化商品推荐。而通过 Facebook 和 Google 登录的用户，Wish 还会通过数据分析他们在社交平台的信息，以进行有针对性的推送。

同时，Wish 努力给每个商品公平匹配的流量导入，坚持"机会面前，人人平等"，这有助于中小卖家的起步和发展。与全球速卖通、eBay、亚马逊等其他平台通过关键词额外收取费用来向用户推荐商品的模式不同，Wish 平台上的商户上传任何商品都是免费的，只有在交易成功后商户才需向平台支付一定比例的佣金，整个过程非常简单易行且没有任何的隐藏费用。Wish 没有其他平台盛行的比价功能，因此价格在 Wish 是不敏感的，那些适用于 eBay 和全球速卖通的规则对 Wish 完全不适用，后期流量拼的是商品的优化和客服的服务质量。

Wish 首页见图 1-42。Wish 手机应用页面见图 1-43。

图 1-42　Wish 首页

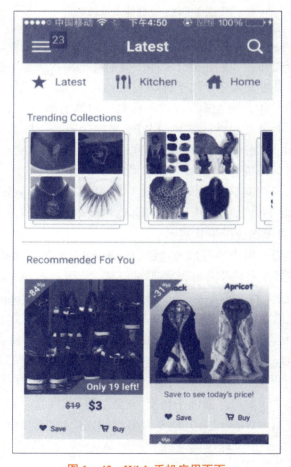

图 1-43　Wish 手机应用页面

3. 敦煌网（DHgate）

敦煌网 B2B 在线交易平台于 2005 年正式上线，是全球领先的在线外贸交易平台，致力于帮助中国中小企业通过跨境电商平台走向全球市场。目前，敦煌网拥有 220 万以上的累计注册供应商，在线商品数量超过 2 300 万，累计注册买家超过 2 800 万，业务遍及全球 220 多个国家和地区，拥有 50 多个国家和地区的清关能力、200 多条物流专线以及近 20 个海外仓。

作为第二代 B2B 电子商务的开拓者，敦煌网最大的特点是完善的在线交易环境和配套的供应链服务。敦煌网整合跨境交易涉及的各个环节，并将其纳入自身的服务体系。这种基于专业化分工的整合，将买卖双方从繁杂的交易过程中解放出来，使得复杂的跨境贸易变得相对简单。更为重要的是，敦煌网提供的各项服务，通过集合效应大大降低了交易双方的成本。

此外，敦煌网还提供特有的拼单砍价服务，如果同一时间会有许多货物发往同一个地方，敦煌网便会将相关信息搜集起来将这些货物一起发送，以帮助互不相识的客户将货物拼到一个集装箱运输以降低成本。

敦煌网首页见图 1－44。

图 1－44　敦煌网首页

4. eBay

eBay 是一个可让全球民众上网买卖物品的线上拍卖及购物网站，于 1995 年 9 月 4 日由皮埃尔·奥米迪亚以 Auctionweb 的名称创立于加利福尼亚州圣荷西。eBay 的创立最初是为了帮助创始人奥米迪亚的未婚妻交换皮礼士糖果盒。1999 年 eBay 开始全球扩张，首个海外站点是德国站。2002 年 eBay 收购了贝宝（PayPal）。目前 eBay 的业务覆盖 190 多个国家和地区，日均成交量超过数百万单。

eBay 对卖家的要求严格，对商品质量要求较高，并且要求商品价格具有优势。除了有和其他平台类似的常规商品出售，二手货的交易也是 eBay 业务的重要组成部分。

在 eBay，交易方式分为拍卖和一口价两种。eBay 对每笔拍卖向卖家收取 0.25 ~ 800 美元的刊登费，在交易成功后再收取 7% ~ 13% 的成交费。在收购了 PayPal 后，eBay 的支付方式默认为 PayPal，商户在注册开店时必须绑定有效的 PayPal 账户。

eBay 首页见图 1-45。

图 1-45　eBay 首页

5. 亚马逊（Amazon）

亚马逊成立于 1994 年，最初是一个销售书籍和音像制品的"网上书店"。2000 年，亚马逊开始通过品类扩张和国际扩张，致力于成为全球最大的网络零售商。2019 年，亚马逊在全球市值最高的 20 家互联网公司排名中位列第一。

在所有的跨境电商第三方平台中，对卖家要求最高的是亚马逊，它不仅要求卖家的商品质量必须有优势，而且必须有品牌。亚马逊鼓励用户自助购物，将用户对于售前客服的需求降到最低，这要求卖家提供非常详细、准确的商品详情和图片。

亚马逊支持货到付款，并且拥有自己的付费会员群体 Amazon Prime。每年支付一定金额的会员费（目前为 119 美元），Amazon Prime 会员就能享受商品免邮服务（个别商品除外），还能够通过亚马逊观看约 4 万部电影和电视剧集并享受 50 万本 Kindle 电子书的借阅服务。虽然亚马逊从未公布 Amazon Prime 会员的具体人数，不过根据市场调研机构 CIRP（Consumer Intelligence Research Partners）的研究报告，截至 2022 年 8 月，Amazon Prime 会员数量达到 1.71 亿，其中高达 93% 的 Amazon Prime 用户表示对其服务质量感到满意，并打算在来年继续使用该服务。这一庞大的会员人群主要为国外的中高端消费群体，他们是亚马逊最具价值的财富之一。

亚马逊的另一特色服务是 FBA（Fulfillment by Amazon），即亚马逊物流，是指卖家将商品批量发送至亚马逊运营中心之后，由亚马逊负责帮助卖家存储商品；当商品售出后，由亚马逊完成订单分拣、包装和配送，并为这些商品提供买家咨询、退货等客户服务，帮助卖家节省人力、物力和财力。虽然亚马逊物流的收费标准高于一般的仓储公司，但由于 FBA 得到买家较高的认可，因此不少买家都愿意支付更多的钱来选择 FBA。在同等条件下，FBA 卖家的曝光度高于普通卖家，抢到购物车的概率也更高，并且使用 FBA 的卖家所得到的任何由物流带来的中差评可以由亚马逊帮助移除。

亚马逊首页见图 1-46。

图 1-46　亚马逊首页

（三）我国跨境电商综合试验区

1. 设立意义

中国跨境电子商务综合试验区是中国设立的跨境电子商务综合性质的先行先试的城市区域，旨在在跨境电子商务交易、支付、物流、通关、退税、结汇等环节的技术标准、业务流程、监管模式和信息化建设等方面先行先试，通过制度创新、管理创新、服务创新和协同发展，破解跨境电子商务发展中的深层次矛盾和体制性难题，打造跨境电子商务完整的产业链和生态链，逐步形成一套适应和引领全球跨境电子商务发展的管理制度和规则，为推动中国跨境电子商务健康发展提供可复制、可推广的经验。

2. 发展历程

（1）2015 年 3 月 7 日，国务院同意设立中国（杭州）跨境电子商务综合试验区。

（2）2016 年 1 月 6 日，国务院常务会议决定，在天津市、上海市、重庆市、合肥市、郑州市、广州市、成都市、大连市、宁波市、青岛市、深圳市、苏州市 12 个城市设立第二批跨境电子商务综合试验区。

（3）2018 年 7 月 24 日，国务院同意在北京市、呼和浩特市、沈阳市、长春市、哈尔滨市、南京市、南昌市、武汉市、长沙市、南宁市、海口市、贵阳市、昆明市、西安市、兰州市、厦门市、唐山市、无锡市、威海市、珠海市、东莞市、义乌市 22 个城市设立跨境电子商务综合试验区。

（4）2019 年 12 月 24 日，国务院同意在石家庄市、太原市、赤峰市、抚顺市、珲春市、绥芬河市、徐州市、南通市、温州市、绍兴市、芜湖市、福州市、泉州市、赣州市、济南市、烟台市、洛阳市、黄石市、岳阳市、汕头市、佛山市、泸州市、海东市、银川市 24 个城市设立跨境电子商务综合试验区。

（5）2020 年 4 月 7 日，国务院同意在雄安新区、大同市、满洲里市、营口市、盘锦市、吉林市、黑河市、常州市、连云港市、淮安市、盐城市、宿迁市、湖州市、嘉兴市、衢州市、台州市、丽水市、安庆市、漳州市、莆田市、龙岩市、九江市、东营市、潍坊市、临沂市、南阳市、宜昌市、湘潭市、郴州市、梅州市、惠州市、中山市、江门市、湛江市、茂名市、肇庆市、崇左市、三亚市、德阳市、绵阳市、遵义市、德宏傣族景颇族自治州、延安市、天水市、西宁市、乌鲁木齐市 46 个城市和地区设立跨境电子商务综合试验区。

（6）2022 年 1 月 22 日，国务院同意在鄂尔多斯市、扬州市、镇江市、泰州市、金华市、舟山市、马鞍山市、宣城市、景德镇市、上饶市、淄博市、日照市、襄阳市、韶关市、汕尾市、河源市、阳江市、清远市、潮州市、揭阳市、云浮市、南充市、眉山市、红河哈尼族彝族自治州、宝鸡市、喀什地区、阿拉山口市 27 个城市和地区设立跨境电子商务综合试验区。

（7）2022 年 11 月 14 日，国务院同意在廊坊市、沧州市、运城市、包头市、鞍山市、延吉市、同江市、蚌埠市、南平市、宁德市、萍乡市、新余市、宜春市、吉安市、枣庄市、济宁市、泰安市、德州市、聊城市、滨州市、菏泽市、焦作市、许昌市、衡阳市、株洲市、柳州市、贺州市、宜宾市、达州市、铜仁市、大理白族自治州、拉萨市、伊犁哈萨克自治州 33 个城市和地区设立跨境电子商务综合试验区。

3. 杭州经验

中国（杭州）跨境电子商务综合试验区通过构建信息共享体系、金融服务体系、智能物流体系、电商诚信体系、统计监测体系和风险防控体系，以及"线上综合服务平台"和线下"综合园区"平台等"六体系两平台"（见图 1—47），实现跨境电子商务信息流、资金流、产品流"三流合一"。同时，以此为基础，以"线上交易自由"与"线下综合服务"有机融合为特色，重点在制度建设、政府管理、服务集成"三大领域"开展创新，力争在"建立跨境电子商务新型监管制度、建立'线上综合服务平台'综合监管服务平台、创新跨境电子商务金融服务、创新跨境电子商务物流服务、创新跨境电子商务信用管理、建立跨境电子商务统计监测体系、制定跨境电子商务规则和创新电商人才发展机制"八个方面实现新突破，实现跨境电子商务自由化、便利化、规范化发展。

二、电子商务在国际贸易中的优势及对国际贸易的影响

与传统国际贸易相比，跨境电子商务的门槛并不高。首先在国内选择合适的商品及进货渠道，然后通过国际性电子商务信息平台（如全球速卖通、eBay）联系国外的买家并出售商品，支付方式则选择国际性第三方支付平台（如 PayPal），物流则交给跨境物流公司来完成。从整个操作流程来看，跨境电商与国内企业间的电子商务（B2B）及普通消费者的网购（B2C）没有太多区别，只是更具国际性而已。跨境电子商务平台及

跨境物流配送是跨境电商发展的关键，目前致力于小额跨境电商市场的信息平台主要有eBay、亚马逊、全球速卖通、敦煌网等。

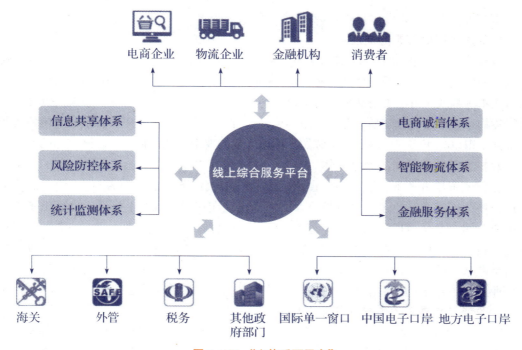

图1-47 "六体系两平台"

（一）在国际贸易中的优势

电子商务在国际贸易中主要具有以下几方面的优势：

1. 降低国际贸易成本

在国际贸易中，成本涵盖买卖过程中所需的信息搜寻、合同订立和执行、售后服务等方面。电子商务使得企业可以从互联网庞大的信息资料中获得所需要的信息，从而大幅降低搜寻成本。美国《福布斯》杂志的统计数据表明，电子商务在整体上可以为企业节省5%～10%的交易成本。可见，电子商务可以显著降低国际贸易成本。

2. 提高交易效率

利用电子商务开展国际贸易，买卖双方可采用标准化、电子化的格式合同、提单、保险凭证、发票和汇票、信用证等，使各种相关单证在网上即可实现瞬间传递，不仅大大节省了单证的传输时间，而且减少了因纸面单证中数据重复录入导致的各种错误，对提高交易效率的作用十分明显。

3. 全天候业务运作，提高客户满意度

世界各地存在时差，这为国际商务谈判带来诸多不便。对企业来讲，在传统条件下提供每周7天、每天24小时的客户服务往往感到力不从心。而利用电子商务可以做到全天候服务，客户可在全球任何地方、任何时间从网上得到相关企业的各种商务信息。电子商务可实现全天候、不间断运作，可使全球范围内的客户随时得到所需的信息，为

出口企业带来更多的订单，并且可大大提高交易成功率，提高客户满意度。

（二）对国际贸易的影响

电子商务对国际贸易的影响主要体现在以下几个方面：

1. 促进了国际贸易的发展

电子商务通过降低交易成本和交易价格，提高效率，不断创造额外的商业机会。这些额外的商业机会一方面能降低价格，增加国际需求；另一方面能创造新的贸易机会，让那些成本过高或执行困难的交易变得可行。另外，电子商务作为传统交易手段的补充，与有形货物运输一起完成交易。总之，由于突破了时空限制，电子商务使得信息跨国传递和资源共享得以真正实现，满足了国际贸易快速增长的要求，从而促进了国际贸易的发展。

2. 扩大了国际贸易的经营主体

在传统贸易方式下，贸易中介在国际市场上占有十分重要的地位。电子商务的广泛应用，使得市场上产生了大量虚拟企业。虚拟企业在功能和效果上已经远远超出了原有的中介公司，甚至可以迅速向全球范围扩展。由于虚拟企业、网络公司在专业领域拥有卓越的技术，可以更加有效地向市场提供商品和服务，因此它们逐渐淘汰了那些以信息不对称赚取差价的进出口业务中介。同时，电子商务技术简化了国际贸易的流程，为中小企业进入国际市场提供了有力的支持，扩大了国际贸易的经营主体。

3. 改变了交易方式和支付方式

（1）交易方式的改变。新型国际贸易采用电子数据交换技术（Electronic Data Interchange，EDI）取代了传统的纸质贸易。EDI将日常往来的经济信息，按协议通过网络进行传送，不仅使文件传送速度大大提高，而且大幅降低了文件处理成本，减少了出现的差错。互联网广告代替了电视、杂志等传统媒介广告；电子邮箱和网络电话与传统工具相比，既降低了成本和交易费用，又节省了时间。

（2）支付方式的改变。在传统的国际贸易中，企业通过信用证、托收、汇票、本票、支票等方式支付货款。而在新型国际贸易中，企业使用电子支付系统，在网上银行系统实行电子付款，即将资金存入电子银行或者信用证公司的账户中，买卖双方交易达成后，在网络终端输入信用证号码，在网络上进行资金结算、转账、信贷等业务。互联网电子商务的交付方式分为两种：一是对有形产品的直接贸易方式，即买卖双方通过网络传输进行商务洽谈、订货、付款、开发票、收款等活动，然后在商定的地点进行实际产品的交割；二是对无形产品的直接贸易方式，即进行网上支付和货物运送的电子商务。这种完全国际化的电子商务能使交易双方超越地理空间障碍进行电子交易，可以充分挖掘全球电子商务市场的潜力。

4. 深化了国际分工

（1）电子商务催生了弹性企业，使生产更具灵活性。

（2）电子商务的发展促进了跨国公司生产布局的全球化。

（3）电子商务推动了电子协作，提高了贸易产品的技术含量和服务贸易在全球贸易中的比重，推动了世界产业结构的深化。

（4）电子商务导致发达国家之间的水平分工进一步发展，加速了产品和半成品在国家和地区间的流动。

三、几个基本术语

（一）B2B

1. B2B 的定义

B2B 是 Business to Business 的缩写，是商家（泛指企业）对商家的电子商务，即企业与企业之间通过互联网进行产品、服务及信息的交换。通俗地讲，B2B 是指进行电子商务交易的供需双方都是商家（企业），它们使用互联网技术或各种商务网络平台，完成商务交易的过程。这些过程包括发布供求信息，订货及确认订货，支付及票据的签发、传送和接收，确定配送方案并监控配送过程等。

2. B2B 的模式

（1）垂直模式：面向制造业或面向商业的垂直 B2B。垂直 B2B 可以分为两个方向，即上游和下游。生产商或商业零售商可以与上游的供应商之间形成供货关系，如戴尔电脑公司与上游的芯片和主板制造商就是通过这种方式进行合作的。生产商与下游的经销商可以形成销货关系，如思科公司与其分销商之间进行的交易。简单地说，这种模式下的 B2B 网站类似于在线商店，其实就是企业网站，是企业直接在网上开设的虚拟商店。企业通过自己的网站可以大力宣传产品，用更快捷、全面的手段让更多的客户了解自己的产品，促进交易。或者也可以是商家开设的网站，这些商家在自己的网站上宣传自己经营的商品，目的也是用更加直观、便利的方法促进并扩大交易。

（2）综合模式：面向中间交易市场的 B2B。这种交易模式是水平 B2B，它是将各个行业中相近的交易过程集中到一个场所，为采购方和供应方提供了一个交易的机会，如阿里巴巴、TOXUE 外贸网、慧聪网、中国制造网、采道网、环球资源网等。这一类网站其实既不是拥有产品的企业，也不是经营商品的商家，它只提供一个平台将销售商和采购商汇集在一起，采购商可以在该网站上查到销售商及其产品的有关信息。

（3）自建模式：行业龙头企业自建 B2B 模式，是大型行业龙头企业基于自身的信息化建设程度搭建以自身产品供应链为核心的行业化电子商务平台。行业龙头企业通过自身的电子商务平台串联起行业整条产业链。供应链上下游企业通过该平台获得资讯，进行沟通和交易。但此类电子商务平台缺少产业链的深度整合。

（二）B2C

B2C 是 Business to Customer 的缩写，也就是通常所说的商业零售，直接面向消费者销售产品和服务。这种形式的电子商务一般以网络零售业为主，主要借助于互联网开展在线销售活动。B2C 即企业通过互联网为消费者提供一个新型的购物环境——网上商店，消费者通过网络在网上购物、在网上支付。

B2C 电子商务实际上是企业和消费者在网络所搭建的虚拟市场上开展的买卖活动。它最大的特点是：速度快、信息量大、费用低。如果用一句话来描述这种电子商务，它是以互联网为主要服务手段，实现公众消费和提供服务，并保证与其相关的付款方式的电子化，它是随着 WWW 技术的出现而迅速发展的，可以被视作一种电子化的零售。

B2C 交易结构见图 1 - 48。

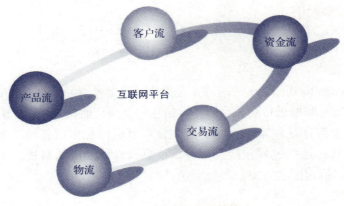

图 1 - 48　B2C 交易结构

（三）B2B2C

B2B2C 是 Business to Business to Customer 的缩写，是一种电子商务类型的网络购物商业模式。第一个 B 并不仅仅局限于品牌供应商、影视制作公司和图书出版商，任何的商品供应商或服务供应商都可以成为第一个 B；第二个 B 是 B2B2C 模式的电子商务企业，通过统一的经营管理对商品和服务、消费者终端同时进行整合，是广大供应商和消费者之间的桥梁，为供应商和消费者提供优质的服务，是互联网电子商务服务供应商。C 表示消费者，是在第二个 B 构建的统一电子商务平台购物的消费者。B2B2C 是 B2B、B2C 模式的演变和完善，其将 B2B 和 B2C 完美地结合起来。B2B2C 模式的电子商务企业通过构建自己的物流供应链系统提供统一的服务。

B2B2C 把"供应商→生产商→经销商→消费者"产业链中的各个环节紧密地连接在一起。整条产业链是一个从创造增值到价值变现的过程，将从生产、分销到终端零售的资源进行全面整合，不仅大大增强了商家的服务能力，更有利于客户获得增值的机会。该平台将帮助商家直接充当卖方角色，把商家直接推到与消费者面对面的前台，让生产商获得更多的利润，使更多的资金投入技术和产品创新上，最终让广大消费者获益。这是一种新型的电子商务模式，它的创新性在于为所有的消费者提供了新的电子交易规则。该模式颠覆了传统的电子商务模式，将企业与单个客户的不同需求完全地整合在一个平台上。B2B2C 模式下，企业通常没有库存，节约了成本（包括时间、资金、风险等众多因素），并建立了更完善的物流体系，根据客户需求选择合适的物流公司，加强与物流公司的协作，形成整套的物流解决方案。但是，相较于传统的 C2C 模式，B2B2C 欠缺盈利能力。

（四）M2C

M2C 是 Manufacturer to Customer 的缩写，是生产厂家直接对消费者提供自己生产的产品或服务的一种商业模式，特点是流通环节减少至一对一、销售成本降低，从而保障了产品品质和售后服务质量。

M2C 模式的好处体现在以下几个方面。

（1）价格更低：同样的产品在 M2C 运营模式下能够给消费者带来更实惠的价格。M2C 的特点是流通环节减少至一对一，销售成本降低，没有商家与厂家交易的差价，消费者所购买的商品的提供者就是生产厂家，故购买商品的价格更低。

（2）可以定制：在 M2C 模式下，较难出现货源短缺、有钱没货买的尴尬局面。生产厂家根据消费者订购数量的多少进行生产，甚至可以根据消费者的需要生产个性化的商品，一方面能够为消费者提供最优的商品，另一方面也极大地降低了自身的生产风险。

（3）售后更完善：消费者在 M2C 平台购买商品后，直接享受生产厂家提供的各项售后服务，缩短了中间交涉环节，生产厂家可以快速为消费者解决问题，让消费者无后顾之忧。

（4）技术更新：由于减少了中间销售的环节，生产厂家研发的最新技术能够快速地呈现给消费者，使消费者更方便、快捷地感受到创新的魅力；同时，消费者可通过售后渠道将自己的使用体验反馈给生产厂家，也有利于生产厂家根据市场的需求来研发新的产品，在生产厂家与消费者之间形成良好的互动。

（五）C2C

C2C 是 Customer to Customer 的缩写，是个人与个人之间的电子商务，即一个消费者通过网络交易，把商品出售给另一个消费者的交易模式。C2C 模式下的购物流程为搜索商品、联系卖家、购买商品和服务评价。C2C 模式的特点就是大众化交易，因其涉及个人与个人之间的交易。C2C 是我国电子商务的早期模式。

（六）O2O

1.O2O 的定义

O2O 是 Online to Offline 的缩写，是指线下的商务机构与互联网结合，让互联网成为线下交易的前台。这个概念最早来源于美国。O2O 的概念非常广泛，只要产业链中既涉及线上，又涉及线下，就可以通称为 O2O。2013 年 O2O 模式进入高速发展阶段，开始了本地化及移动设备的整合，于是 O2P 商业模式横空出世，成为 O2O 模式的本地化分支。O2P 商业模式类似于 O2O 模式，又区别于 O2O 模式。它与 O2O 模式的区别是在线下消费。消费者通过网站或者在线下商家店中的移动端了解相关资讯后，再到线下的商家消费。消费者可在简单的了解之后再决定消费与否，或者在体验之后再支付。该类模式很适合大件商品的购买和休闲娱乐性消费。

O2O 将线下商务机会与互联网结合在一起，让互联网成为线下交易的前台。这样线下服务就可以在线上揽客，消费者可以在线上筛选服务，成交可以实现在线结算，推广效果可查，每笔交易可跟踪。

2.O2O 运作方式

对于传统企业来说，开展 O2O 模式的电子商务主要有以下三种运作方式。

第一种方式：自建官方商城＋连锁店铺的方式。消费者直接向门店的网络店铺下单购买，然后线下体验服务。在这一过程中，品牌商提供在线客服及随时调货支持（在缺货情况下），加盟商收款发货。这种方式适合于连锁型企业。其好处是可以线上和线下店铺——对应；缺点是投入大，需要很大的推广力度。

第二种方式：借助全国布局的第三方平台，实现加盟企业和分站系统完美结合。借助第三方平台的巨大流量，商家能实现迅速推广，吸引客流。

第三种方式：建设网上商城，采用各种促销和预付款的形式，线上销售、线下服务。这种方式适用于本地化服务企业。

四、跨境电商平台基础规则

（一）全球速卖通平台店铺开通规则

（1）全球速卖通平台接受依法注册并正常存续的公司开店，并有权对卖家的主体状态进行核查、认证，包括但不限于委托支付宝进行实名认证。通过支付宝实名认证进行认证的卖家，在对全球速卖通账号与支付宝账户绑定过程中，应提供真实、有效的法定代表人姓名及证件号码、联系地址、注册地址、营业执照等信息。

（2）卖家应依法设置收款账户，按照卖家规则提供保证金，或按照有关规定缴纳履约保证金；未完成上述任一资金缴纳要求的卖家，不得开始线上销售。

（3）卖家同意就每个开设的店铺，按入驻的类目（经营大类）在其指定的支付宝账号内缴存一笔资金，并由支付宝冻结作为平台规则的履约保证金。如果卖家的店铺入驻多个类目（经营大类），则该店铺卖家应缴纳多个类目（经营大类）中金额要求最高的保证金。

（4）商品发布后，卖家将在平台自动开通店铺，即基于速卖通技术服务、用于展示商品的虚拟空间。除本规则或其他协议约定外，完成认证的卖家在速卖通可最多开设 6 个虚拟店铺。

（二）全球速卖通平台各类目保证金一览表

全球速卖通平台各类目保证金一览表如表 1-1 所示。

表 1-1　全球速卖通平台各类目保证金一览表

序号	经营大类	保证金	经营大类下可发布的类目
1	珠宝手表 （含精品珠宝）	1 万元	Jewelry & Accessories 珠宝饰品及配件 Watches 手表 以下类目可共享发布： Apparel Accessories 服饰配饰（男 / 女 / 儿童配件，婴儿配饰到婴儿服装） Men's Clothing 男装 Women's Clothing 女装 Novelty & Special Use 新奇特及特殊用途服装 Underwear, Socks, Sleep & Lounge Wear 男女内衣 / 家居服 / 袜子 Weddings & Events>Wedding Accessories 婚庆配饰 Consumer Electronics>Smart Electronics>Wearable Devices>Wristbands 腕带 Consumer Electronics>Smart Electronics>Wearable Devices>Smart Watches 智能手表

续表

序号	经营大类	保证金	经营大类下可发布的类目
2	服装服饰	1万元	以下类目可共享发布： 1. 珠宝饰品及配件、手表 2. 箱包部分类目 3. 孕婴童＞儿童服装（2岁以上）＞亲子装 4. 男女鞋类目 5. 泳装类目 6.Apparel Fabrics & Textiles 服装面辅料 & 纺织品
3	婚纱礼服	1万元	Weddings & Events 婚礼及重要场合 以下类目可共享发布： 1.Jewelry & Accessories>Fashion Jewelry 流行饰品 2.Apparel Fabrics & Textiles 服装面辅料 & 纺织品
4	美容个护 （含护肤品）	1万元	Beauty & Health Tools & Accessories 工具 / 配件 Beauty & Health Tattoo & Body Art 文身及身体彩绘 Beauty & Health Skin Care Tool 护肤工具 Beauty & Health Shaving & Hair Removal 剃须及脱毛产品 Beauty & Health Sanitary Paper 卫生用纸 Beauty & Health Oral Hygiene 口腔清洁 Beauty & Health Nail Art & Tools 美甲用品及修甲工具 Beauty & Health Makeup 彩妆 Beauty & Health Hair Care & Styling 头发护理 / 造型 Beauty & Health Bath & Shower 沐浴用品 Beauty & Health Fragrances & Deodorants 香氛 / 除臭芳香用品 Beauty & Health Skin Care 护肤品 Home Appliances>Personal Care Appliances 部分类目 以下类目可共享发布： Massage & Relaxation 按摩与放松 Massage Products 按摩产品 Massage Appliance 按摩器具
5	真人发 （定向邀约制）	5万元	Hair Extensions & Wigs>Beauty Supply Hair Extensions & Wigs>Hair Salon Supply Hair Extensions & Wigs>Human Wigs Hair Extensions & Wigs>Human Hair 1 Hair Extensions & Wigs>Human Hair 2 以下类目可共享发布： Beauty & Health>Hair Care & Styling
6	化纤发 （定向邀约制）	1万元	Hair Extensions & Wigs Synthetic Hair 化纤发 以下类目可共享发布： Beauty & Health>Hair Care & Styling
7	母婴玩具	1万元	Mother & Kids 孕婴童 Toys & Hobbies 玩具与消遣品 以下类目可共享发布： Shoes 鞋子

续表

序号	经营大类	保证金	经营大类下可发布的类目
8	箱包鞋类	1万元	Luggage & Bags 箱包 Shoes 鞋子 以下类目可共享发布： Mother & Kids Children's Shoes 童鞋 Men's Clothing 男装 Women's Clothing 女装 Mother & Kids Baby Shoes 婴儿鞋 Apparel Accessories 服饰配饰（男/女/儿童配件，婴儿配饰到婴儿服装） Novelty & Special Use World Apparel 世界民族服饰 Novelty & Special Use Stage & Dance Wear 舞台表演服和舞蹈服
9	健康保健	1万元	Beauty & Health Health Care 健康保健 以下类目可共享发布： Beauty & Health>Sex Products>Safer Sex 安全/避孕 Skin Care Tool 护肤工具
	成人用品	1万元	Beauty & Health Sex Products 成人用品 以下类目可共享发布： Novelty & Special Use>Exotic Apparel 情趣服装（不要发布日常穿着的性感内衣）
10	3C数码 （除内置存储、移动硬盘/U盘/刻录盘、电子烟、手机、电子元器件） （投影仪定向邀约）	1万元	Security & Protection 安全防护 Office & School Supplies 办公文教用品 Phones & Telecommunications 电话和通信 Computer & Office 电脑和办公 Consumer Electronics 消费电子
	内置存储、移动硬盘、U盘、刻录盘	1万元	Computer & Office Internal Storage 内置存储［包含内置固态硬盘、存储卡、存储卡配件（读卡器、存储卡卡套/适配器/转卡器/内存卡盒）、固态硬盘托架和支架］ Computer & Office External Storage 移动硬盘、U盘、刻录盘（包含刻录盘、外置机械移动硬盘、外置固态硬盘、硬盘壳包、硬盘盒、U盘）
	电子烟	3万元	Consumer Electronics>Electronic Cigarettes 电子烟
	手机	3万元	Phones & Telecommunications>Mobile Phones 手机
11	电子元器件 （定向邀约制）	1万元	Electronic Components & Supplies 电子元器件
12	汽摩配	1万元	Automobiles & Motorcycles 汽车、摩托车
13	家居家具家装灯具工具	1万元	Furniture 家具和室内装饰品 Home & Garden 家居用品 Home Improvement 家装（硬装） Lights & Lighting 照明灯饰 Tools 工具

续表

序号	经营大类	保证金	经营大类下可发布的类目
14	家用电器	1万元	Home Appliances 家用电器
15	运动娱乐 （含电动滑板车）	1万元	Sports & Entertainment 运动及娱乐 Sports & Entertainment>Cycling>Self Balance Scooters 平衡车 Sports & Entertainment>Roller, Skateboard &Scooters>Scooters> Electric Scooters 电动滑板车
16	特殊类		Special Category（特殊类）

（三）亚马逊平台账号开通规则

（1）选择合适的站点。亚马逊已开放 18 个海外站点，即北美站（美国站、加拿大站、墨西哥站）、欧洲站（英国站、法国站、德国站、意大利站、西班牙站、荷兰站、瑞典站、波兰站、比利时站）、日本站、澳大利亚站、新加坡站、中东站（阿联酋站、沙特站）、印度站。

（2）合理评估开店成本。主要包括专业销售计划月服务费，开通北美（美国、加拿大、墨西哥）/欧洲（英国、法国、德国、西班牙、意大利、波兰、瑞典、荷兰、比利时）/日本/澳大利亚站点的月服务费为 39.99 美元。目前，入驻新加坡、中东（阿联酋、沙特）及印度 4 个新兴站点，可享限时免月租、销售佣金、物流费用和其他成本如广告推广费用等。具体享受时间以亚马逊平台公布的政策为准。

（3）准备合格的注册资料。主要包括公司营业执照彩色扫描件、法定代表人身份证彩色扫描件、可进行国际付款的信用卡、准确且最新的联系方式、用于接受付款的银行账户等。

能力实训

一、选择题

1. ［单选］跨境电商的英文名称是（　　　　）。
   A. Cross-border Commerce
   B. Cross-border Trade
   C. Cross-border Electronic Commerce
   D. Cross-border Communication

2. ［单选］跨境电商的"三流"指的是（　　　　）。
   A. 信息流、产品流、技术流
   B. 信息流、产品流、物流
   C. 产品流、技术流、资金流
   D. 信息流、产品流、资金流

3. ［单选］下列有关海关新增跨境电商监管模式说法正确的有（　　　　）。
   A. "9610"方式出口为一般出口模式，产品采用"清单核放、汇总申报"的方式出境
   B. "1210"方式出口为特殊区域出口，电商企业或电商平台把整批商品按一般贸

易报关进入海关特殊监管区域或场所，企业实现退税

C. "9610" 方式进口为网购保税进口模式

D. "1210" 方式进口为直购进口模式

4. ［单选］O2O 是（　　　）的缩写。

A. Online to Online

B. Online to Offline

C. Offline to Offline

D. Offline to Online

5. ［多选］下列关于亚马逊平台注册说法正确的是（　　　）。

A. 亚马逊已开放 18 个海外站点

B. 北美站包括的站点为美国、加拿大和墨西哥

C. 中东站包括阿联酋站、沙特站和印度站

D. 亚马逊全球站点专业销售计划月服务费为 39.99 美元 / 月

二、判断题

1. 主要的跨境电商第三方平台有全球速卖通、Wish、敦煌网、eBay、淘宝等。
（　　　）

2. 在全球速卖通平台开店需要有一个实名认证的企业支付宝账号。（　　　）

3. 据有关数据预测，亚太地区有可能成为全球跨境电商发展的主市场。（　　　）

4. "9710" 模式可适用于跨境电商 B2B 和跨境电商 B2C。（　　　）

5. "9810" 模式可适用于跨境电商进口和出口。（　　　）

三、能力拓展

【工作任务 1】将学生分成 3 ～ 4 人一个小组，以企业身份模拟完成全球速卖通店铺注册。

【工作任务 2】将学生分成 3 ～ 4 人一个小组，以企业身份完成亚马逊店铺注册。

个性化成长记录表

序号	评价内容	学生成长记录	评价方式	评价主体	备注
1	微课学习（5%）		平台考试测验	平台	
2	课前测试（5%）		平台考试测验	平台	
3	课中测试（5%）		平台考试测验	平台	
4	仿真实训（5%）		平台系统评分	平台	
5	课后作业（5%）		平台考试测验	平台	
6	学习活跃度（3%）		平台系统评分	平台	
7	资源贡献度（2%）		平台系统评分	平台	
8	技能操作完整度（10%）		操作成果评分 实战成果评分	教师	
9	技能操作规范度（10%）		操作成果评分 实战成果评分	教师	
10	成果展示（10%）		操作成果评分 实战成果评分	教师	
11	方案制定（5%）		能力评估表	自评/互评	可选
12	技能操作完整度（5%）		能力评估表	自评/互评	
13	技能操作规范度（5%）		能力评估表	自评/互评	
14	成果展示（5%）		能力评估表	自评/互评	
15	店铺注册模拟实战（20%）		绩效考核评分 满意度调查表	企业	
16	1+X 考证		考试通过率	评价组织	增值评价，可选，一般放年度考核
17	技能大赛		获奖等级	技能大赛组委会	增值评价，可选，一般放年度考核

备注：各部分权重占比可根据单元实际情况调整。

跨境物流与海外仓操作

微课资源

学习目标

知识目标

1. 掌握中国邮政小包的含义、资费、规格限制、优劣势、适用范围等。

2. 了解中国邮政大包的含义、资费、优劣势、适用范围等。

3. 熟悉中邮 e 邮宝跨境专线物流（美国专线、欧洲专线、澳大利亚专线、俄罗斯专线、中东专线、南美专线等）的特点、包装、价格、优劣势。

4. 了解国际商业快递（FedEx、DHL、TNT、UPS 等）的特点、包装、价格、优劣势等。

5. 了解海外仓的含义、优势、费用、操作流程。

能力目标

1. 能选择中国邮政挂号小包作为跨境物流方式。

2. 能选择中邮 e 邮宝作为跨境物流方式。

3. 能选择国际商业快递（FedEx、DHL、TNT、UPS 等）作为跨境物流方式。

4. 能选择跨境专线物流作为跨境物流方式。

5. 能选择海外仓及海外本地物流作为跨境物流方式。

素养目标

1. 培育和践行社会主义核心价值观。

2. 培养互联网思维和大数据思维。

3. 强化数字素养，提升数字技能。

4. 培养国际视野、吃苦耐劳等精神，育成长初心。

工作项目

浙江金远电子商务有限公司的跨境电商运营专员陈倩在全球速卖通平台顺利注册了店铺，她认真了解我国政府对大力发展跨境电商的鼓励政策后，随即就想在全球速卖通上传产品，对跨境销售跃跃欲试。但公司经理建议陈倩不要着急，应先去了解跨境商品的物流如何解决，全球零售的商品在重量、体积和合规化通关上有哪些要求，如何制定跨境物流解决方案等，为上传产品做好准备。陈倩的主要工作任务是：

◉ **工作任务 1：调研全球速卖通平台产品的跨境物流运费及物流选择**

了解全球速卖通平台 3C 类、家居类、服饰类等品类的产品跨境物流方案设计及物流运费情况，掌握全球速卖通平台物流选择的特点。

◉ **工作任务 2：调研 Wish 平台产品跨境物流运费及物流选择**

了解 Wish 平台服饰类、家居类等品类的产品跨境物流方案设计及物流运费情况，掌握 Wish 平台物流选择的特点。

◉ **工作任务 3：计算跨境小包物流运费**

了解中国邮政挂号小包、中邮 e 邮宝运费计算公式，掌握小包运费计算技巧。

◉ **工作任务 4：计算国际商业快递物流运费**

了解 UPS 等国际商业快递运费计算公式，掌握国际商业快递物流运费计算技巧。

◉ **工作任务 5：计算国际海、空运头程物流费用**

了解传统的国际空运、国际海运头程运费的计算公式，掌握国际海、空运头程运费的计算技巧。

◉ **工作任务 6：计算海外仓及海外本地物流相关费用**

了解海外仓费用的构成，计算海外仓订单处理费及海外本地物流派送费。

◉ **工作任务 7：调研其他跨境第三方平台物流运费及物流选择**

了解亚马逊、eBay 等其他第三方跨境平台跨境物流解决方案及特点。

 操作示范

工作任务 1　调研全球速卖通平台产品的跨境物流运费及物流选择

（1）点击全球速卖通官网（www.aliexpress.com），选择"Computer & Office"。某款平板电脑的包装重量为 1.1kg（2.43lb），包装尺寸为 20cm×15cm×10cm（7.87in×5.91in×3.94in），拟出口到美国，其跨境物流运费及物流方案设计见表 2-1。

表 2-1　某款平板电脑跨境物流运费及物流方案设计

Shipping Company	Shipping Cost
Swiss Post	Free Shipping
DHL	US $77.25 US $9.85 You save：US $67.40 （about 87%）
EMS	US $65.26 US $27.37 You save：US $37.89 （about 58%）

解读：该款平板电脑若使用瑞士邮政小包快递到美国，包邮，预计 15 ～ 50 天到货；若使用 DHL 国际快递，享受折扣后的金额是 9.85 美元，节省了约 87%，预计 3 ～ 7 天到货；若使用 EMS 邮寄，享受折扣后的运费是 27.37 美元，节省了约 58%，预计 5 ～ 15 天到货。

（2）点击全球速卖通官网（www.aliexpress.com），选择品类"Bags & Shoes>Women's Shoes>Boots"。某品牌女式雪地靴的包装重量为 0.60kg，包装尺寸为 30cm × 20cm × 10cm，拟出口到巴西，其跨境物流运费及物流方案设计见表 2–2。

表 2–2　某品牌雪地靴跨境物流运费及物流方案设计

Shipping Company	Shipping Cost
China Post Registered Air Mail	US $12.38 US $3.05 You save：US $9.33 （about 75%）
EMS	US $72.80 US $50.96 You save：US $21.84 （30%）
DHL	US $194.54

解读：该品牌雪地靴若使用中国邮政挂号小包快递到巴西，享受优惠后的运费是 3.05 美元，节省了约 75%，预计 20 ～ 60 天到货；若使用 EMS 邮寄到巴西，享受优惠后的运费是 50.96 美元，节省了 30%，预计 12 ～ 18 天到货；若使用 DHL 邮寄到巴西，运费是 194.54 美元，预计 4 ～ 8 天到货。

总结：全球速卖通平台为货物的跨境运输提供了邮政小包（中国邮政挂号小包、瑞士邮政小包等）、国际商业快递 DHL 和 EMS 等物流解决方案，物流费用、到货时间等设计合理、计算较准确。

工作任务 2　调研 Wish 平台产品跨境物流运费及物流选择

（1）某品牌墙纸，尺寸为 90cm × 120cm，材质为 PVC，其 Wish 平台店铺未显示重量等更多信息，其跨境物流运费等信息见图 2–1。

解读：预计最低运费为 7 元人民币，可以运达中国及全球其他 64 个国家，预计到达的时间是 5 ～ 15 天，发货地是中国。（Wish 平台自动显示截图地点为中国）

（2）某品牌服装的 Wish 平台店铺未显示重量、体积等更多信息，其跨境物流运费等信息见图 2–2。

解读：预计运费为 44 元人民币，可以运达中国及全球其他 64 个国家，预计到达时间为 5 ～ 15 天，发货地是海外。（Wish 平台自动显示截图地点为中国）

总结：Wish 平台物流设计比较简单，在手机 App 中消费者不能选择物流方式（跨境小包、商业快递等），Wish 平台根据消费者所在的国家，以及货物的情况（重量、体积等）自动显示预计的运费、到货时间及发货地点。

图 2－1　某品牌墙纸 Wish 平台物流解决方案

图 2－2　某品牌服装 Wish 平台物流解决方案

工作任务 3　计算跨境小包物流运费

1. 计算中国邮政挂号小包物流运费

【例 2－1】　一位俄罗斯客人从"Miss Lady Show"的全球速卖通店铺购买了 2 条人造水晶项链，重量为 15g/ 条（纸盒重量为 10g），若选择中国邮政挂号小包运输，请计算运费。

中国邮政挂号小包报价（部分）见表 2－3。

表 2－3　中国邮政挂号小包报价（部分）

国家列表			0～150g（含150g）		150～300g（含300g）		300～2 000g	
			正向配送费（根据包裹重量按克计费）	挂号服务费	正向配送费（根据包裹重量按克计费）	挂号服务费	正向配送费（根据包裹重量按克计费）	挂号服务费
			元（RMB）/kg	元（RMB）/单	元（RMB）/kg	元（RMB）/单	元（RMB）/kg	元（RMB）/单
俄罗斯	Russian Federation	RU	58.00	24.00	58.00	23.00	53.50	23.00
美国	United States	US	55.00	20.00	54.00	20.00	53.00	20.00
法国	France	FR	67.00	13.00	49.23	15.37	49.23	15.37
英国	United Kingdom	UK	51.00	17.50	51.00	17.50	50.00	17.50
澳大利亚	Australia	AU	63.00	16.50	58.00	16.50	55.00	16.00
德国	Germany	DE	58.00	15.80	52.00	16.00	49.00	16.50
以色列	Israel	IL	59.00	18.50	59.00	18.50	57.50	19.00
瑞典	Sweden	SE	55.00	27.00	54.00	27.00	53.00	27.00
西班牙	Spain	ES	53.00	20.00	53.00	20.00	53.00	20.00

注：价格来自全球速卖通，下同。

解答：

选择在线发货，本票业务包装重量为 40g（15×2+10），根据报价表，发往俄罗斯，重量区间在 0～150g，其对应的报价为 58 元/kg，挂号服务费为 24 元/单，跨境物流运费为：

$$跨境物流运费 = 基本运费 + 挂号服务费$$
$$= 40g/1\ 000 × 58\ 元/kg + 24\ 元/单$$
$$= 26.32（元）$$

2. 计算中邮 e 邮宝的运费

【例 2－2】　一位美国客人从"Eternal Glasses"（杭州）的全球速卖通店铺购买了一副太阳镜，包装重量为 0.15kg，若选择中邮 e 邮宝运输，请计算运费。

中邮 e 邮宝报价（部分）见表 2－4。

表 2－4　中邮 e 邮宝报价（部分）

国家列表			起重克	重量资费 元（RMB）/kg 每 1g 计重，限重 2kg	操作处理费 元（RMB）/包裹
United States	US	美国	50	64	15
Russian Federation	RU	俄罗斯	1	55	17
Ukraine	UA	乌克兰	10	75	8

续表

国家列表			起重克	重量资费 元（RMB）/kg 每1g计重，限重2kg	操作处理费 元（RMB）/包裹
Canada	CA	加拿大	1	65	19
United Kingdom	UK	英国	1	65	17
France	FR	法国	1	60	19
Australia	AU	澳大利亚	1	60	19
Israel	IL	以色列	1	60	17
Norway	NO	挪威	1	65	19
Saudi Arabia	SA	沙特阿拉伯	1	50	26

解答：

根据报价表，本票业务包装重量为0.15kg，发往美国，其基本运费为64元/kg，操作处理费为15元/包裹，则跨境物流运费为：

中邮e邮宝跨境物流运费＝基本运费＋操作处理费

＝0.15kg×64元/kg+15元/包裹

＝24.6（元）

工作任务4　计算国际商业快递物流运费

【例2-3】　某西班牙客人在某知名服装定制品牌网站定制了一件衬衫，包装重量为450g，包装尺寸为20cm×10cm×8cm，拟选用UPS商业快递邮寄，请计算运费。（经查UPS的报价表，中国到西班牙的报价为首重230元/0.5kg，续重为每增加0.5kg，运费加62元。）

解答：

先计算货物的体积重量。

（20cm×10cm×8cm）/5 000=0.32（kg）=320（g）

由于货物的毛重为450g，毛重大于体积重量，因此按照毛重计算运费。

运费=450/500×230=207（元）

由于UPS要求货物首重为500g，不足500g按照500g算运费，因此，该票货物的运费为230元。

工作任务5　计算国际海、空运头程物流费用

1. 计算国际空运头程运费

【例2-4】　浙江金远电子商务有限公司拟空运200只玩具猴子到其德国仓，每只猴子0.22kg，长×宽×高为21cm×6cm×8cm，请计算每只玩具猴子的空运运费。

浙江点库电子商务有限公司的空运报价见表2-5。

表 2-5 浙江点库电子商务有限公司的空运报价

运输方式	重量区间	德国仓（人民币）	英国仓（人民币）	最低起运量	时效
空运	5～21kg（含）	45	45	5kg	5～7个工作日
	21～45kg（含）	32	33		
	45～100kg	30	32		
	100kg 以上	29	30		

解答：

在计算货物的国际航空运输运费时，要比较货物的体积重量［体积（cm³）/5 000］和实际毛重之间的大小，确定货物是泡货还是重货。如果体积重量大于实际毛重，则该货物为泡货，计算运费时按照实际体积重量计算；如果体积重量小于实际毛重，则该货物为重货，计算运费时按照实际毛重计算。

（1）先计算玩具猴子的体积重量。

体积重量＝（长×宽×高）/5 000=21cm×6cm×8cm×200/5 000=40.32kg

（2）再计算玩具猴子的实际毛重。

实际毛重 =0.22kg×200=44kg

因为实际毛重大于体积重量，所以按照实际毛重计算运费。

根据空价报价表，重量在 44kg，对应的德国仓的运费是 32 元 /kg，所以：

运费 =44×32=1 408（元）

请思考：如果玩具猴子的重量为 46kg，运费应该为多少？

根据空价报价表，重量为 46kg，对应的运价为 30 元 /kg，所以运费是 1 380 元。因为空运的报价规律是运价与货物的重量成反向变动，如果公司多运 2kg 玩具猴子，运费反而会减少，所以在这种情况下，航空公司会同意浙江金远电子商务有限公司按照 46kg，即下一个重量分界点对应的较低运费来计算。

所以，浙江金远电子商务有限公司本次的运费为 46×30=1 380 元，平摊到 200 只玩具猴子，每只玩具猴子的运费是 6.9 元。

2. 计算国际海运头程运费

【例 2-5】 浙江金远电子商务有限公司拟海运一批摇马到英国仓，每个摇马重 3.3kg，体积为 53cm×27cm×12cm，共有 500 个。请计算每个摇马的运费。

浙江点库电子商务有限公司的海运报价见表 2-6。

表 2-6 浙江点库电子商务有限公司的海运报价

运输方式	立方区间	德国仓（人民币）CBM/T	英国仓（人民币）CBM/T	最低起运量
海运散货（LCL）	0～5CBM/T（含）	1 700/1 800	1 600/1 700	1CBM/T
	5～10CBM/T（含）	1 550/1 650	1 450/1 550	
	10CBM/T 以上	1 400/1 500	1 300/1 400	
	时效	35 个工作日以上		

解答：

计算货物的国际海运运费时，要计算货物的尺码吨和重量吨，将它们折算成运费吨，并且比较大小，选用数值大的计算运费。

（1）首先计算货物的尺码吨：

$$500 \times 53cm \times 27cm \times 12cm = 8\ 586\ 000cm^3 = 8.586CBM = 8.586 \text{运费吨}$$

（2）然后计算货物的重量吨：

$$500 \times 3.3kg = 1\ 650kg = 1.65 \text{运费吨}$$

所以，按照尺码吨计算运费，根据海运报价表，对应的运价是 1 450 元 /CBM。

$$\text{运费} = 8.586 \times 1\ 450 = 12\ 449.7 （元）$$

平摊到每个摇马的运费是 12 449.7/500 ≈ 24.90 元。

工作任务 6 计算海外仓及海外本地物流相关费用

海外仓及海外本地物流相关费用主要是指海外仓仓储费、订单处理费和海外本地派送费。

【例 2-6】 纽约的 Tom 从 A 公司在全球速卖通的店铺购买了一个饰品，重量为 28g，A 公司在芝加哥的海外仓准备打包发货，拟选择标准型物流服务。请分别计算海外仓订单处理费和海外本地派送费。

相关报价见表 2-7 和表 2-8。

表 2-7 美国本地物流报价表

计费重量（盎司）	参考公制重量（克）	经济型（7 个工作日）（人民币元）	标准型（5 个工作日）（人民币元）	快速型（3 个工作日）（人民币元）
1oz	28	12.76	14.39	16.01
2oz	56	13.28	14.65	16.01
3oz	85	13.93	14.97	16.01
4oz	113	16.08	16.86	17.58
5oz	141	16.73	18.03	19.27
6oz	170	17.58	19.27	20.90
7oz	198	18.62	20.64	22.59
8oz	226	19.27	21.68	24.09
9oz	255	20.12	22.98	25.78
10oz	283	20.96	24.22	27.41
11oz	311	21.81	25.45	29.10
12oz	340	22.65	26.63	30.53
13oz	368	23.50	27.73	31.96
14oz	396	34.83	40.88	46.94
15oz	425	34.83	40.88	46.94
16oz	453	34.83	40.88	46.94

表2-8　订单处理费

重量	价格（人民币元）	计量单位	备注
0～7盎司（含）	5	每单	
7盎司～2磅（含）	6.5	每单	
2磅以上	6.5+0.65/磅	每单	
复合订单（每增加一项）	1.5	每件	每日订单100单以上，有折扣

解答：

（1）先计算海外仓订单处理费。根据报价表，重量在7盎司以下，每单的订单操作费是5元，所以：

订单处理费 =5（元）

（2）再计算海外本地派送费。根据报价表，重量为28g的货物，若选经济型物流服务，派送费为12.76元；若选标准型物流服务，派送费为14.39元；若选快速型物流服务，派送费为16.01元。所以：

海外本地派送费 =14.39（元）

工作任务7　调研其他跨境第三方平台物流运费及物流选择

1.调研亚马逊平台物流费用及物流选择

打开亚马逊美国站（www.amazon.com），选择品类为"Tools & Home Improvement"，某品牌的手动充电手电筒的重量为12.8盎司，体积为4.9英寸×4.4英寸×2.8英寸，其物流方案为使用FBA（Fulfillment by Amazon）物流，亚马逊规定满35美元包邮（美国本地）。（Order with Free Shipping by Amazon: If your order is $35 or more, you may qualify for free shipping on eligible items fulfilled by Amazon.com. With free shipping, your order will be delivered 5-8 business days after all of your items are available to ship, including pre-order items.）

2.调研eBay平台物流费用及物流选择

打开eBay美国站（www.ebay.com），选择品类为"Outdoor sports"，某品牌野外用头戴电筒，从深圳发货，其物流解决方案见图2-3。

Quantity: 1	Change country: Canada			ZIP Code: 1	Get Rates	
Shipping and handling	Each additional item	To	Service			Delivery*
Free shipping	Free	Canada	Economy Shipping from outside Canada			Estimated between Wed. May. 27 and Tue. Jun. 16
C $18.99	C $15.00	Canada	Standard Shipping from outside Canada			Estimated between Wed. May. 20 and Tue. May. 26
C $35.99	C $10.00	Canada	Expedited Shipping from outside Canada			Estimated between Tue. May. 5 and Tue. May. 19

图2-3　eBay平台物流解决方案

解读：该货物从深圳发往加拿大，若使用国际邮政小包等经济型物流方式，物流费用为包邮；若使用标准型物流方式，则每一件的运费为18.99美元，每增加一件运费是15美元；若使用加急型物流方式，则每一件的运费是35.99美元，每增加一件运费是10美元。

总结：亚马逊平台有自己特有的国际物流解决方案——FBA，满 35 美元包邮；eBay 平台提供经济型（Economy Int'l Shipping）、标准型（Standard Int'l Shipping）和加急型（Expedited Int'l Shipping）三种国际物流解决方案。

知识链接

一、中国邮政航空小包

（一）含义

中国邮政航空小包（China Post Air Mail），又称中国邮政小包、邮政小包、航空小包，是指包裹重量在 2kg 以内，外包装长、宽、高之和小于 90cm，且最长边小于 60cm，通过中国邮政空邮服务寄往国外的小邮包。它可以分为平邮小包（China Post Ordinary Air Mail）和挂号小包（China Post Registered Air Mail）两种，可寄达全球各个邮政网点。

（二）资费与查询

中国邮政挂号小包资费低，线下发货首重按照 100g 起算（货运代理按照实际重量算，全球速卖通平台在线发货无首重，按照实际重量计算），挂号服务费率稍高。平邮小包不受理查询，挂号小包大部分国家可全程跟踪，部分国家只能查询到签收信息，部分国家不提供信息跟踪服务，具体可参考 http://17track.net 网站的统计信息。

（三）规格限制

重量限制：每个包裹重量不超过 2kg。
体积限制：
非圆筒货物：长 + 宽 + 高 ≤ 90cm，单边长度 ≤ 60cm，长度 ≥ 14cm，宽度 ≥ 9cm；
圆筒形货物：直径的两倍 + 长度 ≤ 104cm，单边长度 ≤ 90cm，直径的两倍 + 长度 ≥ 17cm，长度 ≥ 10cm。

（四）优劣势

由于邮政航空小包在 2kg 以内，以个人物品方式出境，出口清关不会产生关税或清关费用，但在目的地国家有可能产生进口关税，具体根据每个国家海关税法的规定而各有不同（相对于其他商业快递来说，邮政航空小包能最大限度地避免关税）。由于邮政航空小包价格较低，并且中国邮政网络基本覆盖全球，比其他任何物流渠道都要广，因此邮政小包显现出明显的优势。据不完全统计，中国跨境电商出口业务 70% 的包裹都通过邮政系统投递，其中，中国邮政占据 50% 左右的份额，新加坡邮政小包等也是中国跨境电商卖家常用的物流方式。

当然，邮政小包也存在一些固有的缺点，包括：限制重量 2kg，运送时间总体较长，如目的地为俄罗斯、巴西等国家，超过 40 天才会显示买家签收。还有许多国家是不支持全程跟踪的，而且邮政官方的 183 网站也只能跟踪国内部分，国外部分不能实现全程跟踪，因此卖家需要借助其他公司的网站或登录到寄达国的查询网站进行跟踪，不便于卖家查询物流信息。

（五）适用范围

适合寄递重量较轻、量大、价格要求实惠而且对于时效和查询便捷度要求不高的物品。

（六）其他邮政小包

跨境电商卖家除了选择中国邮政小包之外，还可以根据产品的特点（是否能带电池等）选择其他国家和地区的邮政小包，如新加坡邮政小包、瑞士邮政小包等。

二、中国邮政航空大包

（一）含义

中国邮政航空大包（China Post Air Parcel），又称航空大包或中邮大包，是区别于中国邮政小包的服务。通过邮政空邮服务寄往国外的大邮包，又可称为国际大包。国际大包分为普通大包（Normal Air Parcel，非挂号）和挂号大包（Registered Air Parcel）两种。

（二）资费与查询

中邮大包相关资费及体积和重量的限制根据运输物品的重量及目的国家而有所不同，具体可参照中国邮政网上营业厅（官方地址：www.11185.cn）。普通大包空邮费率较低，邮政不提供跟踪查询服务，挂号大包空邮费率稍高，可提供网上跟踪查询服务。

（三）优劣势

（1）以首重 1kg、续重 1kg 的计费方式结算，中邮大包价格比 EMS 低，且和 EMS 一样不计算体积重量，没有偏远附加费，与商业快递相比有绝对的价格优势；
（2）可寄达全球 200 多个国家和地区，通达国家多且清关能力非常强；
（3）运单简单，操作方便；
（4）部分国家限重 10kg，最重也只能 30kg；
（5）妥投速度慢、查询信息更新慢。

（四）适用范围

对时效性要求不高而重量稍重的货物，可选择使用此方式寄递。

三、中国邮政跨境专线物流

（一）含义

中国邮政速递物流股份有限公司目前已经开通了适用于轻小件寄递的 e 邮宝业务和较高价值物品寄递的 e 特快业务等跨境专线物流。

ePacket 俗称 e 邮宝，又称 EUB，是中国邮政速递物流股份有限公司为适应跨境电商物品寄递的需要，整合邮政速递物流网络资源，与主要电商平台合作推出的速递产品。e 邮宝业务已经开通美国专线、欧洲专线、澳大利亚专线、俄罗斯专线、中东专线、南美专线等，可寄达美国、澳大利亚、英国、加拿大、法国、俄罗斯、以色列、沙特阿拉伯、乌克兰、巴西、墨西哥等国。中邮 e 邮宝业务资费参考表 2-4。

e 特快业务已经开通可寄往国家（地区）有日本、韩国、新加坡、中国香港、中国台湾、英国、法国、加拿大、澳大利亚、西班牙、荷兰、俄罗斯、巴西、乌克兰、白俄罗斯等。国际及中国港澳台 e 特快业务资费见表 2-9。

表 2-9　国际及中国港澳台 e 特快业务资费表

路向	首重 50 克（元）	续重 50 克（元）	参考时限
中国台湾	16	0.60	2～4 个工作日
中国香港	48	0.50	2～4 个工作日
日本	81	1.20	2～4 个工作日
韩国	60	0.90	2～4 个工作日
新加坡	70	1.20	2～4 个工作日
澳大利亚	69	3.00	5～7 个工作日
英国	70	2.00	5～7 个工作日
法国	105	2.00	5～7 个工作日
荷兰	91	2.00	5～7 个工作日
西班牙	85	2.20	5～7 个工作日
加拿大	105	3.00	5～7 个工作日
俄罗斯	60	4.00	7～10 个工作日
巴西	115	4.00	7～10 个工作日
乌克兰	120	2.50	7～10 个工作日
白俄罗斯	120	2.50	7～10 个工作日

（二）规格限制

重量限制：中邮 e 邮宝单件最高限重 2kg。

体积限制：

最大尺寸：非圆筒货物长＋宽＋高≤90cm，单边长度≤60cm；圆筒形货物直径的两倍＋长度≤104cm，单边长度≤90cm。

最小尺寸：非圆筒货物单件邮件长度≥14cm，宽度≥11cm；圆筒形货物直径的两倍＋长度≥17cm，单边长度≥11cm。

（三）时限标准

国际及中国港澳台电子商务业务不提供时限承诺，主要城市间全程时限标准参考如下：

e 邮宝业务：7～10 个工作日。

e 特快业务：

（1）日本、韩国、中国香港、新加坡、中国台湾：2～4 个工作日；

（2）英国、法国、加拿大、澳大利亚、西班牙、荷兰：5 ～ 7 个工作日；

（3）俄罗斯、巴西、乌克兰、白俄罗斯：7 ～ 10 个工作日。

（四）操作流程

客户首次使用国际及中国港澳台电子商务业务需登录中国邮政速递物流国际在线发运系统（http://shipping.ems.com.cn），申请注册账号，审批通过后，再次登录在线发运系统，根据系统操作说明上传订单信息，并打印邮件详情单，发送派揽请求。电商平台或业务量较大的客户可以申请 API 对接。

（五）查询赔偿

（1）e 邮宝业务：

美国、澳大利亚和加拿大 e 邮宝业务提供全程时限跟踪查询，但不提供收件人签收证明；英国 e 邮宝业务提供收寄、出口封发和进口接收信息，不提供投递确认信息。客户可以登录邮政速递物流官网或拨打客服热线 11183 查询。

e 邮宝业务不受理查单业务，不提供邮件丢失、延误赔偿。

（2）e 特快业务：

e 特快业务提供收寄、出口封发、进口接收和投递签收等实时跟踪查询信息，客户同时可以通过邮政速递物流网站或拨打邮政速递客服热线 11183 查询。

e 特快业务因延误引起索赔的情况，退还邮费的 50%。邮件丢失或内件完全损毁时，按实际损失比例赔偿，但每件最高不超过 2× 首重资费 +2 元 /50g，并退还寄件人所付的邮费。在支付赔偿金以后，原认为已经丢失的邮件又找到时，应通知寄件人退回赔偿金，领取其邮件。

（六）交寄方式

客户可以在在线发运系统中选择上门揽收，或拨打邮政速递客服热线 11183，也可以自送到邮政速递物流揽收网点。

（七）优劣势

优势：跨境专线物流集中大批量货物发往目的地，通过规模效应降低成本，因此，价格比商业快递低，速度比邮政小包快，丢包率也比较低。

劣势：与邮政小包相比，跨境专线物流的运费成本还是高了不少，而且在国内的揽收范围相对有限，覆盖地区有待扩大。

（八）适用范围

e 邮宝和 e 特快业务适用于轻小件寄递。e 邮宝不提供签收信息，只提供投递确认信息。客户可以通过 EMS 网站或寄达国邮政网站查看邮件跟踪信息，或者直接拨打客服热线。由于 e 邮宝不提供邮件丢失、延误赔偿，因此一些价值比较高的产品不适合 e 邮宝，而适合 e 特快寄递。

e 邮宝和 e 特快都是 EMS 推出的特定产品。EMS 是由万国邮政联盟（UPU）创办的邮政特快专递，受各国法律保护，享有航运和海关验关优先权，是最迅速、最安全的邮政特种业务。在中国，EMS 是属于中国邮政速递物流股份有限公司的一个快递品牌，而中国邮政速递物流股份有限公司是属于中国邮政集团旗下的公司，邮政小包、大包由中国邮政集团直接运营。

四、国际 EMS 业务

国际 EMS 业务通达全球 200 多个国家和地区以及国内近 2 000 个城市，以高速度、高质量为用户传递国际、国内紧急信函、文件资料、金融票据、商品货样等各类文件资料和物品。

EMS 全国统一客户服务电话：11183，网址：www.ems.com.cn。

规格限制：单件货物不能超过 30kg，每票货只能走一件；货物单边长度超 60cm（含 60cm）需要按照体积重量计费，计费方式为：长 × 宽 × 高 /6 000。

快递查询：EMS 具备领先的信息处理能力，凭借与万国邮政联盟查询系统链接，可实现 EMS 邮件的全球跟踪查询。

建立了多通道信息接入：公司网站平台（www.11183.com.cn）、全国统一的 7×24 小时的呼叫平台（11183）和遍布城乡的邮政营业网点。

实时跟踪：通过邮件跟踪与查询服务可以实时了解交寄邮件的全程信息，对签约客户可以提供邮件实时信息的主动反馈服务。

承诺时限：按照从邮政编码到邮政编码的方式计算承诺时限。承诺时限是客户交寄邮件的最大运递时限，实际运递时间有可能比承诺时限短，国际特快专递邮件一般需要 3 ~ 5 天，因 EMS 原因造成邮件的实际运递时间超过承诺时限时，退还已收取的邮件资费。

优势：EMS 依托中国邮政航空有限责任公司陆路运输网络和以上海为集散中心的全夜航航空集散网，现有专用速递揽收、投递车辆 20 000 余部，满足了国际快递高效派送需求。

EMS 在全国范围内拥有高效、发达的邮件处理中心 200 多个，各处理中心配备了先进的自动分拣设备。亚洲地区规模最大、技术装备先进的中国邮政航空速递物流集散中心在 2008 年投入使用，有力保证了 EMS 国际快递的"便捷、及时、安全、准确"。

EMS 拥有快速清关的优点：EMS 不仅网络强大、价格合理、实重发货、不用提供商业发票即可清关，而且具有优先通关的权利，通关不过的货物可以免费运回国内。

劣势：价格比中国邮政小包、e 邮宝贵。

适用范围：可以寄递文件和物品，物品类邮件中准许寄递全部适于邮递的货样、商品、馈赠的礼品及其他物品。

五、国际商业快递公司

（一）DHL

DHL 又称敦豪航空货运公司，1969 年创立于美国旧金山，现隶属于德国邮政全球网络。DHL 是全球快递、洲际运输和航空货运的领导者之一，也是全球排名靠前的海运和合同物流提供商。DHL 是进入中国市场时间最早、经验最为丰富的国际快递公司之一。DHL 与中国对外贸易运输（集团）总公司合资成立了中外运敦豪。DHL 拥有完善的速递网络，可以到达 200 个国家和地区的 12 万个目的地，在中国的市场占有率达近 40%。

DHL 的相关运费及附加运费、规格限制、实时跟踪等可查询中外运敦豪官网 www.cn.dhl.com，或拨打客服电话 95380 获取。

DHL 的优势在于：

（1）服务区域。派送网络遍布世界各地，查询网站货物状态更新及时、准确，提供包装检验与设计服务、报关代理服务，在美国、欧洲有较强的清关能力。

（2）价格。20kg 以下小货和 21kg 以上大货的运价较便宜，21kg 以上物品更有单独的大货价格，部分地区大货价格比国际 EMS 还要低。

（3）时效。正常情况下 2 ～ 4 个工作日通达全球。特别是欧洲和东南亚速度较快，从中国到欧洲 3 个工作日，到东南亚地区仅需 2 个工作日。

（4）专线。建立了欧洲专线及周边国家专线服务，服务快速、安全、可靠、查询方便。

（二）UPS

UPS 又称联合包裹服务公司，起源于 1907 年在美国西雅图成立的一家信差公司，目前是世界上最大的快递承运商与包裹递送公司之一，也是专业的运输、物流、资本与电子商务服务的领先提供者。

从世界范围来看，UPS 其实是快递行业领导者，历史最为悠久，且与 FedEx 一直是对手。但在中国，UPS 的影响力要次于 FedEx。UPS 的强势地区为美洲地区，性价比高。

UPS 的相关运费及附加运费、规格限制、实时跟踪等可查询 UPS 网址 www.ups.com，或拨打客服电话 4008208388 获取。

UPS 的优势在于：

（1）服务区域。覆盖 200 多个国家和地区，UPS 在这 200 多个国家和地区设立了 4 400 多个商店、1 300 多个（全球）营业店、1 000 多个服务中心、17 000 多个授权服务点和 40 000 多个投递箱，能快速派送到北美洲和欧洲的每一个地址。

（2）服务。提供全球货到付款服务，免费、及时、准确的上网查询服务，加急限时派送服务。UPS 具有超强的清关能力。强势地区为美洲地区，性价比高、定点定时跟踪、查询记录详细、通关便捷。

（3）价格。货物出口至美国、加拿大、西欧、北欧、澳大利亚和新西兰等价格优势明显，UPS 主力打造美国专线。

（4）时效。正常情况下 2 ～ 4 个工作日通达全球，特别是美国 48 小时能到达，全世界 200 多个国家和地区都有网络，查询网站信息更新快，解决问题及时、快捷。

（三）FedEx

FedEx 即联邦快递公司，是一家国际性速递集团，提供隔夜快递、地面快递、重型货物运送、文件复印及物流服务，总部设于美国田纳西州孟菲斯。FedEx 于 1984 年进入中国，与天津大田集团成立合资企业大田 - 联邦快递有限公司，现在每周有多个班机进出中国，是拥有直飞中国航班数目最多的国际快递公司之一。

FedEx 的相关运费及附加运费、规格限制、实时跟踪等可查询网址 www.fedex.

com，或拨打客服电话 4008891888 获取。

FedEx 的优势在于：

（1）服务区域。通达全球 200 多个国家和地区；派送网络遍布世界各地，美洲和欧洲在价格和时效方面尤其具有优势。

（2）时效。正常情况下 2～4 个工作日即可通达全球。网站信息更新快，网络覆盖全，查询响应快。

（3）服务。FedEx 提供国际快递预付款服务，免费、及时、准确的上网查询服务，代理报关服务及上门取件服务。极快的响应速度让用户享受到高效率的服务，清关能力极强。

（4）价格。从中国到中南美洲及欧洲区域的价格有明显优势，与其他商业快递公司的公布价格相差 30%～40%；从中国到东南亚 21kg 以上的大货，FedEx 的价格相对 DHL、UPS 较低，但运输速度相差不大。

（四）TNT

TNT 国际快递集团是全球领先的快递邮政服务供应商，为企业和个人客户提供全方位的快递和邮政服务，公司总部设在荷兰的阿姆斯特丹。TNT 拥有欧洲最大的空陆联运快递网络，能实现门到门的递送服务，并且正通过在全球范围内扩大运营规模来最大幅度地优化网络效能。TNT 于 1988 年进入中国市场，拥有 34 家国际快递分公司及 3 个国际快递口岸；拥有中国最大的私营陆运递送网络，服务覆盖中国 500 多个城市。

TNT 的相关运费及附加运费、规格限制、实时跟踪等可查询网址 www.tnt.com，或拨打客服电话 4008209868 获取。

TNT 的优势在于：

（1）服务区域。在全球拥有 160 000 多名员工，分布在 200 多个国家和地区，还专门设有涵盖中国内地、中国香港和中国台湾的大中国区，拥有 17 000 多名专业员工。网络覆盖广，查询网站信息更新快，遇到问题响应及时。

（2）服务。提供全球货到付款服务及报关代理服务，通关能力强，客户可及时、准确地追踪查询货物。

（3）时效。2～4 个工作日即可通达全球，特别是从中国到西欧，仅需 3 个工作日。

（4）价格。货通全球，无偏远地区派送附加费用。在西欧地区价格较低，清关能力较强，但对所运货物限制也比较多。

上述四大商业快递公司对信息的提供、收集与管理有很高的要求，以全球自建网络以及国际化信息系统为支撑，可以寄递准许寄递的文件和包裹，速度快、服务好、丢包率低，尤其是发往欧美国家非常方便；但是价格贵，且价格资费变化较大，一般跨境电商卖家只有在客户强烈要求时效性的情况下才会使用，且会向客户收取运费。

六、海外仓

（一）海外仓的含义和优势

1. 含义

海外仓是指在本国以外的国家或者地区建立的海外仓库，主要用于发展海外电子商务。海外仓可以为全球卖家提供仓储、包装、分拣、派送等一站式综合服务。目前，中国卖家建立海外仓的主要国家是美国、英国、德国、澳大利亚等。

2. 优势

（1）改变传统的跨境电商物流方式，实现海外物流的本地化运输；

（2）改善服务，提升海外客户的体验度，提升销售额；

（3）可以改变卖家身份，降低海外竞争的激烈程度；

（4）可以扩大跨境货物的运输品类，降低跨境物流费用。

（二）海外仓操作流程

（1）中国卖家通过一般贸易出口的方式（选择传统的国际海运、空运或者国际快递等）将货物发往海外仓。

（2）通过国际物流商的信息系统管理海外仓的货物。

1）买家下订单，卖家将订单信息发送给海外仓进行订单操作处理；

2）海外仓收到指令，按照卖家指示对货物进行包装、分拣、派送等操作；

3）海外仓扣除相关费用后，发货至买家。

（3）及时更新信息。通过国际物流商的信息系统及时更新发货及库存信息，让卖家及时掌握情况。

（三）海外仓的费用

海外仓的费用主要包括头程运费、订单处理费、仓租费和海外本地派送费。

头程运费主要是指国际海运运费（含整柜与拼箱运费）、国际航空运费和国际快递费。

订单处理费主要是指产生海外订单后，该票货物出库的基本处理操作的费用。浙江点库电子商务有限公司澳大利亚仓的订单处理费见表2-10。

表 2-10 澳大利亚仓订单处理资费表

重量	价格（RMB）	
	首件	续件
0～1kg（含1kg）	3.00	2.00
1～2kg（含2kg）	4.00	2.00
2～10kg（含10kg）	5.00	2.00
10～20kg（含20kg）	9.00	2.00
20～30kg	12.00	2.00

备注：1. 订单重量超过30kg的重量部分，加收2元/kg；当订单包裹重量大于100kg时，订单重量附加费不再增加；订单配货物品件数超过1件，加收2元/件，以重量最重的产品计为首件重量；当订单配货物品数量大于10件，订单附加费不再增加。2. 订单配货的处理费收费基准按产品自带物流包装收取，如非物流包装，收取额外2元；增加物流包装以实际计费。3. 如订单在库内已下架，因地址错误或者其他原因取消发货，需要重新上架，订单需收取2次订单处理费。

仓租费是指货物租用仓库产生的费用，海外仓一般前30天是免仓租费用的。浙江点库电子商务有限公司澳大利亚仓仓租费用见表2-11。

表 2 - 11　澳大利亚仓仓租资费表

仓储时间	仓储费（RMB/ 天）	计算单位
30 天及以内	免费	CBM
超过 30 天	0.03	件（体积 <0.001CBM）
	0.05	件（0.001 ～ 0.02CBM）
	3.00	件（体积 >0.02CBM）

如果要求海外仓提供更换条码、转仓、卸货、退换货等增值服务，还需要支付海外仓增值服务费（见表 2 - 12）。

表 2 - 12　澳大利亚仓增值服务资费表

项目		收费价格（RMB）
条码费用 *		
更换条码（因点库头程检查原因）		免费
产品无条码		1/item
其他海外仓转仓	条码费	1/item
入库费用（非点库头程的卸货费用）**		
空运（包括商业快递）		80+2/kg
海运	Container 20ft	1 800
	Container 40/45ft	3 300
其他收费***		
海外仓退货处理费		免费
提供仓库图片费用		免费

备注：* 客户产品无条码及海外仓转仓的条码费用；

　　　** 客户使用非点库头程的卸货费用，并且需要打托；

　　　*** 海外仓其他收费。

海外本地派送费是指在海外本地派送时选择物流方式产生的费用。卖家可以选择邮政小包、商业快递等物流方式。如选择澳大利亚邮政的 Large Letter 服务，其费用见表 2 - 13。

表 2 - 13　澳大利亚邮政的 Large Letter 资费表

服务类型	重量（g）	VIP（RMB）	时效（工作日）	备注
Large Letter	<125	8.90	2 ～ 6	1. 最大尺寸：250mm × 353mm × 18mm 2. 必须自带物流包装
	125（含）～ 250（含）	13.00		
	250 ～ 500	21.20		

能力实训

一、选择题

1. [单选] 中国邮政小包的包裹重量一般不超过（   ）。
   A. 1kg   B. 2kg   C. 2.5kg   D. 1.5kg

2. [单选] 中国邮政小包非圆筒货物：长＋宽＋高不超过（   ），单边长度不超过（   ）。
   A. 90cm 60cm   B. 100cm 50cm
   C. 90cm 50cm   D. 100cm 60cm

3. [单选] 中邮 e 邮宝单件最高限重（   ）。
   A. 1kg   B. 2kg   C. 2.5kg   D. 1.5kg

4. [单选] 中邮 e 邮宝非圆筒货物单件邮件的最小尺寸：邮件长度不小于（   ），宽度不小于（   ）。
   A. 90cm 60cm   B. 100cm 50cm
   C. 90cm 50cm   D. 14cm 11cm

5. [单选] EMS 寄递每票货只能走一件，单件货物不能超过（   ）。
   A. 1kg   B. 2kg   C. 30kg   D. 20kg

二、判断题

1. 重量在 2kg 以内的小包都可以叫中国邮政小包。（   ）
2. 中国邮政小包可以寄递文件。（   ）
3. 一般情况下，中邮 e 邮宝比中国邮政小包快，比 EMS 慢。（   ）
4. 中邮 e 邮宝、e 特快、e 速宝都是 EMS 旗下的产品。（   ）
5. 卖家需要根据目的地、货物的重量、货物的性质、对货物的时效要求、清关要求等选择跨境物流渠道。（   ）

三、能力拓展

【工作任务 1】调研全球速卖通平台 5 个品类产品跨境物流费用及物流选择，将相关信息填入表 2-14。

表 2-14 全球速卖通平台 5 个品类产品信息

Estimated Delivery	Cost	Tracking	Carrier

【工作任务2】调研 Wish 平台 3C 类产品跨境物流运费及物流选择。

【工作任务3】计算跨境小包物流运费。

1. 浙江金远电子商务有限公司在全球速卖通平台上向美国客人销售了一件饰品，包装重量为 0.03kg，请计算跨境物流运费。表 2-15 为中国邮政挂号小包资费表。

表 2-15　中国邮政挂号小包资费表

国家列表			0～150g（含150g）		150～300g（含300g）		300～2 000g	
			正向配送费（根据包裹重量按克计费）元/千克	挂号服务费	正向配送费（根据包裹重量按克计费）元/千克	挂号服务费	正向配送费（根据包裹重量按克计费）元/千克	挂号服务费
			元（RMB）/kg	元（RMB）/单	元（RMB）/kg	元（RMB）/单	元（RMB）/kg	元（RMB）/单
俄罗斯	Russian Federation	RU	58.00	24.00	58.00	23.00	53.50	23.00
美国	United States	US	55.00	20.00	54.00	20.00	53.00	20.00
法国	France	FR	67.00	13.00	49.23	15.37	49.23	15.37
英国	United Kingdom	UK	51.00	17.50	51.00	17.50	50.00	17.50
澳大利亚	Australia	AU	63.00	16.50	58.00	16.50	55.00	16.00
德国	Germany	DE	58.00	15.80	52.00	16.00	49.00	16.50
以色列	Israel	IL	59.00	18.50	59.00	18.50	57.50	19.00
瑞典	Sweden	SE	55.00	27.00	54.00	27.00	53.00	27.00
西班牙	Spain	ES	53.00	20.00	53.00	20.00	53.00	20.00

2. 浙江金远电子商务有限公司在全球速卖通平台上向俄罗斯客人销售了一条连衣裙，包装重量为 0.38kg，长 × 宽 × 高为 25cm×15cm×3cm，请计算跨境物流运费。表 2-16 为 e 邮宝业务资费表。

表 2-16　e 邮宝业务资费表

国家列表			起重（克）	重量资费 元（RMB）/kg 每1g计重，限重2kg	操作处理费 元（RMB）/包裹
United States	US	美国	50	64	15
Russian Federation	RU	俄罗斯	1	55	17
Ukraine	UA	乌克兰	10	75	8
Canada	CA	加拿大	1	65	19
United Kingdom	UK	英国	1	65	17

续表

国家列表			起重（克）	重量资费元（RMB）/kg每1g计重，限重2kg	操作处理费元（RMB）/包裹
France	FR	法国	1	60	19
Australia	AU	澳大利亚	1	60	19
Israel	IL	以色列	1	60	17
Norway	NO	挪威	1	65	19
Saudi Arabia	SA	沙特阿拉伯	1	50	26

【工作任务4】计算四大国际商业快递公司的物流运费。

浙江金远电子商务有限公司在全球速卖通平台上向美国客人销售了一款婚纱，包装重量为2.6kg，长×宽×高为30cm×20cm×10cm，请计算跨境物流运费。此款婚纱专门为客户量身定制，定位于中端客户，附加值高，从婚纱产品对客户的特殊意义与时间要求方面考虑，拟使用DHL快递，DHL运费参考价格见表2-17（美国在第6区）。

表2-17 DHL运费（不含燃油附加费以及其他附加费用）　　　　　单位：元

重量（千克）	地区								
	1区	2区	3区	4区	5区	6区	7区	8区	9区
0.5	173	244	230	261	262	267	344	439	660
1.0	211	299	291	319	344	355	434	554	807
1.5	249	354	352	377	426	443	524	669	954
2.0	287	409	413	435	508	531	614	784	1 101
2.5	325	464	474	493	590	619	704	899	1 248
3.0	362	519	529	549	669	706	800	1 014	1 394

备注：1.DHL按照下列公式计算体积重量：长×宽×高/5 000。

2. 每票最低征收燃油附加费160元。

3. 偏远地区派送附加费：3元/千克，最低收费150元；偏远地区取件附加费：3元/千克，最低收费150元。

【工作任务5】调研亚马逊、eBay等平台物流运费及物流选择。

个性化成长记录表

序号	评价内容	学生成长记录	评价方式	评价主体	备注
1	微课学习（5%）		平台考试测验	平台	
2	课前测试（5%）		平台考试测验	平台	
3	课中测试（5%）		平台考试测验	平台	
4	仿真实训（5%）		平台系统评分	平台	
5	课后作业（5%）		平台考试测验	平台	
6	学习活跃度（3%）		平台系统评分	平台	
7	资源贡献度（2%）		平台系统评分	平台	
8	技能操作完整度（10%）		操作成果评分 实战成果评分	教师	
9	技能操作规范度（10%）		操作成果评分 实战成果评分	教师	
10	成果展示（10%）		操作成果评分 实战成果评分	教师	
11	方案制定（5%）		能力评估表	自评／互评	可选
12	技能操作完整度（5%）		能力评估表	自评／互评	
13	技能操作规范度（5%）		能力评估表	自评／互评	
14	成果展示（5%）		能力评估表	自评／互评	
15	物流方案设计模拟实战（20%）		绩效考核评分 满意度调查表	企业	
16	1+X 考证		考试通过率	评价组织	增值评价，可选，一般放年度考核
17	技能大赛		获奖等级	技能大赛组委会	增值评价，可选，一般放年度考核

备注：各部分权重占比可根据单元实际情况调整。

海外消费者习惯调研操作

◎ 学习目标

知识目标

1. 了解全球主要市场电商发展现状及特点。
2. 掌握海外市场调研的一般方法。
3. 熟悉海外消费者行为和习惯分析的一般方法。
4. 熟悉不同国家的节假日、商业习惯和消费习惯。

能力目标

能对全球主要市场电商发展情况进行调研，并形成调研报告。

🔍 素养目标

1. 培育和践行社会主义核心价值观。
2. 培养互联网思维和大数据思维。
3. 强化数字素养，提升数字技能。
4. 培育立足客户需求、持续创新的职业精神，育成长初心。

🌐 工作项目

浙江金远电子商务有限公司的跨境电商运营专员陈倩对跨境产品的物流解决方案——中国邮政小包、国际商业快递和海外仓详细了解之后，向经理汇报："现在是不是可以去选品啦，时间不等人啊！"经理微微一笑，说道："跨境全球零售跟传统外贸的B2B是很不一样的，要直接面对消费者，必须了解全球主要海外市场的电子商务发展情况，熟悉海外消费者的搜索习惯、支付习惯和购买习惯，为选品和产品上传做好准备。"

➡ 工作任务 1：调研全球主要市场跨境电商发展情况

通过调研全球跨境电商发展最新情况，进一步增强做好跨境电商的信心。

➡ 工作任务 2：调研海外市场消费者电商产品消费习惯

通过调研海外市场消费者的搜索习惯、支付习惯和购买习惯从而了解海外电商买家消费习惯。

操作示范

工作任务1 调研全球主要市场跨境电商发展情况

一、调研流程

（1）确定调研目标。以中国与美国跨境电商发展情况作为目标开展调研。

（2）设计调研方案。企业必须根据所需资料的性质选择合适的方法，如实验法、观察法、调查法等。本调研中我们可以采用案头调研法，也就是第二手资料调研或文献调研法，是以在室内查阅的方式搜集与研究项目有关资料。第二手资料的信息来源渠道包括企业内部有关资料、本国或外国政府及研究机构的资料、国际组织出版的国际市场研究资料、国际商会和行业协会提供的资料等。

在尽可能充分地占有现成资料和信息的基础上，再根据既定目标的要求，采用实地调查方法，以获取有针对性的市场情报。在本调研中可以考虑到相关企业实地考察。另外，还可开展抽样问卷调查，抽样方式须视调查目的和准确性要求而定。而对于问卷的设计，更需要有的放矢，完全依据要了解的内容拟定问题。

（3）调查组织。明确调查人员、时间、进度安排、参与人员技术和理论训练、调查活动的规划和监控等问题。

（4）统计与分析结果。对获得的信息和资料进行统计与分析，以获得高度概括性的市场动向指标，并对这些指标进行横向和纵向的比较和预测，以揭示市场发展的现状和趋势，提出相应的建议和对策。

（5）准备研究报告。市场调研的最后阶段是根据比较、分析和预测结果写出书面调研报告，一般分专题报告和全面报告，阐明针对既定目标所获结果以及建立在这种结果基础上的经营思路、可供选择的行动方案和今后进一步探索的重点。

二、全球跨境电商发展情况调研的主要内容

本项调研的主要内容为：全球跨境电商发展基本情况，美国、东南亚和拉丁美洲电商的基本特点和主要的市场调研工具。

（一）全球跨境电商发展基本情况

eMarketer发布的《2022年全球电商市场预测报告》显示，2025年全球电商销售额预计将首次突破7万亿美元（见图3-1），电商市场将继续保持增长态势。

其中，2022年电子商务市场规模增长最快的10个国家中，拉丁美洲和东南亚地区的国家在榜居多（见图3-2）；2022年新买家大多数来自印度、印度尼西亚和巴西；菲律宾和印度在2022年引领全球电子商务市场增长，分别增长了25.9%和25.2%。

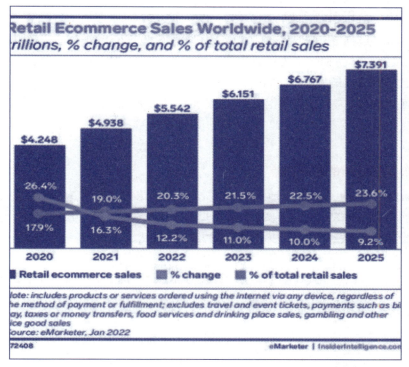

图 3 - 1 2020—2025 年全球电商市场销售额（其中，2023—2025 年为预估）

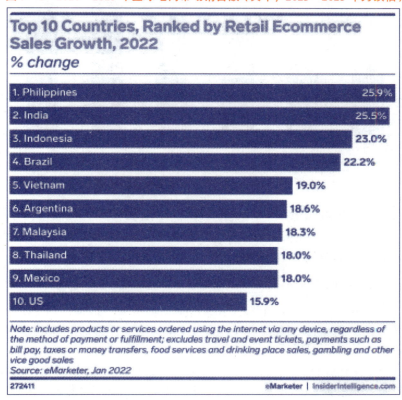

图 3 - 2 2022 年电子商务市场规模增长最快的 10 个国家

（二）美国电商的基本特点

Euromonitor 数据显示，2022 年北美市场规模已达 8 681 亿美元，有望在 2 年内达到万亿美元级别。时尚和服装类目成为北美电商市场发展的主要驱动力。

美国是北美最大的跨境电商市场。受疫情反复和行业动荡冲击，2022 年美国零售额增长有所放缓。其中电商销售增长率将降至 10% 以下，是自 2009 年以来的最低水平。尽管增速减缓，但 2023 年美国的电商销售额有望首次达到 1 万亿美元的新高度。

（三）东南亚电商的基本特点

据 eMarketer 预计，东南亚地区电商增长态势全球领先。东南亚地区 2022 年的电商销售额增长达到 20.6%，总计 896.7 亿美元（见图 3 - 3）。到 2023 年，东南亚地区将突破 1 000 亿美元大关，远高于 2019 年的 372.2 亿美元。

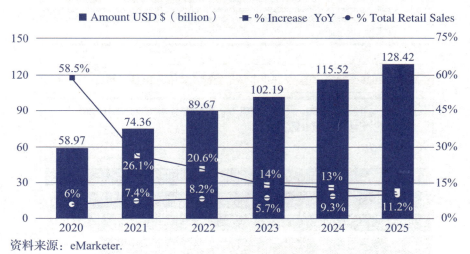

Southeast Asia Retail Ecommerce Sales 2020—2025
Actual 2020; Projected 2021—2025

资料来源：eMarketer.

图 3 - 3　2020—2025 年东南亚电商销售额

在全球 10 个电商增速最快的市场排名中，东南亚以 5 个名额占据了半壁江山，分别为印度尼西亚、马来西亚、菲律宾、泰国和越南。新加坡电商市场相对较发达，Shopee、Lazada 等知名电商平台均将总部设立在了新加坡。

（四）拉丁美洲电商的基本特点

过去几年间，拉丁美洲的电商业务增长率居全球最高，许多品牌和零售商抓住了该地区的增长机会。Euromonitor 数据显示，拉丁美洲的跨境电商市场规模预计在 2025 年达到 1 500 亿美元以上（见图 3 - 4）。

巴西是拉丁美洲电商增长最为显著的国家，2022 年电子商务销售营收较上年同比增长了 81 亿美元。根据 CouponValido 的一项调查研究，预计 2022—2025 年间，巴西的线上销售额将以每年 20.73% 的速度快速增长。

图 3 - 4　拉丁美洲跨境电商市场规模

从品类上看，3C 电子产品是各市场最热门的品类。而在巴西、墨西哥、哥伦比亚、哥斯达黎加和巴拿马等国家，时尚品类表现强劲。阿根廷则在家具类产品销售中脱颖而出。

（五）主要的市场调研工具

由于条件的限制，大部分跨境电商企业和卖家无法做到出国考察市场。这时候跨境电商企业要对国外市场进行调研，主要依靠数据分析，可灵活运用各种分析工具，全面掌握销售趋势的发展情况。跨境电商企业和卖家借助 Google Trends 工具可分析品类的周期性特点，把握产品开发先机；借助 KeywordSpy 工具可发现品类搜索热度和品类关键词；借助 Alexa 工具可选择某品类中以该市场为主要目标市场的竞争对手网站，作为对目标市场产品品相分析和选择的参考；借助 Terapeak 工具可全面分析 eBay 和亚马逊平台账号。

1. Google Trends

工具地址：http://www.google.com/trends。查询条件：关键词、国家、时间。

例如：搜索关键词泳装 swimwear，选择国家为美国，搜索结果显示：美国 5 月至 7 月为泳装搜索的高峰期（见图 3 - 5），对于美国市场的产品开发，要在 3 月至 4 月完成。如果跨境电商企业不知道目标市场品类热度的周期规律，则必会错过市场高峰。

再如：在全球范围内，圣诞节在一年之中只有一次最热的点，从每年的 9 月开始，市场关注度逐渐提升，10 月、11 月高速增长，到 12 月底进入最高峰，之后迅速跌至低谷。如果跨境电商企业能提前准备产品和相关的推广活动，则能在产品的整个热度周期占领市场，否则只能抓住圣诞节的尾巴。圣诞节关注热度见图 3 - 6。

在获得了品类开发的时间规律后，卖家可通过其他工具寻找需要参考的竞争对手网站。

2. KeywordSpy

工具地址：www.keywordspy.com/。查询条件：关键词、站点、国家。

以 swimwear 为例，选择美国为分析市场，查询条件选择 Keywords。搜索结果表明：在美国市场，swimwear 月搜索量达到约 274 万次，市场热度较高。搜索量最大的几个关键词是泳装的主关键词，如 swimsuit，bathing suits，swim suits，swim wear 等（见图 3-7），而其他关键词可以作为长尾关键词。将这些关键词用于产品搜索、产品信息加工中的命名及描述中，会大大提升 SEO 的优化水平。

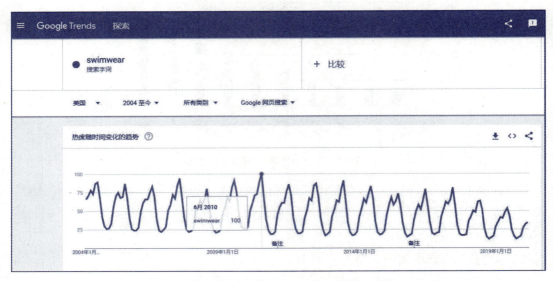

图 3-5　swimwear 销售趋势

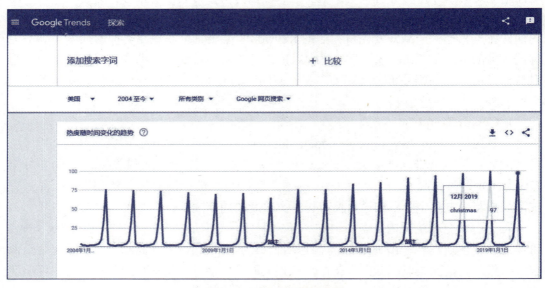

图 3-6　圣诞节关注热度

同时，搜索结果页面也会显示 swimwear 这个关键词所对应的主要竞争对手网站的站点列表，应重点关注原始关键词较多的网站，以通过 KeywordSpy 发现的某个竞争对手网站作为参照，利用 Alexa 工具对该网站进一步分析，以确定该网站是否具有参考价值（见图 3-8）。

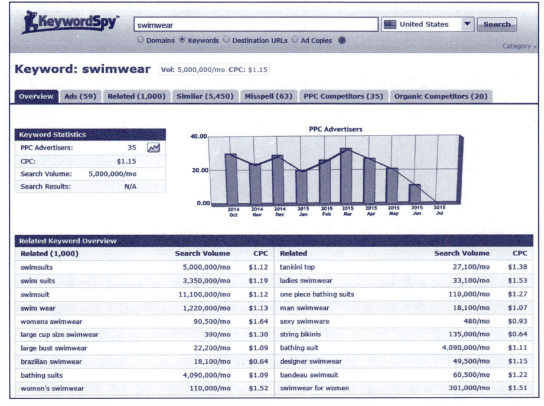

图 3 - 7　swimwear 搜索热度

Organic Competitors (20)	Keywords
everythingbutwater.com	923
venus.com	31,770
swimwearboutique.com	0
swimsuitsforall.com	2,401
swimoutlet.com	38,773
4swimwear.com	1,431
instyleswimwear.com	686
landsend.com	140,488
ujena.com	550
swimwearexpress.com	112

图 3 - 8　竞争者网站对 swimwear 关注情况

3. Alexa

Alexa 工具用于网站在目标市场流量的分析。工具地址：www.alexa.com。

以 www.landsend.com 为例，将 landsend.com 输入界面，点击"查询"（见图 3 - 9）。

图 3 - 9　将 landsend.com 输入界面

在查询结果页面，应重点关注 www.landsend.com 网站的日均 IP 流量（代表网站的整体知名度）及该网站在不同国家 / 地区的排名（代表该网站在不同国家 / 地区的知名度，见图 3 - 10）。

网站排名 统计的 Lands' End 国家/地区排名、访问比例 列表				
国家/地区名称 [6 个]	国家/地区代码	国家/地区排名	网站访问比例	页面浏览比例
俄罗斯	RU	22,830	0.4%	0.6%
美国	US	551	87.9%	89.6%
哈萨克斯坦	KZ	802	4.2%	1.1%
韩国	KR	2,814	2.5%	1.5%
加拿大	CA	2,976	1.3%	1.8%
其他	O	--	3.8%	5.4%

图 3 - 10　landsend.com 日均 IP 流量

通过搜索结果，可以得出以下结论：这个网站以美国为主要目标市场，且在美国有较高的知名度。结合 KeywordSpy 工具的分析，可以确定：此网站可以作为本企业在美国乃至北美市场的泳装类别的参考网站，用于研究适合美国市场的泳装产品的品相及价格。

4. Terapeak

工具地址：http://www.terapeak.com/。Terapeak 由 eBay 和国际速递公共平台运营商 4PX Express（递四方速递）合作开发，是 eBay 官方唯一推荐的分析工具。它通过整合全球最大的两个电商平台数据，帮助网络销售商和个人卖家全面分析 eBay 和亚马逊平台账号，从而优化产品结构和售后服务。Terapeak 工具所提供的数据和分析可以帮助卖家更好地了解市场现状，从而扩大业务，增加利润，并提高顾客的满意度和忠诚度。Terapeak 工具界面见图 3 - 11。

（a）

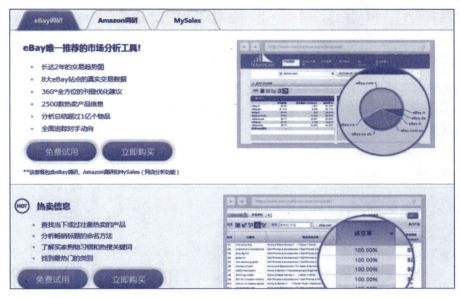

（b）

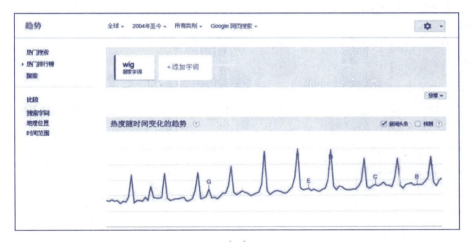

（c）

（d）

图 3 - 11　Terapeak 工具界面

工作任务 2　调研海外市场消费者电商产品消费习惯

一、消费者网站消费习惯

（1）美国消费者常用综合性购物网站如下：

www.macys.com（梅西百货是美国最老牌的百货公司之一，在美国有很高的知名度，而且常有优惠活动）；

www.amazon.com（亚马逊是全球知名的由图书起家的大型综合性购物网站）；

www.overstock.com（Overstock 与许多著名的品牌公司都有较好的合作，具有价格优势）；

www.walmart.com（沃尔玛是美国零售业巨头，提供各类平价优质的商品，在美国，网销与卖场同步）；

www.kohls.com（科尔士百货是美国的著名零售商之一，在美国开设了 1 000 多家店铺）；

www.dillards.com（Dillard's 是一家老牌连锁百货商店）；

www.neimanmarcus.com（尼曼是具有百年历史以经营奢侈品为主的连锁高端百货商店）；

www.saksfifthavenue.com（纽约第五大道汇集的顶尖品牌的限量版的服饰、手包都能在这个网站找到）；

shop.nordstrom.com（以时尚的服饰、化妆品为主，品牌齐全）；

www.bluefly.com（美国顶尖折扣时尚购物网站，产品种类齐全，折扣较大）。

（2）Blast Radius 公司调查显示，用户体验最佳的 10 个美国购物网站如下：

www.amazon.com

www.llbean.com

www.homedepot.com

www.sears.com

www.ebags.com

www.art.com

www.crateandbarrel.com

www.barnesandnoble.com

www.overstocked.com

www.rei.com

（3）美国市场研究公司 Hitwise 发布的调查结果显示，美国用户量最大的 11 个购物搜索引擎如下：

Yahoo!Shopping（http://shopping.yahoo.com）

BizRate（http://www.bizrate.com）

Shopping.com（http://www.shopping.com）

NexTag（http://www.nextag.com）

PriceGrabber（http://www.pricegrabber.com）

MSN eShop（http://shopping.msn.com）

Calibex（现在为 NexTag 所拥有，http://www.calibex.com）

Froogle（http://froogle.google.com）

Dealtime（现在为 Shopping.com 所拥有，http://www.dealtime.com）

Price Watch（http://www.pricewatch.com）

Shopzilla（是 BizRate 新启用的名称，http://www.shopzilla.com）

二、支付方式

北美地区是全球最发达的网上购物市场之一，北美地区的消费者习惯使用各种先进的电子支付方式。网上支付、电话支付、电子支付、邮件支付等各种支付方式对于美国的消费者来说都不陌生。在美国，信用卡是最常见的在线支付方式。美国第三方支付服务公司可以处理支持 158 种货币的维萨（VISA）和万事达（MasterCard）信用卡，支持 79 种货币的美国运通（American Express）卡，支持 16 种货币的大莱（Diners）卡。PayPal 是美国人非常熟悉的电子支付方式。中国商家必须熟悉这些电子支付方式，并善于利用各种各样的电子支付工具。

三、美国的主要节假日

美国的主要节假日包括：

新年（1 月 1 日）

马丁·路德·金纪念日（1 月的第三个星期一）

总统日（2 月的第三个星期一）

阵亡将士纪念日（5 月的最后一个星期一）

独立日（7 月 4 日）

劳动节（9 月的第一个星期一）

哥伦布日（10 月的第二个星期一）

老兵节（11 月 11 日）

感恩节（11 月的第四个星期四）

圣诞节（12 月 25 日）

电商打折力度最大的时间为感恩节后一天，也称为 Black Friday（黑色星期五）。

知识链接

一、国际市场调研

国际市场调研是指运用科学的调研方法与手段，系统地搜集、记录、整理、分析有关国际市场的各种基本状况及其影响因素，以帮助企业制定有效的市场营销决策，实现企业经营目标。在现代营销观念的指导下，国际市场调研以满足消费者需求为中心，研究产品从生产领域拓展到包括消费领域的全过程。一个企业要想进入某一新市场，往往要求国际市场调研人员提供与此有关的一切信息，包括该国的政治局势、法律制度、文化属性、地理环境、市场特征、经济水平等。

从国际贸易商品进出口角度来看，国际市场调研主要包括：国际市场环境调研、国际市场商品情况调研、国际市场营销情况调研、国外客户情况调研等。

（一）国际市场环境调研

如同军队作战首先需分析地形以及了解作战环境一样，企业开展商品进出口业务，应先了解市场环境，做到知彼知己，百战不殆。企业对国际市场环境调研的主要内容为：

（1）国外经济环境：包括一国的经济结构、经济发展水平、经济发展前景、就业、收入分配等。

（2）国外政治和法律环境：包括政府机构的重要经济政策、政府对贸易的鼓励政策、限制措施，有关外贸方面的法律法规，如关税、配额、国内税收、外汇限制、卫生检疫、安全条例等。

（3）国外文化环境：包括使用的语言、教育水平、宗教、风俗习惯、价值观念等。

（4）其他：包括国外人口、交通、地理等情况。

（二）国际市场商品情况调研

企业要把产品打入国际市场或从国际市场进口产品，除需了解国际市场环境外，还需了解以下国际市场商品情况：

（1）国际市场商品供给情况：包括商品供应的渠道及来源，国外生产厂家的生产能力、数量及库存情况等。

（2）国际市场商品需求情况：包括国际市场对商品需求的品种、数量、质量要求等。

（3）国际市场商品价格情况：包括国际市场商品的价格及其与供求变动的关系等。

（三）国际市场营销情况调研

国际市场营销情况调研是对国际市场营销组合情况的调研，除上述已经提到的商品及价格外还包括：

（1）商品销售渠道：包括销售网络设立、销售商的经营能力、经营利润、消费者的印象、售后服务等。

（2）广告宣传：包括消费者的购买动机、广告内容、广告时间、方式、效果等。

（3）竞争分析：包括竞争者的产品质量、价格、广告、盈利模式、运营策略、占有率等。

（四）国外客户情况调研

每种商品都有其特定的销售（进货）渠道。销售（进货）渠道是由不同客户所组成的。企业开展商品进出口业务时，必须选择合适的销售（进货）渠道与客户，做好国外客户的调研。一般来说，电商企业对国外客户的调研主要包括以下内容：

（1）客户政治情况：主要了解客户的政治背景、与政界的关系、企业负责人所属的党派及对我国的政治态度。

（2）客户资信情况：包括客户拥有的资本和信誉两个方面。资本是指企业的注册资本、实有资本、公积金、其他财产以及资产负债等情况。信誉是指企业在其生产经营活动中所获得的社会上公认的信用和名声。

（3）客户经营业务范围：主要是指客户经营的商品及其品种。

（4）客户类型：指客户是中间商、使用户、专营商，还是兼营商等。

（5）客户经营能力：指客户业务活动能力、资金融通能力、贸易关系、经营方式和销售渠道等。

二、市场调查报告的基本要求和内容

市场调查报告是指调查、收集、记录、整理和分析市场对商品的需求状况以及与此有关的资料的文书。换句话说，市场调查报告就是市场调查人员以书面形式，反映市场调查内容及工作过程，并提供调查结论和建议的报告。市场调查报告是市场调查研究成果的集中体现，其撰写的好坏将直接影响整个市场调查研究工作的成果质量。一份好的市场调查报告，能给企业的市场经营活动提供有效的指导，能为企业的决策提供客观依据。

（一）市场调查报告的基本要求

1. 客观真实、实事求是

市场调查报告必须符合客观实际，引用的材料、数据必须真实、可靠，切勿弄虚作假，或迎合上级的意图。总之，要用事实来说话。

2. 调查资料和观点相统一

市场调查报告是以调查资料为依据的，即市场调查报告中的所有观点、结论都有大量的调查资料为根据。在撰写过程中，要善于用资料说明观点，用观点概括资料，二者相互统一，切忌调查资料与观点相分离。

3. 要突出市场调查的目的

撰写市场调查报告时，必须目的明确，有的放矢。撰写市场调查报告是为了解决某一问题或者为了说明某一问题。市场调查报告必须围绕市场调查上述的目的来论述。

4. 语言简明、准确、通俗易懂

市场调查报告是给人看的，无论是厂长、经理，还是其他读者，他们大多不喜欢冗长、乏味、呆板的语言，也不精通调查的专业术语。因此，撰写市场调查报告时语言要力求简明、准确、通俗易懂。

撰写市场调查报告的一般程序是：确定标题，拟定写作提纲，取舍选择调查资料，撰写调查报告初稿，修改并定稿。

（二）市场调查报告的内容

（1）调查目的；

（2）调查对象及其情况；

（3）调查内容；

（4）调查方式（一般可选择问卷式、访谈法、观察法、资料法等）；

（5）调查时间；

（6）调查结果；

（7）调查体会（可以是对调查结果的分析，也可以是找出结果的原因及应对方法等）。

能力实训

一、选择题

1.［单选］由 eBay 和国际速递公共平台运营商 4PX Express 合作开发，eBay 官方唯一推荐的分析工具是（　　　）。

    A.Terapeak　　　　　B.Google Trends　　　　C.KeywordSpy　　　　D.Alexa

2.［多选］跨境电商宏观环境 PEST 分析是指分析我国出口电商的（　　　）。

    A. 政治环境　　　　B. 经济环境　　　　C. 社会环境　　　　D. 技术环境

3.［单选］Alexa 工具用于网站在目标市场（　　）的分析。

    A. 流量　　　　B. 市场　　　　C. 习惯　　　　D. 兴趣

4.［多选］KeywordSpy 的查询条件有（　　　）。

    A. 关键词　　　　B. 站点　　　　C. 国家　　　　D. 时间

5.［多选］谷歌趋势的查询条件有（　　　）。

    A. 关键词　　　　B. 国家　　　　C. 时间　　　　D. 方法

二、判断题

1. 掌握海外消费者的搜索习惯、支付习惯和购买习惯等对于卖家十分重要。（　　　）

2. 国外经济环境的调研主要包括一国的经济结构、经济发展水平、经济发展前景、就业、收入分配等。（　　　）

3. 国外文化环境的调研主要包括使用的语言、教育水平、宗教、风俗习惯、价值观念等。（　　　）

4. SWOT 分析法是用来确定企业自身的竞争优势、竞争劣势、机会和威胁，从而将企业的战略与企业内部资源、外部环境有机地结合起来的一种分析方法。S（Strengths）是优势、W（Weaknesses）是劣势，O（Opportunities）是机会、T（Threats）是威胁。（　　　）

5. 母亲节前后是北美和欧洲市场跨境电子商务交易的最高峰，之后迅速跌至低谷。（　　　）

三、能力拓展

【工作任务 1】调研中国与欧盟（或 RCEP 成员国和金砖国家）等的跨境电商发展情况并形成调研报告。

【工作任务 2】调研中国与欧盟（或 RCEP 成员国和金砖国家）消费者电商产品的消费习惯并形成调研报告。

个性化成长记录表

序号	评价内容	学生成长记录	评价方式	评价主体	备注
1	微课学习（5%）		平台考试测验	平台	
2	课前测试（5%）		平台考试测验	平台	
3	课中测试（5%）		平台考试测验	平台	
4	仿真实训（5%）		平台系统评分	平台	
5	课后作业（5%）		平台考试测验	平台	
6	学习活跃度（3%）		平台系统评分	平台	
7	资源贡献度（2%）		平台系统评分	平台	
8	技能操作完整度（10%）		操作成果评分 实战成果评分	教师	
9	技能操作规范度（10%）		操作成果评分 实战成果评分	教师	
10	成果展示（10%）		操作成果评分 实战成果评分	教师	
11	方案制定（5%）		能力评估表	自评／互评	可选
12	技能操作完整度（5%）		能力评估表	自评／互评	
13	技能操作规范度（5%）		能力评估表	自评／互评	
14	成果展示（5%）		能力评估表	自评／互评	
15	市场调研模拟实战（20%）		绩效考核评分 满意度调查表	企业	
16	1+X 考证		考试通过率	评价组织	增值评价，可选，一般放年度考核
17	技能大赛		获奖等级	技能大赛组委会	增值评价，可选，一般放年度考核

备注：各部分权重占比可根据单元实际情况调整。

数据化选品和视觉设计操作

微课资源

学习目标

知识目标

1. 掌握跨境电商产品的特点和选择标准。
2. 熟悉全球速卖通平台选品规则。
3. 了解其他第三方平台选品规则。
4. 熟悉供应商选择标准、产品采购流程。
5. 熟悉跨境电商大类产品生产、包装、质量检验标准、验货等知识。
6. 熟悉常用的平台数据分析工具和调研报告的写作方法。
7. 掌握全球速卖通产品分类属性、标题描述和详细描述的方法。
8. 掌握图片处理技术。

能力目标

1. 能对产品进行正确的定位。
2. 能分析竞争者和行业产品。
3. 能选择合适的供应商。
4. 能对产品进行品牌化管理和营运。
5. 能根据市场对产品做出合理调整。
6. 能分析平台数据，撰写调研报告，发现新的市场机会。

素养目标

1. 培育和践行社会主义核心价值观。
2. 培养互联网思维和大数据思维。
3. 强化数字素养，提升数字技能。
4. 培养与时俱进洞察行业商机，挖掘市场潜力的精神，育成长初心。

🌐 工作项目

经理对陈倩前一个月的表现非常满意，一大早就把陈倩叫到办公室面授机宜。选品是跨境电商全球网络零售成功与否的关键环节。选品好，事半功倍，迅速出单；反之，产品在各个跨境电商第三方平台的销售将很难有好的表现。所以，接下来，陈倩还要对全球速卖通等平台销售产品的品类情况、跨境产品的特点、选品的渠道和方法等进行详细了解。陈倩的主要任务是：

▶ 工作任务 1：调研全球速卖通平台产品品类、产品标题描述和详细描述，形成报告

进行市场选品，应首先清楚适合在全球速卖通平台销售的产品和不适合的产品，然后熟悉全球速卖通平台的产品类目，了解全球速卖通平台热销产品推荐，通过"生意参谋"进行数据分析并选择不同的产品类目，根据自己的情况进行具体选品。以某一热销产品为例，深入了解产品标题描述和详细描述，最后根据调研情况撰写调研报告。

▶ 工作任务 2：运用全球速卖通店铺后台数据对鞋类产品进行行业分析，形成分析报告

进入全球速卖通店铺后台，可以看到"生意参谋"工具。"生意参谋"提供的数据质量高、信息量大、表现方式丰富。"生意参谋"链接下的"行业情报"工具，可供卖家了解市场、分析行业，是选品时重要的参考依据。

▶ 工作任务 3：处理产品图片

掌握产品图片处理软件操作技巧。

▶ 工作任务 4：从工厂自选产品，并对产品进行信息化处理

从工厂自选产品的关键是对产品进行拍照，并进行信息化处理。要准备好相机、三脚架、摄影箱 / 台、反光布、背景布、小道具、摄影灯等。

▶ 工作任务 5：登录卖家店铺管理页面对产品分类属性进行设置

产品属性是买家选择商品的重要依据，不同品类的产品在跨境平台的属性分类是不相同的。对产品的属性进行正确设置是跨境电商销售的重要环节，也是减少售后纠纷的必要环节。

▶ 工作任务 6：对产品标题进行描述，对产品其他情况进行详细描述

产品标题表现了一个产品的基本属性，是买家搜索到并吸引买家点击进入商品详情页面的重要因素，反映了该产品的一系列基本特征。卖家要熟悉不同平台产品标题描述的规则。

🛒 操作示范

工作任务 1　调研全球速卖通平台产品品类、产品标题描述和详细描述，形成报告

---

1. 打开全球速卖通在线交易平台

打开全球速卖通在线交易平台（网址：http://seller.aliexpress.com），进入平台规则界面（见图4-1）。

图4-1 全球速卖通平台规则界面

2. 点击全球速卖通规则，查看全球速卖通禁限售商品目录

查看全球速卖通平台规则，了解禁限售规则，并熟悉禁限售商品目录（见表4-1）。

表4-1 全球速卖通禁限售商品目录（部分）

禁发商品及信息	对应违规处理
（一）枪支、军警用品、危险武器类：	
1. 生化、化学、核武器、其他大规模杀伤性武器	严重违规行为，每次扣48分
2. 真枪、弹药、军火及大型武器	严重违规行为，每次扣48分
3. 枪支、弹药、军火的相关器材及主要部件	6分/次
4. 仿真枪（如气枪、发令枪、BB枪、彩弹枪）、枪配件、鱼枪鱼叉	6分/次
5. 可致使他人暂时失去反抗能力，对他人身体造成重大伤害的管制器具（如电击器、辣椒喷雾、弓弩）	6分/次
6. 管制类刀具（如弹簧折刀、超长刀、格斗刀、军用刀）	6分/次
7. 严重危害他人人身安全的管制器具（如指节套、甩棍、浪人叉、飞镖等）	6分/次
8. 一般危害他人人身安全的管制器具（如双节棍、钥匙棍）	2分/次

3. 进入全球速卖通买家页面

买家页面为 http://www.aliexpress.com。首页产品类目见图4-2。全部产品类目见图4-3。

CATEGORIES See All >

Women's Clothing

Men's Clothing

Phones & Accessories

Computer & Office

Consumer Electronics

Jewelry & Watches

Home & Garden

Bags & Shoes

Toys,Kids & Baby

Sports & Outdoors

Health & Beauty

Automobiles & Motorcycles

Home Improvement

图 4-2　首页产品类目

Products by Categories: **A B C D** | **E F** | G H I J K L | M N O P Q R | **S T** U V **W** X Y Z

⊟ A B C D

Apparel & Accessories
Baby Boys
Baby Girls
Boys
Girls
Men
Women
Weddings & Events
Novelty & Special Use
⊞ More...

Automobiles & Motorcycles
Car Electronics
Lights & Indicators
Exterior Accessories
Interior Accessories
Tools & Equipment
Replacement Parts
Transporting & Storage
Motorbike Accessories & Parts

Baby Products
Activity & Gear
Baby Care
Baby Shoes
Baby Clothing
Bedding
Feeding
Safety
Baby Toys

Beauty & Health
Fragrances & Deodorants
Hair Care & Styling
Hair Extensions & Wigs
Health Care
Makeup
Nails & Tools
Sex Products
Skin Care
⊞ More...

Computers & Networking
Laptops
Tablet PCs
Desktops
Networking
Computer Components
Computer Peripherals
Storage & Networking

Consumer Electronics
Camera & Photo
Electronic Cigarettes
Home Audio & Video Equipment
Portable Audio & Video
Mobile Phones
Gaming & Accessories
Car Electronics
Accessories & Parts

⊟ E F

Electrical Equipment & Supplies
Batteries
Connectors & Terminals
Electrical Plugs & Sockets
Generators
Power Supplies
Professional Audio, Video & Lighting
Switches
Wires, Cables & Cable Assemblies
⊞ More...

Electronic Components & Supplies
Active Components
EL Products
Electronic Accessories & Supplies
Electronic Signs
Electronics Production Machinery
Electronics Stocks
Optoelectronic Displays
Passive Components
⊞ More...

Furniture
Baby Furniture
Commercial Furniture
Furniture Accessories
Furniture Hardware
Furniture Parts
Home Furniture
Other Furniture
Outdoor Furniture
⊞ More...

（a）

⊟ G H I J K L

Home & Garden

Pet Supplies
Kitchen,Dining & Bar
Home Textile
Home Decor
Festive & Party Supplies
Garden Supplies
Housekeeping & Organization
Bathroom Products
⊞ More...

Industry & Business

Machinery & Parts
Measurement & Analysis Instruments
Packaging & Shipping
Mechanical Parts & Fabrication Services
Textiles & Leather
Rubber & Plastics
Printing Materials

Luggage & Bags

Backpacks
Briefcases
Shoulder Bags
Clutches
Totes
Evening Bags
Messenger Bags
Wallets & Holders
⊞ More...

Home Appliances

Air Conditioning Appliances
Cleaning Appliances
Home Appliance Parts
Home Heaters
Kitchen Appliances
Laundry Appliances
Refrigerators & Freezers
Water Treatment Appliances
⊞ More...

Jewelry

Necklaces & Pendants
Bracelets & Bangles
Rings
Earrings
Jewelry Sets
Charms
Brooches
Body Jewelry
⊞ More...

Home Improvement

Basis Material
Building Supplies
Electrical
Functional Material
Hardware
Kitchen & Bath Fixtures
Security & Protection
Tools
⊞ More...

Lights & Lighting

LED Lighting
Light Bulbs
Lighting Fixtures
Outdoor Lighting
Portable Lighting
Novelty Lighting
Holiday Lighting
Business & Industry Lights
⊞ More...

（b）

⊟ M N O P Q R

Office & School Supplies

Education Supplies
Letter Pad & Paper
Notebooks & Writing Pads
Office Equipment
Pencil Cases & Bags
Pens, Pencils & Writing Supplies
Printer Supplies
⊞ More...

Phones & Telecommunications

Mobile Phones
Telephones
Walkie Talkie
Phone Bags & Cases
Parts
Communication Equipment

⊟ S T U V W X Y Z

Shoes

Baby Shoes
Children's Shoes
Men's Shoes
Women's Shoes
Athletic Shoes
Shoe Accessories

Watches

Wristwatches
Pocket & Fob Watches
Watch Accessories

Sports & Entertainment

Sports Clothing
Athletic Shoes
Soccer
Basketball
American Football
Cycling
Fishing
Hunting
⊞ More...

Toys & Hobbies

Remote Control
Action Figures & Toys
Baby Toys
Dolls & Accessories
Electronic Toys
Learning & Education
Diecasts & Toy Vehicles
Soft Toys & Plush Toys
⊞ More...

⊟ Everything Else

Food

Coffee
Tea

Gifts & Crafts

（c）

图 4 - 3　全部产品类目

从图4-3可以看出，全球速卖通平台共计30个一级类目，包括Apparel & Accessories，Automobiles & Motorcycles，Baby Products，Beauty & Health，Computers & Networking，Consumer Electronics，Electrical Equipment & Supplies，Electronic Components & Supplies，Furniture，Home & Garden，Home Appliances，Home Improvement，Industry & Business，Jewelry & Watches，Lights & Lighting，Luggage & Bags，Office & School Supplies 等，每个一级产品类目下又有二级类目和三级类目。下面以 Bags & Shoes 为例，介绍此类目的情况（见图4-4）。

图4-4 产品类目 Bags & Shoes

选择并点击 Women's Flats，可以看到女士平跟鞋的具体分类：包括 Season（季节）、Flats Type（平跟鞋样式）、Upper Material（鞋帮材料）、Pattern Type（流行样式）、Decorations（装饰物）、Occasion（场合）、Shoe Width（鞋码）、Toe Shape（鞋头样式）、Color（颜色）、Shoe US Size（美国码）、Outsole Material（鞋底材料）等具体类目（见图4-5）。

4. 从首页了解热卖行业

从买家首页依次看到十大热卖行业，分别是服装（女装和男装）、手机及配件、计算机及配件、电子设备、珠宝手表、家居用品、箱包鞋子、母婴产品、运动户外、美容美体。从2010年起，图4-6所示品类获得长足发展，并迸发出勃勃生机。

综合2013年全年的情况来看，全球速卖通平台销售排名前五的品类依次为：服装及配饰、手机及通信、美容及健康、珠宝及手表、汽车及摩托车（见图4-7）。此外，鞋类、服装、箱包、珠宝手表、手机通信是增长速度最明显的5个品类。

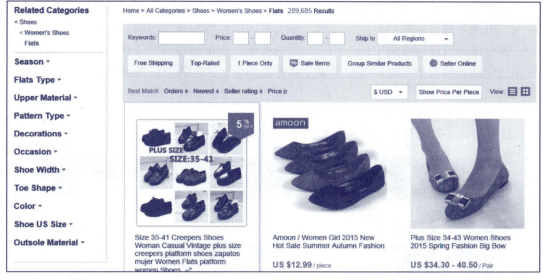

图4-5 女士平跟鞋具体类目

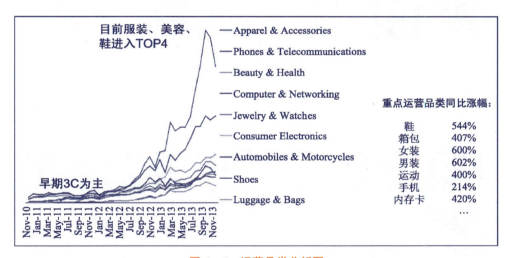

图4-6 运营品类分析图

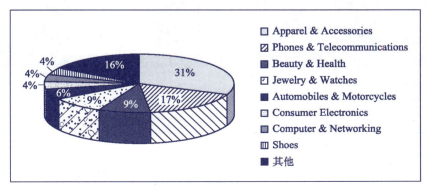

图4-7 各行业大卖家占比情况

在热销品类和目标市场的发展方面，全球速卖通指出，从地区成交额来看，俄罗斯人买得最多的是中国的手机，小米、华为等国产品牌都是热门商品。服装类的套头毛衣、紧身衣以及珠宝首饰中的一些新型款式在俄罗斯市场也非常受欢迎。数据显示，巴西人从中国采购的第一大品类是服装。夏季是球鞋、太阳镜等产品的热卖时节，相关品类的销量持续增长。

5. 点击 BestSelling，了解热卖产品和每周热销产品

BestSelling 每周热销产品示例如图 4−8 所示：

（a）

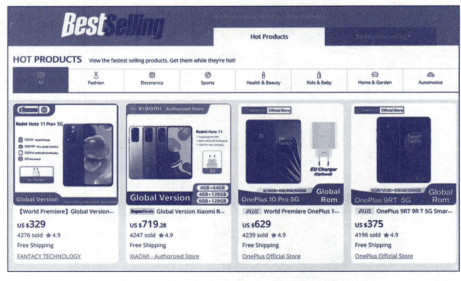

（b）

图 4−8　BestSelling 热销产品

进入热销产品页面，可以查看每周热销排行和热销产品。卖家应对顾客喜欢的产品有一定了解，从而选择合适的产品。

6. 选择其中一款产品，了解其产品标题和详细描述

选择 Shoes > Women's Shoes > Flats，出现图 4 - 9 所示的界面。

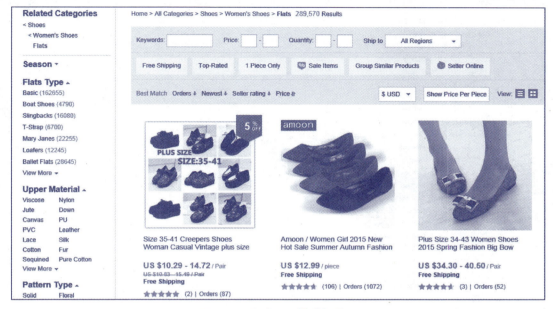

图 4 - 9　女士平跟鞋选择界面

以一款女士平跟鞋为例，其标题为：Summer Walk Shoes Women Loafers Suede Causal Moccasin 2022 Metal Lock Beanie Shoes Comfortable Soft Sole Flat Shoes Plus Size（见图 4 - 10），该标题描述包含核心词、属性词和流量词。

图 4 - 10　某款女士平跟鞋产品标题

该产品详细描述包括产品基本属性（见图 4 - 11）、产品图片展示（见图 4 - 12）、产品生产过程介绍（见图 4 - 13）、产品尺码介绍（见图 4 - 14）、支付和物流方式及退换货政策（见图 4 - 15）等。

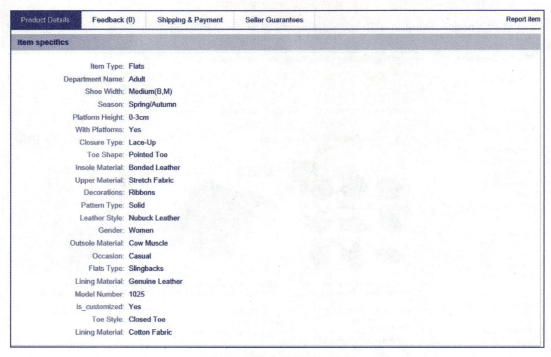

图 4 - 11　产品基本属性

图 4 - 12　产品图片展示

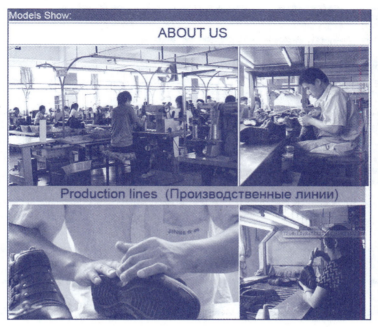

图 4 – 13　产品生产过程介绍

Check your sizes now!!!!!

1 inche=2.54 cm　　1 cm=0.3937 inch

Please tell us your feet length if you do not know which size is better for you,then we can decide your size correctly. The size selected option order,NOT UK and EUR SIZE!!! Please do not select wrong size!

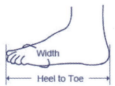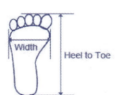

Measure while standing with your foot firmly on the floor and parallel to your other foot.

USA	European	Great Britain	Brazil	Australia	Heel to Toe(in cm)
5	35	2.5	33	3.5	22.5
6	36	3.5	34	4.5	23
6.5	37	4	35	5	23.5
7.5	38	5	36	6	24
8.5	39	6	37	7	24.5
9	40	6.5	38	7.5	25
9.5	41	7	39	8	25.5
10	42	7.5	40	8.5	26

图 4 – 14　产品尺码介绍

Payment & Shipping:

1 You can pay with Escrow,CreditCard,Moneybookers,Visa&MasterCard,Bank Transfer and so on.

2 Orders will be dispatched with 2-4 working days after got your payment, marked as "gift" or "sample" for easy customes clearance.(Door to door shipping)

3 Shipping tracking number will file in order after shipped,you can track of it.

4 Import charges&tax are the buyer's responsibility.We aren?t responsible for any accidents ,delay or other issues which are the responsibility of shipping service.

Return Policy:

1 100% of all delivered products in good quality and under strict examination
before shipping.We will try our best to avoid any quality problem.

2 We refuse return the goods back without any quality defects if you change your mind or don't like the items after you received the goods.

Feedback:

1 We depend on your satisfaction to succeed,so feedback is extremely important to us,please post a good feedback to us if you satisfied with our goods and service,we will do that for you also. Thank you very much!

2 We always appreciate and try to care about our valued customers, pleaes give us the opportunity to resolve any problems that may upset and frustrate you.

3 Please send us E-mail first before you want to leave negative feedback or dispute on Aliexpress,we are sure you will feel satisfactory with our answer.

图 4-15　支付和物流方式及退换货政策

7. 根据调研情况撰写调研报告

第一，全球速卖通平台适合销售价值高、体积小的商品；

第二，全球速卖通平台有十大热销产品品类，鞋类及其他品类增长较快；

第三，选择增长较快的产品品类，并进行二级甚至三级产品品类的深入了解；

第四，以某一品类为基础，熟悉其产品的基本描述，包括产品标题和产品详细描述。

工作任务 2　运用全球速卖通店铺后台数据对鞋类产品进行行业分析，形成分析报告

进入全球速卖通后台，打开"生意参谋"—"行业情报"页面。行业选择"鞋子"，时间选择"30 天"，国家选择"全部国家"，平台选择"所有平台"（见图 4-16）。

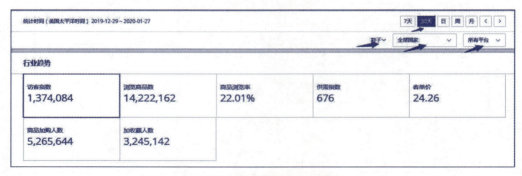

图 4-16　行业的销售数据分析

1. 行业数据

从图 4-16 可以看出鞋子这一行业的访客指数、浏览商品数、商品浏览率、供需指数、客单价、商品加购人数和加收藏人数等数据。

2. 访客指数对比趋势数据明细

从图 4-17 可以看出，本周期访客指数比上周期访客指数有一定幅度的增长。可以再参考行业对比趋势。

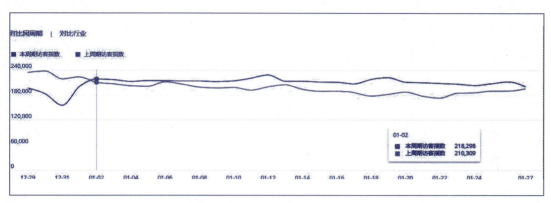

图 4-17 访客指数趋势

行业趋势数据明细见图 4-18。

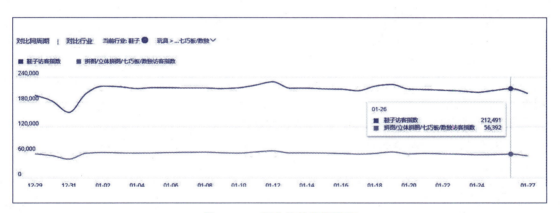

图 4-18 行业趋势数据明细

从图 4-18 可以看出，鞋子的访客指数要远高于益智玩具（拼图/立体拼图/七巧板/数独）的访客指数。单从访客指数这一指标看，鞋子这个行业要优于益智玩具（拼图/立体拼图/七巧板/数独）这个行业。

3. 行业国家/地区构成分布

行业国家/地区构成分布（部分）见图 4-19。

从图 4-19 可以看出俄罗斯、美国、西班牙、法国、巴西、波兰、乌克兰、以色列等国在访客指数、浏览商品数、商品浏览率、供需指数、客单价、商品加购人数和加收藏人数等的具体数据。单从访客指数来看，俄罗斯在鞋子这个行业的访客指数在以上国家中排名第一，达到了 624 849，较前 30 天增长了 5.09%。

国家构成

排名	国家&地区	访客指数	浏览商品数	商品浏览率	供需指数	客单价	商品加购人数	加收藏人数
1	俄罗斯	624,849	6,333,064	16.32%	260	16.07	1,171,024	934,625
	较前30日	+5.09%	+11.66%	-0.73%	+10.01%	-4.17%	+19.83%	+18.36%
2	美国	314,916	3,301,245	14.49%	117	40.18	521,984	308,194
	较前30日	+5.24%	+6.43%	-6.58%	+3.86%	-22.01%	+11.33%	+14.77%
3	西班牙	285,694	2,566,907	15.47%	105	23.04	255,490	158,465
	较前30日	+2.80%	+7.27%	-5.15%	+2.34%	-19.30%	+5.31%	+9.89%
4	法国	244,951	2,199,416	14.15%	96	26.76	219,765	111,728
	较前30日	+2.64%	+4.18%	-5.03%	+2.36%	-10.59%	+5.71%	+8.57%
5	巴西	225,031	1,590,392	14.88%	87	60.35	140,659	106,727
	较前30日	+5.58%	+10.41%	+0.34%	+6.57%	-4.07%	+11.31%	+15.50%
6	波兰	223,234	1,545,718	15.00%	73	14.77	119,142	96,132
	较前30日	+19.63%	+31.75%	-3.85%	+25.83%	-11.72%	+41.54%	+40.02%
7	乌克兰	216,744	1,893,257	14.80%	68	15.75	125,857	137,183
	较前30日	+4.94%	+13.33%	-1.92%	+7.62%	-4.20%	+8.75%	+14.20%
8	以色列	183,975	1,690,280	17.58%	56	24.46	153,495	67,973
	较前30日	-5.03%	-4.92%	+0.69%	-9.28%	-1.96%	-13.44%	-9.26%

图 4-19　行业国家/地区构成分布（部分）

4. 形成行业结论

通过分析以上几个维度的数据与联系，基本可以得出以下结论：

第一，鞋子的销售市场容量较大；

第二，鞋子的访客指数较大，市场需求充足；

第三，鞋子的浏览商品数、商品浏览率、商品加购人数和加收藏人数等都较大，客户购买欲望强；

第四，俄罗斯的访客指数最高，可重点发展该市场。

可以看出，鞋子与益智玩具两个行业相比，鞋子的市场趋势要优于益智玩具，不失为选品的好方向。

工作任务 3　处理产品图片

在处理产品图片时，一般会用到 Photoshop 中常用的抠图、修图基本工具以美化产品图片，下面我们就 Photoshop 中常用的几种修图技巧进行示范介绍。

1. 裁剪工具

Photoshop 的裁剪工具（C 键）功能强大，可以用来调整图片的最佳角度。以运动鞋为例，倾斜的照片裁剪前后的效果见图 4-20。

具体操作步骤为：按 C 键，在图像区域画矩形框，鼠标在框线内时，拖动鼠标可以调整商品大小。在图片上单击并拖动鼠标，可以将图像旋转到所需的角度。调整裁剪框为图 4-21 所示效果，按 Enter 键完成裁剪。

按 C 键，设置宽度为 700px，高度为 700px（见图 4-22）。

裁剪前　　　　　　　　　　裁剪后

图 4 – 20　倾斜的照片裁剪前后的效果比对

图 4 – 21　裁剪时的裁剪框

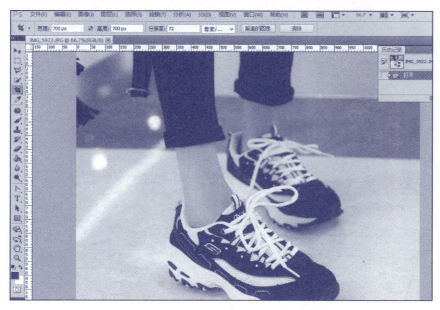

图 4 – 22　设置裁剪的宽度和高度

在图像区域拖动，产生裁剪框（见图 4-23）。这样不管原来图片的大小是多少，得到的都是 700px × 700px 的图片。裁剪后的效果见图 4-24。

图 4-23　拖动出裁剪框

图 4-24　裁剪后的效果

2. 矩形、椭圆选框工具

图 4-25 为选框工具选项，按住鼠标左键，在画布中拖动可以创建一个矩形或椭圆的选区，然后可以对选区的内容进行复制、剪切、填充等操作。

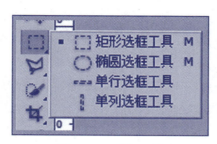

图 4-25　选框工具

现在的数码相机像素大多在 2 000 万以上，拍摄出来的照片尺寸相对都较大。在填写产品描述时，对于没有拍摄细节的产品，可以通过框选并复制或裁剪的方式来获得细节图，将大图中的细节部分用矩形选框工具或椭圆选框工具选中后进行复制或裁剪，以达到细节展示效果。

步骤 1：打开原始大图（见图 4-26）。

图 4-26　原始大图

步骤 2：新建一个画布，宽度为 700 像素，高度为 700 像素（见图 4-27）。

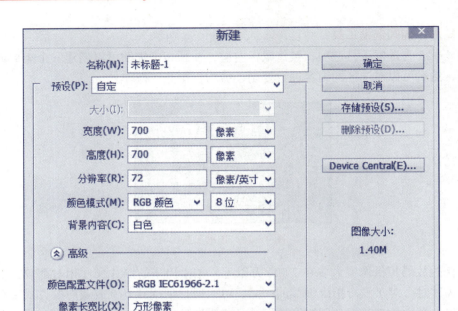

图4-27　新建画布

步骤3：单击原始图片窗口上的标题，切换到打开的原始图片窗口。

步骤4：在原始图片窗口里，单击放大镜工具让图片以原始尺寸显示。

步骤5：在工具箱上单击"抓手"工具，按住鼠标左键拖动，查看细节效果。

步骤6：单击工具箱的"矩形选框"工具，在要抓取的细节位置上拉出一个虚线框（见图4-28）。得到的细节图见图4-29。

图4-28　框选女鞋细节

图 4 – 29　细节图

3. 魔术棒工具

图 4 – 30 是一只背景色为白色的运动鞋，需要将运动鞋从背景中抠出来，放在图 4 – 31 所示的背景图片上。

步骤 1：打开"运动鞋"和"绚丽背景"图片。

步骤 2：在"运动鞋"图片窗口中，点击"魔棒"工具（W）。

步骤 3：设置容差值为 32，勾选"连续"和"消除锯齿"。

步骤 4：在属性栏中选择"添加到选区"，这样就可以将每次单击后产生的选区相互添加在一起；在运动鞋白色背景区域，不断单击直到所有白色部分全部选中为止。

步骤 5：点击顶部菜单栏的"选择"选项，在下拉菜单中点击"反向"，反向以后选择的就是除背景以外的物体（见图 4 – 32）。选择物体之后，复制选区内的图层，将其粘贴到绚丽背景中。

步骤 6：调整运动鞋大小，最终效果见图 4 – 33。

图 4 – 30　运动鞋

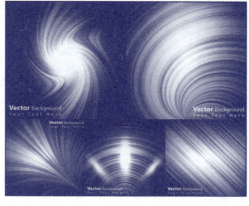

图 4 – 31　绚丽背景

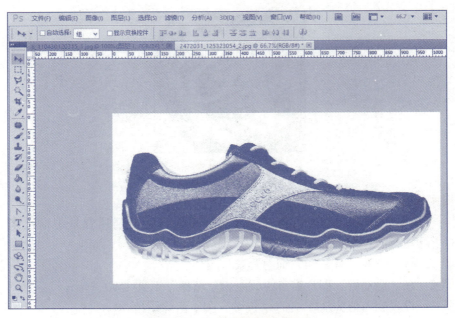

图 4-32　选中白色背景后反选

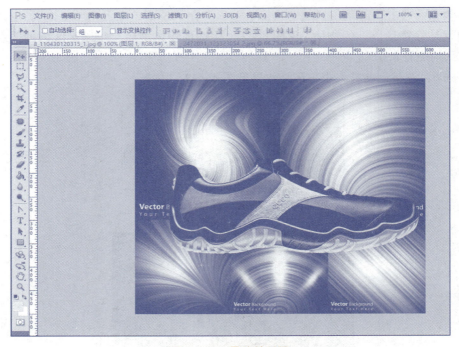

图 4-33　最终效果图

4. 钢笔工具

　　卖家在参加全球速卖通的一些促销活动时，一般都要提供白底图片。图 4-34 是一张原始图片，如果要将小熊故事机的图片背景去掉变成白底图，这时用前面的几种工具操作起来就会不方便，而使用钢笔工具抠图会方便而且精确很多。

图 4 - 34　原始图片

步骤 1：打开图片文件，将图片放大显示，选中钢笔工具，沿着要抠的主体的任一边缘部位单击一下，出现一个锚点，沿着抠图的边缘继续单击，出现下一个锚点，直到回到起始位置。

步骤 2：切换到转换点工具，所有的锚点全部显示，然后按住 Alt 键调整方向与下一步抠图方向一致，直到让弧线与主体边缘完全吻合（见图 4 - 35）。

图 4 - 35　选中抠图主体

步骤3：在创建的锚点路径上单击右键，选择"新建选区（N）"，设置羽化半径为1像素（见图4-36），选择"编辑""拷贝"命令。

图4-36　建立选区

步骤4：新建一个比复制图片大一点的画布，然后粘贴，最终效果见图4-37。

图4-37　最终效果图

5. 修补工具

（1）功能：将选中区域的像素由其他区域的像素代替或代替其他位置的像素。

（2）特点：适合较大范围像素的修改或替换，保留了原像素亮度信息。

（3）修补工具属性栏见图4-38。

图4-38 修补工具属性栏

源：修补工具建立的选区移动到取样位置时，取样位置的像素会代替原来的像素。

目标：与源的像素填充代替方式相反。

透明：勾选填充后代替的内容会呈现半透明状态。

在图4-39的右下角有一个"淘宝网 韩国正品代购"的水印，使用修补工具可以快速处理。

图4-39 原图

步骤1：先把要修补去掉的部分画圈选中，然后松开鼠标（见图4-40）。

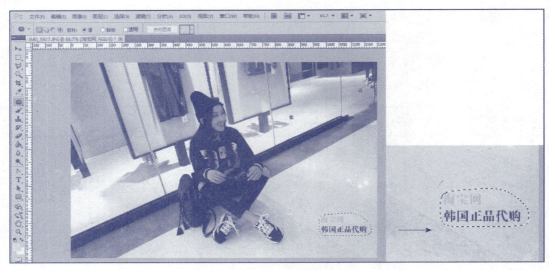

图 4-40　圈选区域

步骤 2：按住鼠标左键将圈选中的选区拖动到可以替补这块选区的地方（见图 4-41）。

图 4-41　修补图片

步骤 3：修补完成后原来的选区虚线仍存在，按住快捷键 Ctrl+D 取消选区，完成修补（见图 4-42）。

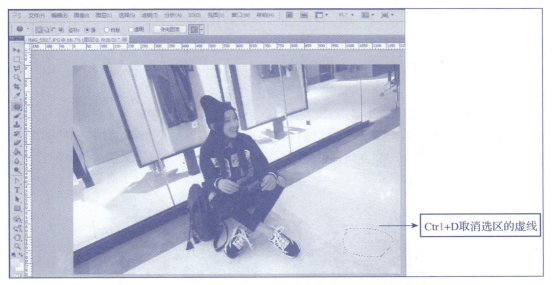

图 4 - 42　取消选区虚线

最终效果见图 4 - 43。

图 4 - 43　最终效果图

工作任务4 从工厂自选产品，并对产品进行信息化处理

一、准备拍摄器材

（一）相机

"工欲善其事，必先利其器。"如果要将商品"美"的一面展现在客户面前，就需要拍摄精美的商品图，此时要选对合适的相机（单反相机示例见图4-44）。用于拍摄商品图片的相机通常会在功能方面有更高的要求，但这并不意味着需要购买最高配置的数码相机。因此，我们在选购相机时只要能够达到以下四个要素，对于网络商品拍摄来说就足够了。

（a）　　　　　　　　　　　（b）

图4-44　单反相机

1. 合适的感光元件

提到数码相机，不得不说到数码相机的心脏——感光元件（CCD）。CCD尺寸决定了显示图像的清晰程度，CCD是由面阵感光元素组成的，每一个元素称为像素，像素越多，图像越清晰。尽量选择CCD尺寸较大的数码相机，确保更优的成像质量。

2. 强劲的手动模式

手动M挡能更加灵活地对光线进行控制，将商品更美丽地展现出来，所以M挡是网拍必不可少的要素。

3. 必备的热靴插槽

热靴是各种数码影像器材连接各种外置附件的一个固定接口槽。其主要用途是连接和固定外置闪光灯。只要在热靴插槽上安装外置闪光灯进行拍摄，那么在按下快门的瞬间，拍摄信号就会通过热靴插槽的电子触点传递到外置闪光灯上，从而使闪光灯闪光。

4. 强劲的微距功能

微距功能是数码相机的特色之一，主要作用是拍摄离镜头很近的物体，力求将被摄主体的细节表现出来，把商品的细节部分放大拍摄后呈现在顾客的眼前，让顾客能仔细地观看商品，对商品的各个部位更加了解，有利于交易的达成。

总结：在选购相机时，首先，应将轻巧的卡片机去除掉，因其CCD尺寸普遍偏小，成像质量不高；其次，在准专业相机中选择价位相同但CCD尺寸相对较大的型号；再次，查看相机是否有手动M挡；最后，甄别是否有热靴插槽。如今的相机都具备微距

功能，所以可基本不考虑这一点。通过以上几步筛选就可以选中 2～3 部相机，再参考网友评测便可以选出一部适合自己的网拍相机。

购物平台对商品图片的要求一般为：800 像素 ×800 像素、JPG 或 GIF 格式。由此可见，网店商品图片对相机的像素值并没有太高的要求，一般相机都能胜任。

（二）三脚架

三脚架的主要作用就是稳定照相机（见图 4-45）。

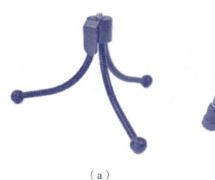
（a）

（b）

（c）

图 4-45　各种规格的三脚架

（三）网拍摄影棚、摄影箱

网拍摄影棚、摄影箱见图 4-46。

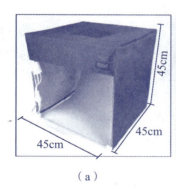
（a）

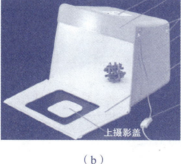
（b）

（c）

图 4-46　网拍摄影棚、摄影箱

（四）网拍摄影台

网拍摄影台见图 4-47。

（五）网拍摄影灯

各种网拍摄影灯见图 4-48。

（六）柔光箱

拍摄时使用柔光箱（见图 4-49）能消除照片上的光斑和阴影，使照片呈现的光线更柔和。尤其是反光物体，需要均匀和充足的光照。柔光箱的作用就是柔化生硬的光线，使光质变得更加柔和。

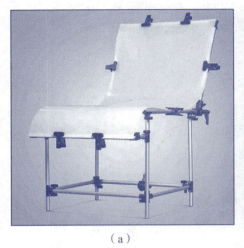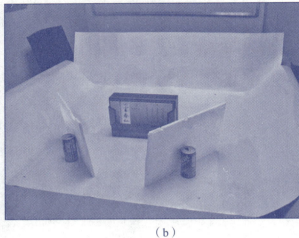

（a）　　　　　　　　　　　　　　　（b）

图4-47　网拍摄影台

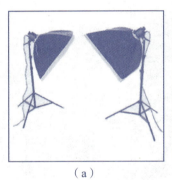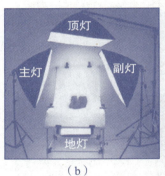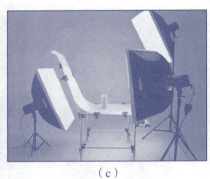

（a）　　　　　　　　　　（b）　　　　　　　　　（c）

图4-48　网拍摄影灯

（a）　　　　　　　　　　　　　　（b）

图4-49　柔光箱

由于功能上的差异，柔光箱的结构多种多样，常见的柔光箱为矩形、八角形、伞形、立柱型、条形、蜂巢形等。柔光箱有各种规格，有专配外置闪光灯使用的超小柔光箱，只有几厘米大小，八角形柔光箱口径从 40cm 到 120cm 不等。

（七）反光伞

反光伞是一种专用反光工具，有一定的反射能力（见图 4 - 50 和图 4 - 51）。反光伞有不同的颜色：银色和白色的伞面不会改变闪光灯光线的色温；金色的伞面会使闪光灯光线的色温适当降低；蓝色的伞面会使闪光灯光线的色温适当提高。在闪光摄影中，最常采用的反光伞是白色或银色的。

图 4 - 50　反光伞

图 4 - 51　反光伞使用示意图

（八）摄影背景

为了能更好地展现商品本身，在拍摄时需要搭配一些好看的背景，起到美化商品的作用。各种背景纸见图 4-52。

图 4-52　各种背景纸

（九）摄影道具

各类摄影道具见图 4-53 和图 4-54。

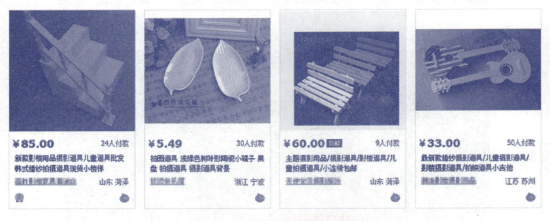

图 4-53　各类摄影道具网购页面

二、熟悉数码相机基本功能

（一）了解相机基本按钮

以佳能 EOS 450D 为例，相机基本按钮见图 4-55。

图 4 - 54　各类摄影道具

内置闪光灯　在昏暗场景中，可根据需要使用闪光灯来拍摄。在部分拍摄模式下会自动闪光。

快门按钮　按下该按钮将释放快门拍下照片。按按钮的过程分为两阶段，半按时自动对焦功能启动，全按下时快门将被释放。

手柄　相机的握持部分。当安装镜头后，相机整体重量会略有增加。应牢固握持手柄，保持稳定的姿势。

反光镜　用于将从镜头入射的光线反射至取景器。反光镜上下可动，在拍摄前一瞬间将升起。

镜头安装标志　在装卸镜头时，将镜头一侧的标记对准此位置。红色标志为EF镜头的标志。

镜头释放按钮　在拆卸镜头时按下此按钮。按下按钮后镜头固定销将下降，可旋转镜头将其卸下。

镜头卡口　镜头与机身的接合部分。通过将镜头贴合此口进行旋转，安装镜头。

图 4 - 55　相机基本按钮图示

（二）相机常用参数：光圈、快门、感光度、焦距

1. 光圈

光圈是位于镜头内部的小叶片集合，控制透过镜头进入相机内部感光元件的光亮。光圈孔径越小，进光量越少。我们通常用 F 值来表示光圈的大小（见图 4-56）。

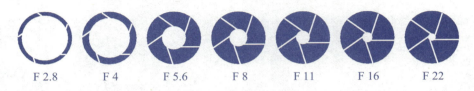

图 4-56　光圈大小示意图

从图 4-57 可以看出，在选用不同光圈值时同样的场景显示出不同的明暗程度：光圈值越大，进光量越少，得到的画面质量就越暗；反之，光圈值越小，进光量越多，得到的画面质量就越亮。从图 4-58 至图 4-60 可以看出，光圈也会影响景深，小光圈得到的是大景深，大光圈得到的是小景深。

图 4-57　光圈反映画面的明暗程度

图 4-58　光圈大小反映景深程度对比

图 4-59 大小光圈的景深图对比

图 4-60 光圈大小与景深的关系图展示

因此，我们得出以下结论：F 值越大，光圈越小，景深越深，背景越清晰；F 值越小，光圈越大，景深越浅，虚化越明显。

2. 快门

快门是相机上控制感光片有效曝光时间的一种装置（见图 4-61）。快门类似一个帘子，挡在镜头光圈和感光部件之间。按下快门的一瞬间，快门帘打开。快门速度以秒为单位。如果把进光量比喻成水的话，那么光圈其实就是水管，而快门就是控制水管的阀门。

快门的主要功能是与光圈系数配合，控制感光片或感光器件的曝光量，使所摄照片得到正确的曝光。另外，拍摄者可以通过控制快门的快慢，抓取瞬间的动作，得到高速摄影和慢速摄影时不同效果的照片。

快门速度是指快门打开及关闭的时间，有高速快门和慢速快门之分。快门速度越慢，开启时间越长，进光量就越多；反之，快门速度越快，开启时间越短，进光量就越少。一般来说，安全快门速度不能低于 1/60 秒。快门速度慢，捕捉的是过程，表现的是过程美；快门速度快，抓拍的是瞬间，表现的是瞬间美（见图 4-62）。

图 4-61 快门

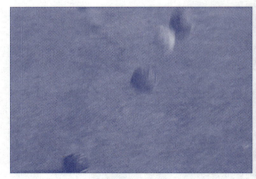

（a）快门速度慢　　　　　　　　　　　　（b）快门速度快

图 4-62 快门的应用

3. 感光度

感光度（ISO）是感光元件对光线强弱的明暗程度。感光度越高，对曝光量的要求就越少，说明该感光材料的感光能力越强。应注意的是，拍摄时应尽量选择合适的 ISO 数值，并不是越高越好。常见的感光度数值见图 4-63。

图 4-63 常见的感光度数值

感光度越高，所拍的照片越亮，噪点越多；感光度越低，所拍的照片越暗，噪点越少（见图4-64至图4-68）。

图4-64　在光线不足的情况下，通过提高感光度值来保证拍摄快门速度

图4-65　不同感光度值的拍摄效果

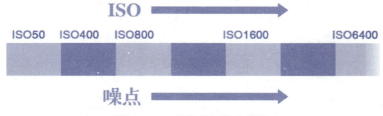

图4-66　感光度和噪点关系

图4-67　感光度值为64的拍摄效果

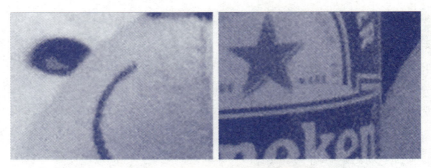

图 4 - 68　感光度值为 2 000 的拍摄效果

4. 焦距

焦距是从镜头的光学中心到成像面的距离。焦距可以决定拍摄画面视野的大小。焦距值越小，拍摄画面的范围就越大；焦距值越大，拍摄画面的范围就越小（见图 4 - 69 和图 4 - 70）。

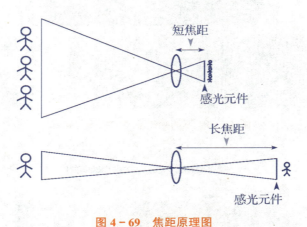

图 4 - 69　焦距原理图

图 4 - 70　不同焦距对比图

总结： 光圈控制画面的明暗和景深；快门 1/60 秒为安全快门值，高速快门抓拍；ISO 可以提高画面的整体亮度；焦距调节拍摄范围的大小，控制画面景深。

三、学会取景

（一）小件商品的拍摄环境

图片是商品的灵魂，一张漂亮的商品照片可以直接刺激顾客的视觉感官，让他们产生了解的兴趣和购买的欲望。一张精美的商品照片与拍摄时的环境选择和布置密不可分。一般来说，拍摄小件商品的话，适合在单纯的环境或空间中拍摄。由于这类商品本身体积很小，因此在拍摄时也不必占用很大的空间和面积。图4－71所示的微型摄影棚就能有效地解决小件商品的拍摄环境问题，免去了布景的麻烦，还能拍摄出漂亮的、主体突出的商品照片。如果没有准备摄影棚的话，尽量使用白色或者纯色的背景来替代，如白纸和颜色单一、整洁的桌面等。

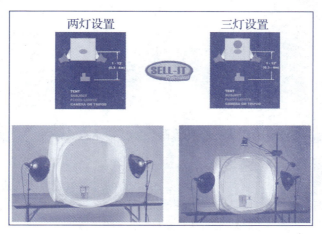

图4－71　小件商品的拍摄环境

（二）大件商品的室内拍摄环境

在室内拍摄大件商品时，要尽量选择整洁和单色的背景，照片里不宜出现其他不相关的物体和内容，为了衬托商品而使用的参照物或配饰除外。图4－72所示的是室内拍摄大件商品的环境布置，室内拍摄对拍摄场地面积、背景布置、灯光环境等都有一定的要求，只有准备类似的拍摄条件才能拍出具有专业感的照片。

图4－72　大件商品的室内拍摄环境

（三）大件商品的室外拍摄环境

室外拍摄时应选择风景优美的环境作为背景，采用自然光加反光板补光的方式进行拍摄，易于呈现独特的照片风格和营造泛商业化的购物氛围（见图4-73）。在室外拍摄大件商品时，可选择都市街景，这样就会形成一种时尚、前卫的潮流风格，让人耳目一新。

图4-73 大件商品的室外拍摄环境

四、学会布光

常见布光方式见图4-74。

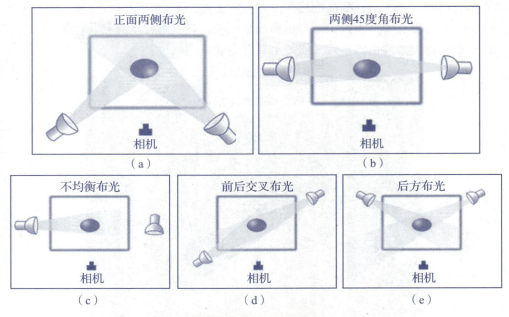

图4-74 常见布光方式

（一）正面两侧布光

这是商品拍摄中最常用的布光方式，正面投射出来光线全面而均衡，商品表现全面、不会有暗角（见图 4－75）。

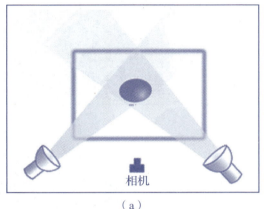

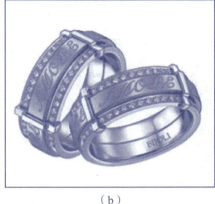

（a）　　　　　　　　　　　　　　　　（b）

图 4－75　正面两侧布光

（二）两侧 45 度角布光

这一布光方式使商品的顶部受光，正面没有完全受光，适合拍摄外形扁平的小商品，不适合拍摄立体感较强且有一定高度的商品（见图 4－76）。

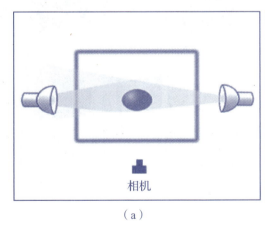

（a）　　　　　　　　　　　　　　　　（b）

图 4－76　两侧 45 度角布光

（三）不均衡布光

这一布光方式会使商品一侧出现严重阴影，底部的投影也很深，无法呈现商品表面的很多细节，同时由于减少了环境光线，增加了拍摄的难度（见图 4－77）。

（四）前后交叉布光

前后交叉布光既能表现出商品的层次感，又能呈现所有的细节，比单纯关掉一侧灯光的效果更好（见图 4－78）。

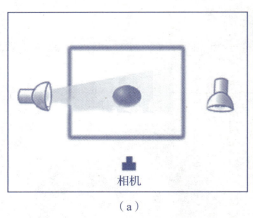

（a）　　　　　　　　　　　　（b）

图 4 - 77　单侧 45 度角不均衡布光

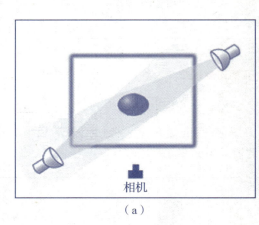

（a）　　　　　　　　　　　　（b）

图 4 - 78　前后交叉布光

（五）后方布光

这一布光方式会使商品的正面因没有光线而产生大面积的阴影，无法看出商品的全貌。因此除拍摄通透性的商品外，不要轻易尝试这种布光方式（见图 4 - 79）。

图 4 - 79　后方布光

五、学会构图

（一）横式构图

横式构图是商品呈横向放置或者横向排列的横幅构图方式。这种构图方式能够给人一种稳定、可靠的感觉，是一种常用的构图方式（见图4-80）。

图4-80 横式构图

（二）竖式构图

竖式构图是商品呈竖向放置和竖向排列的竖幅构图方式。这种构图方式可以表现出商品的高挑（见图4-81），常用来拍摄长条的或者竖立的商品。竖式构图在商品的拍摄中也是经常使用的。

（a）

（b）

图4-81 竖式构图

（三）斜线构图

斜线构图是商品斜向摆放的构图方式，其特点是富有动感、个性突出。对于表现造型、色彩或者理念等较为突出的商品，斜线构图方式较为实用，使用得当可以产生很不错的画面效果（见图4-82）。

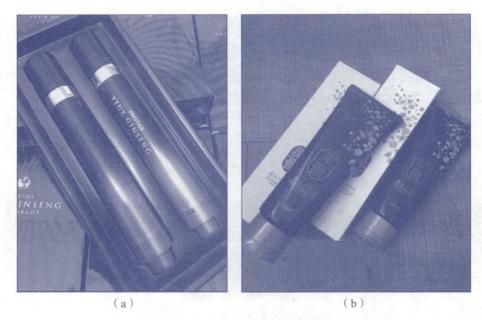

（a）　　　　　　　　　　　　（b）

图 4 - 82　斜线构图（对角线构图）

（四）黄金分割构图

"黄金分割"是广泛存在于自然界的一种现象，简单地说，就是将被摄主体放在位于画面大约 1/3 处，让人觉得画面和谐、充满美感（见图 4 - 83）。黄金分割构图法又称为三分构图法则。

（a）　　　　　　　　　　　　（b）

图 4 - 83　黄金分割构图

六、注意商品的摆放

（1）商品摆放的角度。因为人类的视觉习惯是视点朝下，所以从这个角度看东西可以让眼睛最舒服。

（2）商品外形的二次设计。在拍摄时应充分运用想象力来进行二次设计和美化商品的外部线条，使之呈现出一种独特的设计感和美感（见图 4 - 84 和图 4 - 85）。

图4－84　商品摆放图例1

图4－85　商品摆放图例2

（3）更好地传达故事和情感。在拍摄商品照片时可运用颜色来传达情绪，选择合适的拍摄主题位置，以此来营造沉浸式的购物氛围。

（4）商品组合产生的韵味。要在一堆琳琅满目的商品中，让买家一眼就能发现卖家想要表达的主题。

（5）摆放的疏密与序列感。采用疏密相间和有序列感的摆放方式，使画面显得饱满、丰富，而又不失节奏感和韵律感。

（6）表里一致蕴含的商品价值。买家更关注商品的内在和细节，因此适当地展示商品的内部构造细节是消除买家疑虑的重要手段。

工作任务5　登录卖家店铺管理页面对产品分类属性进行设置

【Step 1】登录卖家店铺管理页面。登录全球速卖通，点击发布产品按钮，进入产品发布页面。

【Step 2】选择类目（见图4-86）。选择类目"鞋子—女鞋—平底鞋"，遵循并同意"全球速卖通平台规则（卖家规则）"。请注意，一定要根据产品所属的实际类目进行选择，这样可以方便买家更加快速地找到产品。

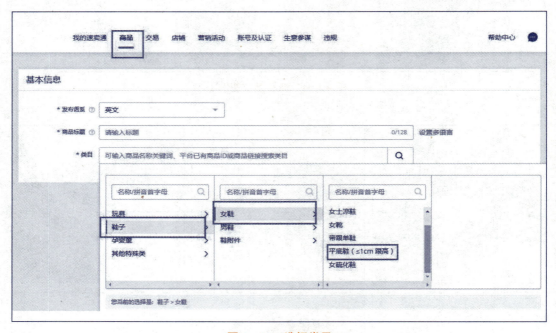

图4-86　选择类目

【Step 3】产品基本属性设置（见图4-87）。正确设置品牌、鞋面材质、开口类型、场合、流行元素、图案类型、型号、鞋头形状、平跟鞋类型、鞋底材质、尺码描述、鞋垫材质、季节、适用人群、内里材质、产品类型等属性信息，并添加自定义属性。

图 4 - 87　产品基本属性设置

> **工作任务 6　对产品标题进行描述，对产品其他情况进行详细描述**

以鞋子行业为例具体分以下几个步骤。

【**Step 1**】确定想要销售的产品，首先了解该类产品的基本属性以及类型（见图 4 - 88），然后打开"数据纵横"，进行搜索词分析。

图 4 - 88　高跟鞋类型

【**Step 2**】下载最近 30 天数据分析关键词（见图 4 - 89）。

【**Step 3**】找出适合的关键词，采用营销词 + 核心关键词 + 属性词的方式，为产品拟定合适的标题。假设营销词为 2023 New，核心关键词为 Women Pumps、Women High Heels，遵循基本的形容词 + 名词的原则，形成基本标题（见图 4 - 90）。

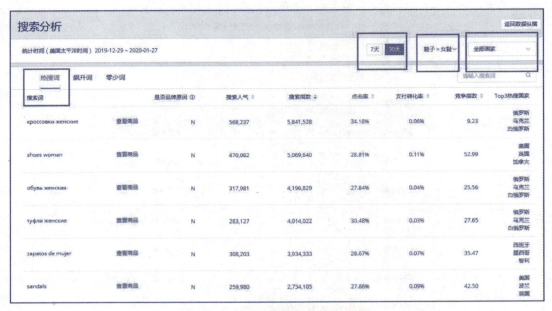

图 4-89　最近 30 天数据分析关键词

2023 New Italian Ladies Sexy High Heels Pumps Fuchsia Rhinestones Design Ladies Women Pumps African Sandal Shoes for Parties

图 4-90　形成基本标题

【Step 4】填写详细的产品属性（见图 4-91）。尤其是加"！"的选项，是必填项，要将产品中没有的选项添加到自定义选项中。卖家应完善产品属性，优化客户的浏览体验。

Brand Name: xilaimenz	Heel Type: Square heel
Upper Material: PU	Heel Height: Super High (8cm-up)
Pump Type: Slingbacks	Toe Shape: Pointed Toe
Occasion: Dress	Fit: Fits true to size, take your normal size
is_handmade: Yes	Outsole Material: Rubber
Item Type: Pumps	Lining Material: PVC
Fashion Element: CRYSTAL	Season: Spring/Autumn
Model Number: 1688-6	Style: Fashion
Closure Type: Buckle Strap	With Platforms: No
Insole Material: PVC	Gender: Women
Heel Height: 9CM(3.5inches)	

图 4-91　填写详细的产品属性

知识链接

一、品类

按照国际知名的 AC 尼尔森市场研究公司的定义，"品类即产品类别，其与消费者的感知有关，应基于对消费者需求驱动和购买行为的理解"；而家乐福公司则认为"品类即商品的分类，一个小分类就代表了一种消费者的需求"。本书认为：品类（Category）是指消费者认为相关且可相互替代的一组特殊商品或服务。

二、品类结构

首先，应从大类角度选择，包括儿童用品、摄像器材、汽车配件、手机周边、服装服饰、电脑周边、电子产品、美容保健、家居园艺、首饰手表、办公用品、体育用品、玩具收藏品、游戏配件等。

其次，应考虑产品线的宽度和深度。

（一）宽度方面

（1）充分研究该类别，拓展品类开发的维度，全面满足用户对该类别产品的不同方面的需求，在拓宽品类宽度的同时，也提升了品类的专业度。

（2）应考虑该品类与其他品类之间的关联性，提高关联销售度和订单产品数。

（二）深度方面

（1）每个子类的产品数量要有规模，品相足够丰富；

（2）产品有梯度，体现在价格、品相、质量等方面；

（3）挖掘有品牌的产品进行合作，提高品类的知名度；

（4）对目标市场进行细分研究，开发针对每个目标市场的产品。

三、品类管理

品类管理（Category Management，CM）是指分销商和供应商合作，将品类视为策略性单元来经营的过程，通过创造商品中的消费者价值来创造更佳的经营绩效。品类管理是把所经营的商品分为不同的类别，并把每一类商品作为企业经营战略的基本活动单位进行管理的一系列相关活动。它通过强调向消费者提供超值的产品或服务来提高企业的营运效果。

四、选品

选品，即从供应市场中选择适合目标市场需求的产品。从用户需求的角度来看，选品要满足用户对某种效用的需求，如生活便利、带来愉悦等方面的生理或心理需求。从产品的角度来看，选出的产品应是在外观、质量和价格等方面符合目标用户需求的产品。由于需求和供应都处于不断变化之中，因此选品也是一个不断变化的过程。

五、了解顾客需求

了解顾客需求，并借助研究报告、行业展会及网络分析工具，明确产品品类的市场需求状况。

（一）从行业角度分析

从行业角度而言，既可以通过第三方研究机构或行业发布的调查报告获取信息，又可以通过行业展会、贸易公司或工厂等了解情况。

访客数占比：在统计时间内该行业访客数占上一级行业访客数的比例。一级行业占比为该行业占全网比例。

浏览量占比：在统计时间内该行业浏览量占上一级行业浏览量的比例。一级行业占比为该行业占全网比例。

成交额占比：在统计时间内该行业支付成功金额占上一级行业支付成功金额的比例。一级行业占比为该行业占全网比例。

成交订单数占比：在统计时间内该行业支付成功订单数占上一级行业支付成功订单数的比例。一级行业占比为该行业占全网比例。

供需指数：在统计时间内该行业中商品指数/流量指数。供需指数越小，竞争越小。

（二）利用数据分析工具

从数据来源来看，数据分为外部数据和内部数据。外部数据是指企业以外的其他公司、市场等产生的数据。内部数据是指企业内部经营过程中产生的数据。企业要想制定科学、正确的决策，需要对内、外部数据进行充分的调研和分析。如可以利用 Google Trends、KeywordSpy、Alexa、平台内部数据分析（如全球速卖通平台"生意参谋"中的各种数据）等。

六、红海与蓝海

如今的市场由两种"海洋"所组成：红海和蓝海。红海代表现存的所有产业，也就是已知的市场空间；蓝海则代表当今还不存在的产业，即未知的市场空间。在红海中，每个产业的界限和竞争规则为人们所知。随着市场空间越来越拥挤，利润和增长的前途也越来越黯淡。与之相对的是，蓝海代表亟待开发的市场空间，代表创造新需求，代表高利润增长的机会。尽管有些蓝海完全是在已有产业边界以外创建的，但大多数蓝海则是通过在红海内部扩展已有产业边界而开拓出来的。

七、如何避免类目错放

为了给平台新老买家提供良好的购物环境和搜索体验，在线交易平台会对类目错放进行统一规范和处理，以确保卖家将产品放置在正确的类目下，促进产品转化。类目错放大致分为两类情况：

一是有意的类目错放，这种有意将发布商品时选择的类目与商品实际类目不符以骗取曝光的行为被称为类目错放搜索作弊行为。为了保障卖家间的公平竞争，在线交易平台会对这种恶意行为进行打击和处罚。

二是无意的类目错放，导致这种情况的原因大体是卖家对在线交易平台和类目结构了解不够深入。例如：假设卖家销售的实际商品是婚纱，卖家却误发布在晚礼服类目下，那么买家在搜索婚纱的时候，该产品不会出现在搜索结果中，这样会影响交易转化率。

类目错放常见问题见表 4－2。

表 4－2　类目错放常见问题

行业	发布类目	常见问题
服装／服饰配件	Wool & Blends	Wool & Blends 类目下，标题里不能出现 tshirt 或 t shirt 或 t-shirt 或 camisole
服装／服饰配件	Wedding Dresses	Wedding Dresses 类目下，标题里不能出现 accessories 或 accessaries
服装／服饰配件	Vests	Vests 类目下，标题里不能出现 tshirt、t shirt、t-shirt 或 camisole
服装／服饰配件	Trench	Trench 类目下，标题里不能出现 tshirt、t shirt、t-shirt 或 camisole
服装／服饰配件	Skirt Suits	Skirt Suits 类目下，标题里不能出现 sexy
服装／服饰配件	Shorts	Shorts 类目下，标题里不能出现 dress、underwear
服装／服饰配件	Shirts	Shirts 类目下，标题里不能出现 vest
服装／服饰配件	Pants	Pants 类目下，标题里不能出现 shorts
服装／服饰配件	Leather & Suede	Leather & Suede 类目下，标题里不能出现 tshirt、t shirt、t-shirt 或 camisole
服装／服饰配件	Jackets	Jackets 类目下，标题里不能出现 tshirt、t shirt、t-shirt 或 camisole
服装／服饰配件	Fur & Faux Fur	Fur & Faux Fur 类目下，标题里不能出现 tshirt、t shirt、t-shirt 或 camisole
服装／服饰配件	Down & Parkas	Down & Parkas 类目下，标题里不能出现 tshirt、t shirt、t-shirt 或 camisole
服装／服饰配件	Coats & Jackets	Coats & Jackets 类目下，标题里不能出现 tshirt、t shirt、t-shirt 或 camisole
服装／服饰配件	Suits & Blazer	Suits & Blazer 类目下，标题里不能出现 sport 或 sports
服装／服饰配件	Skullies & Beanies	Skullies & Beanies 类目下，标题里不能出现 baseball、visor、fedora 或 bomber
服装／服饰配件	Socks	Socks 类目下，标题里不能出现 pantyhose、stocking
服装／服饰配件	Blouses & Shirts	Blouses & Shirts 类目下，标题里不能出现 tshirt、t shirt、t-shirt 或 camisole
服装／服饰配件	Dresses	不要在标题中同时使用 half-length（半身裙）、full dress（礼服）、one-piece dress（连衣裙）这些意思不相近的描述不同产品的词

八、如何避免侵犯他人知识产权

如果卖家的产品含有某公司品牌或商标，则该产品必须由该公司或由该公司授权的生产商制造，否则产品即存在侵权的可能性。

全球速卖通平台尊重和保护知识产权。卖家在全球速卖通平台发布任何品牌产品信息，都应将相关授权许可证明发送至邮箱sellerproducts@aliexpress.com，并注明公司名称和会员账号，待证明文件被全球速卖通验证后，此类信息方可正常发布。

卖家可参考全球速卖通规则频道首页的品牌列表，但需注意该参考并未涵盖所有受保护的知识产权品牌。知识产权除了商标权之外，还包括专利权和著作权。

如果卖家的产品因为涉嫌侵权被退回／删除，或者被知识产权所有人或者买家投诉，全球速卖通都会发送通知邮件到该卖家的邮箱。若卖家对退回结果或者投诉有异议，均可以按照通知邮件的操作指引进行申诉。一旦申诉成功，对应的扣分分值将会取消。如果申诉不成功，卖家应该极力避免相同的情况再次发生。

九、产品图片处理不当、被界定为假货的情况

（1）产品品牌或标识与知名品牌高度类似或接近，使消费者误认为自己买到了名牌；
（2）产品图片中有名人出镜；
（3）产品图片中出现知名品牌包装袋；
（4）产品图片中人脸被遮挡，图片来源不明、可能侵权；
（5）产品标识被模糊修图或刻意遮挡。

能力实训

一、选择题

1.［多选］适合在全球速卖通平台销售的产品的特征包括（　　）。
　　A. 体积小　　　　　　B. 价值较高　　　　　　C. 有特色　　　　　　D. 价值低
2.［多选］以下适合在全球速卖通平台销售的产品是（　　）。
　　A. 假发　　　　　　　B. 山地车　　　　　　　C. 项链　　　　　　　D. 裙子
3.［单选］运动短裤可能出现在全球速卖通平台的（　　）类目中。
　　A.Fashion　　　　　　B.Bottoms　　　　　　C.Accessories　　　　D.Hobbies
4.［单选］以下产品图片能通过亚马逊平台审核的是（　　）。

A.

B.

C.

D.

二、判断题

1. 保健食品和保健用品可以在全球速卖通平台发布。（   ）

2. 发布产品主要包含类目选择、产品基本属性、产品标题、详细描述、包装信息、物流设置、服务模板、其他信息的设置等。（   ）

3. 高仿名牌手包可以在全球速卖通平台销售。（   ）

4. 亚马逊平台提供产品比价功能。（   ）

三、能力拓展

【工作任务1】全面了解全球速卖通平台，并选择一种你最感兴趣的产品品类进行分析，撰写分析报告。

【工作任务2】从全球速卖通店铺后台数据提供的"蓝海行业"中，选择一种你最感兴趣的行业进行分析，撰写分析报告。

【工作任务3】在全球速卖通店铺发布一款电子产品，请正确选择类目，并完整填写产品基本属性。

【工作任务4】选择一种具体的产品发布，要求标题符合要求，属性填写正确、详细，详情页面要求完整（暂时没有评论的可以不加）。

个性化成长记录表

序号	评价内容	学生成长记录	评价方式	评价主体	备注
1	微课学习（5%）		平台考试测验	平台	
2	课前测试（5%）		平台考试测验	平台	
3	课中测试（5%）		平台考试测验	平台	
4	仿真实训（5%）		平台系统评分	平台	
5	课后作业（5%）		平台考试测验	平台	
6	学习活跃度（3%）		平台系统评分	平台	
7	资源贡献度（2%）		平台系统评分	平台	
8	技能操作完整度（10%）		操作成果评分 实战成果评分	教师	
9	技能操作规范度（10%）		操作成果评分 实战成果评分	教师	
10	成果展示（10%）		操作成果评分 实战成果评分	教师	
11	方案制定（5%）		能力评估表	自评／互评	可选
12	技能操作完整度（5%）		能力评估表	自评／互评	
13	技能操作规范度（5%）		能力评估表	自评／互评	
14	成果展示（5%）		能力评估表	自评／互评	
15	选品和视觉设计模拟实战（20%）		绩效考核评分 满意度调查表	企业	
16	1+X 考证		考试通过率	评价组织	增值评价，可选，一般放年度考核
17	技能大赛		获奖等级	技能大赛组委会	增值评价，可选，一般放年度考核

备注：各部分权重占比可根据单元实际情况调整。

跨境产品刊登和发布操作

微课资源

🎯 学习目标

知识目标

1. 熟悉成本、费用、利润等基本概念。
2. 熟悉全球速卖通佣金扣点和银行卡等的手续费扣款。
3. 掌握上架价格（List Price）、销售价格（Discount Price）和成交价格（Order Price）三个术语的基本含义。
4. 熟悉全球速卖通平台产品定价规则。
5. 了解其他第三方跨境电商平台定价规则。
6. 熟悉全球速卖通平台产品刊登规则。
7. 了解其他第三方跨境电商平台产品刊登规则。

能力目标

1. 能合理核算产品的上架价格。
2. 能在全球速卖通平台发布产品信息。
3. 能在亚马逊等其他平台发布产品。

📖 素养目标

1. 培育和践行社会主义核心价值观。
2. 培养互联网思维和大数据思维。
3. 强化数字素养，提升数字技能。
4. 培养劳动意识和"零违规、零侵权"等规则意识和底线思维，育成功决心。

🌐 工作项目

浙江金远电子商务有限公司的跨境电商运营专员陈倩经过对业务的熟悉，调研了跨境电商全球市场，熟悉了跨境物流、选品和对产品的信息化处理等工作，近一段时间她的主要任务是负责产品的价格核算、刊登和发布。具体工作任务如下：

◉ **工作任务 1：核算产品成本、费用和利润，设置产品上架价格**

价格是交易的核心，所有的交易条件都会在价格中得以体现。设置合理的上架价格对产品成交起着重要的决定作用。

◉ **工作任务 2：审核产品标题描述和详情页描述，在全球速卖通平台发布产品**

产品标题和详情页的描述直接影响买家的搜索，好的标题和详情页可以提升卖家搜索排名，增加访客量，从而提高转化率和成交率。设置好的产品标题、关键词和详情页至关重要。

🛒 操作示范

工作任务 1　核算产品成本、费用和利润，设置产品上架价格

产品的定价要考虑产品类型（爆款、引流款、利润款）、产品的特质（同质性、异质性、可替代程度）、同行竞品价格水平、店铺本身的市场竞争策略等。

【例 5－1】陈倩从 1688 网站采购了一批珍珠蝴蝶（珍珠镶嵌）项链，共 100 条，包装重量为 370 克（每一条项链的包装重量为 25 克），采购价为 0.95 元／条，国内快递费为 8 元，预期采购利润率假定为 100%，平台佣金率是 5%，银行美元买入价按 1 美元＝6.6 元人民币算，其他成本忽略不计，请计算上架价格。

解答：

预期采购利润是基于采购价格的利润，是一个已知数，预期利润为 $0.95 \times 100\% = 0.95$ 元。

如不计算跨境物流费用：

上架价格＝（采购价＋费用＋预期采购利润）/（1－佣金率）/ 银行美元买入价

＝（0.95+8/100+0.95）/（1-5%）/6.6

＝0.32（美元／条）

如考虑包邮：

第一步：先计算跨境物流费用，查询中国邮政挂号小包价格表，按照全球包邮到俄罗斯计算成本（报价表：重量在 0～150g，基本运费为 58 元/kg，挂号费为 24 元/单），则跨境物流费用为：

跨境物流费用 =25/1 000×58+24=25.45（元）

第二步：计算上架价格。

上架价格＝（采购价＋费用＋预期采购利润）/（1－佣金率）/ 银行美元买入价

＝（0.95+8/100+25.45+0.95）/（1-5%）/6.6

＝4.37（美元／条）

【例 5－2】陈倩从 1688 网站采购某品牌户外运动包，单个包装后重量为 0.68kg，采购价格为 63 元／个，卖家预期利润率是 30%，平台佣金率为 8%，汇率为 1 美元＝6.60 元人民币，其他成本忽略不计，使用中国邮政挂号小包，包邮到俄罗斯（报价表：重量在 300g 以上，包裹正向配送费为 53.5 元/kg，挂号服务费 23 元/单），请计算该产

品上架价格。

解答：

预期利润理解为销售利润，即基于销售价格的利润。所以：

上架价格 =（采购价格 + 跨境物流费用）/（1- 预期利润率）/（1- 佣金率）/ 汇率

=（63+0.68×53.5+23）/（1-30%）/（1-8%）/6.6

=122.38/0.7/0.92/6.6

=28.79（美元）

工作任务 2　审核产品标题描述和详情页描述，在全球速卖通平台发布产品

一、审核产品标题描述

标题是非常重要的，它直接影响买家的搜索。一个好的标题可以提高访客量，从而提高成交率。卖家在审核标题时，要注意：先挖掘产品自身属性词，再登录系统后台寻找买家搜索词（见图 5-1）。

（1）标题最长可输入 128 个字符；

（2）标题中同一个单词只能用一次；

（3）标题中不能出现与实际产品属性无关的词；

（4）多设置热搜属性词；

（5）品类词尽量放在后面，最重要的关键词放在品类词前面；

（6）标题语法尽量简单；

（7）标题尽量不用符号分隔；

（8）将准备的关键词组合起来就是标题。

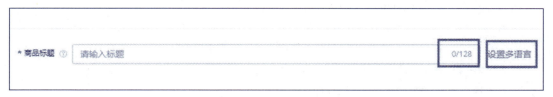

图 5-1　产品标题

设置标题时应注意以下几个原则：

（1）相关关键词要与类目属性相关，关键词要与产品标题相关。

（2）策略关键词的选择策略：长尾关键词中包含二级关键词，二级关键词中包含顶级关键词。

（3）标题的制定策略：营销关键词 + 意向性关键词 + 属性卖点词 + 主关键词 + 长尾关键词。

二、审核产品详情描述

1. 产品属性的检查

对于产品属性的检查，应注意产品属性信息的填写必须与实物相符，标题以及关键

词都要与基础描述相符。要注意的是，由于目前很多属性都没有设置成必须填写，因此很多卖家忽略了对一些属性的填写。完善属性填写可以给买家提供更好的体验，从而提高成交转化率（见图5－2）。

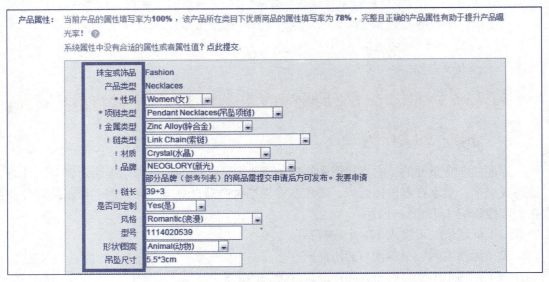

图5－2 产品属性

（1）产品类型：发布的产品为项链，故选择"Necklaces"。

（2）性别：为必填。

（3）项链类型：有吊坠，所以为吊坠项链，此项根据产品实际信息填写。

（4）金属类型：根据项链材质填写，此项链链条主材质为锌合金，故选择"Zinc Alloy"。

（5）链类型：根据项链的款式选择，本款为索链，故选择"Link Chain"。

（6）材质：根据项链材质填写，此项链吊坠主材质为水晶，故选择"Crystal"。

（7）品牌：根据项链品牌填写，注意部分品牌可能侵权，慎选。

（8）链长：测量好实际项链长度以及吊坠长度填写。

（9）是否可定制：根据定制情况填写。

（10）风格：可根据项链的设计风格填写。

（11）型号：填写产品型号。

（12）形状/图案：可根据产品设计的图案填写，如动物、花、水滴等。

（13）吊坠尺寸：按吊坠的尺寸填写。

当前产品的属性填写率和该产品所在类目下优质商品的属性填写率显示为绿色时，符合平台属性填写要求。完整且正确的产品属性有助于提升产品曝光率。

2. 产品自定义区的检查

产品自定义区（见图5－3）是对产品属性的完善，也是对产品信息的补充，如产品的产地、颜色、购买方式、风格等。卖家应填写一些默认属性中不能体现出的产品特征，特别是产品的卖点与价值，给买家更多下单的理由。详细填写产品自定义区有助于提高成交率。

Place of origin	Zhejiang,China (Mainland)	删除
Shipping	Free shipping	删除
Color	Blue/Red	删除
Crowd	Women/Female/Girl/Office Lady	删除
Occasion	Party/Dinner/Prom/Wedding	删除
Pattern	Leopard	删除
Brand Name	NEOGLORY Jewelry	删除

添加自定义属性

图5-3 产品自定义区

三、审核产品详情页

审核产品详情页时，首先要注意图片的设置，产品首图可以稍大一些，后几张图尽量挑选正面的、美观的图片。为了方便买家在移动端上浏览产品，卖家要控制图片大小。在审核产品详情页时，卖家要审核最小计量单位、金属颜色以及图片的准确性（见图5-4）。

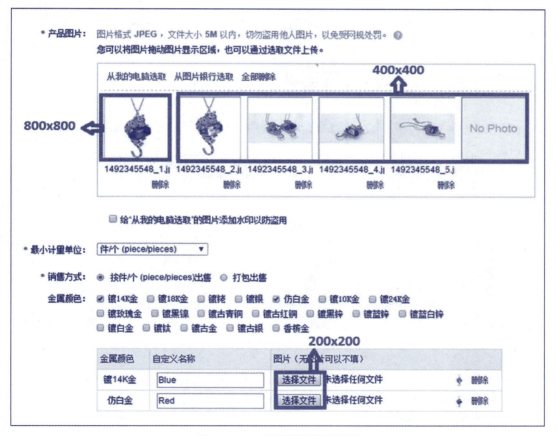

图5-4 产品详情页图片设置

通常而言，买家浏览网页的等待时间不会超过7秒，如果7秒内，产品页面还没有打开，买家很可能就会直接关闭网页，所以产品描述的图片不能太大。一些代销商家会把详情图截成一整张大图，那么这张大图就会影响买家的浏览速度，因此卖家应尽量把大图改为小图之后再上传。另外，产品图片一定要清晰，最好是卖家自己拍的实物图，争取每个细节都可以很好地展示，因为买家是不可能接触到产品的，他们对产品的印象都是通过图片展示获得的。在保证图片清晰的前提下，图片占用空间尽量要小，否则会影响页面打开的速度。图片应尽量使用图文结合的方式展示（见图5-5），这样既可以让买家更好地了解产品，又可以激发买家的购买欲望。好的图片展示可以优化买家体验。

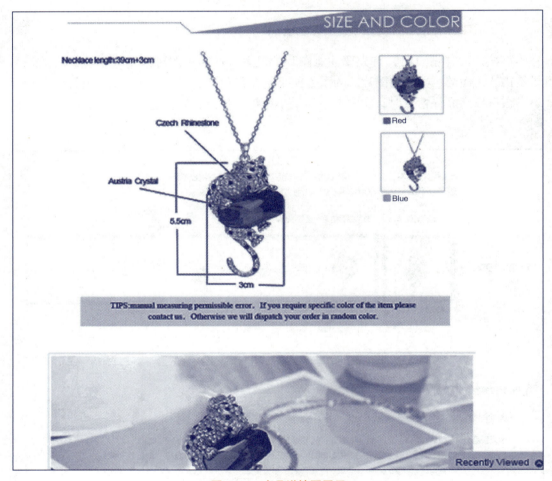

图5-5　产品详情图展示

卖家在审核图片时，要注意在产品详细描述图中插入关联产品，这也是一种关联营销。首先要添加好关联产品模块，添加好后就可以设置了（见图5-6）。

关联产品设置步骤1：点击"插入产品信息模块"，注意老版编辑器中插入关联产品功能已经下线，继续使用该功能应切换至新版编辑器。

关联产品设置步骤2：选择信息模块（见图5-7）。

图 5 - 6　关联产品设置

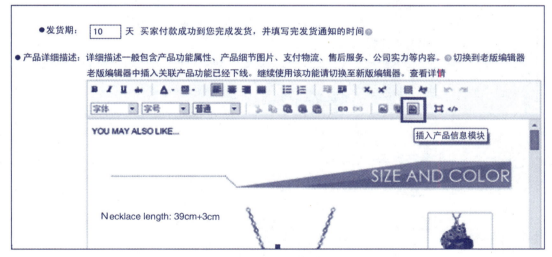

图 5 - 7　信息模块

接下来就可以在首页看到关联产品了（见图 5 - 8）。

四、在全球速卖通平台发布产品

【例 5 - 3】编号为 1114020539 的项链的上传过程。

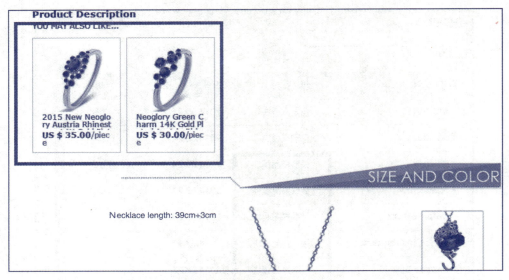

图 5-8 关联产品

1. 选择类目

卖家应选择正确的类目。卖家可以按照类目结构，逐级选择产品对应的类目（见图 5-9）。选择类目时一定要仔细，一旦有误将直接影响上传操作，甚至导致上传操作审核不通过。

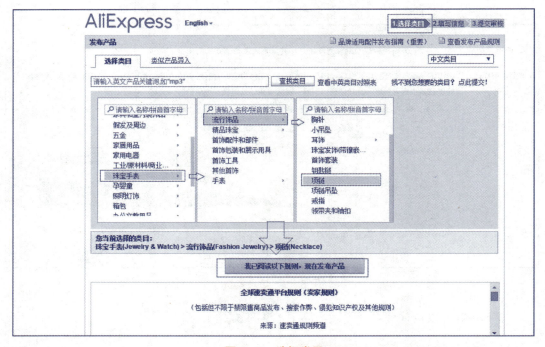

图 5-9 选择类目

类目选择的范围由大到小，即珠宝手表→流行饰品→项链。若确定与产品类目没有出入，则可点击"现在发布产品"。建议发布前阅读卖家规则，以免在产品上传的过程中出现违规操作。

2. 准确填写产品属性

在信息发布过程中，产品属性是非常核心的填写内容，卖家应完整、准确地填写产品属性（见图 5 - 10）。

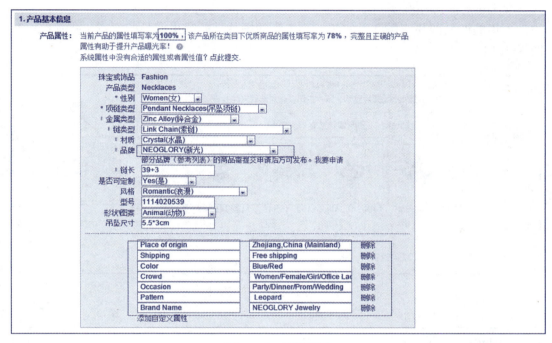

图 5 - 10　属性填写

完整、正确地填写产品属性可以提高搜索时的命中率和曝光率，买家可以根据某些属性对产品进行筛选，从而全面地了解产品。所以，卖家应尽量将产品属性填写率保持在 100%。注意在填写属性时，用红色 * 标注的属性是必填的。在选择品牌时，卖家应仔细核对产品的品牌，以避免产品的侵权问题。在添加自定义属性时，最好添加到 5 个以上，以保证产品属性的完整性。一般产品的自定义属性包括产地、邮费等。自定义属性的内容应区别于默认属性，这样就可以增加属性的搜索率与产品的曝光率。

3. 产品标题和关键词填写

标题应表述清晰并且包含产品关键信息（见图 5 - 11）。

图 5 - 11　标题、关键词填写

卖家填写产品标题时，应注意标题只能描述一件产品，多个产品不要放在同个标题中；标题应包含与产品相关的关键词；标题中应增加和产品相关的描述性词，以丰富标题内容，突出产品卖点；剩余字符最好控制在 10 个以内。

卖家填写产品关键词时，最好填写产品最为精细的类别而且填一个词即可。

卖家填写更多关键词时，最好填写与产品相关的描述性词以详细形容产品特征。

4. 上传产品图片

上传的产品图片应保证是实拍的、清晰的图片，能突出产品的卖点（见图 5 - 12、图 5 - 13）。

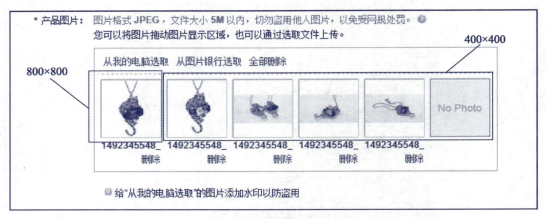

图 5 - 12　上传产品图片 1

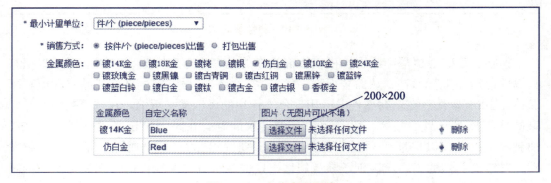

图 5 - 13　上传产品图片 2

首张产品图片是作为产品样图在平台产品列表、店铺产品列表内进行展示的，所以一定要清晰，突出产品的重点，图片大小最好为 800px × 800px。首图后面的图片是作为产品可放大的详图使用的，为了在移动客户端也能够清晰地展示出来，图片大小最好是 400px × 400px。卖家应根据产品的金属颜色插入对应的图片（也可不插入），图片大小最好为 200px × 200px。

5. 准确填写价格和库存

卖家应准确地填写价格和库存（见图 5 - 14）。

主石颜色：

下表的零售价是最终展示给买家的产品价格。

批量设置零售价：US $ ____　　　　　　　　　　　批量设置库存：

确定　　　　　　　　　　　　　　　　　　　　　　____　确定

金属颜色	*零售价		实际收入 ?	*库存 ?	商品编码
镀14K金	US $ 28.89	/件	US $27.45	999	11140205395401
仿白金	US $ 28.89	/件	US $27.45	999	11140205395501

总库存：1998 /件

批发价：☐ 支持

*发货期：　10　天　买家付款成功到您完成发货，并填写完发货通知的时间。 ?

图 5 - 14　价格、库存

填写价格前卖家应检查库存情况，对应好商品编码，以免出错。

6. 填写产品详细描述

产品详细描述是整个产品的详细介绍，一般包括产品功能属性、产品细节图片、支付物流、售后服务、公司实力、参数、型号、用途、包装、运费、购买须知等。

一般而言，产品详细描述包括两部分：一是产品的细节图和详细图，二是详细信息模板。详细信息模板是事先依据不同类别产品做好的一个类似描述或申明的文件。填制详细信息模板时只需依据产品来选择插入相应的模板即可。无论是插入图片还是插入模板，最好将其设置为居中，使最终的展示效果达到最佳（见图 5 - 15）。

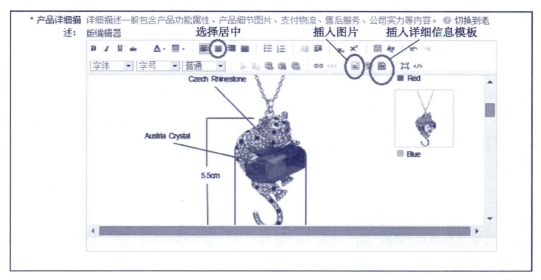

图 5 - 15　产品详细描述

7. 填写包装、物流等信息

依据产品预先设置好的信息来依次填写包装信息、物流信息、服务模板及其他信息（见图 5 - 16）。

图 5 - 16　包装、物流等信息

包装信息应准确填写产品包装后的重量和尺寸。物流设置应根据产品选择事先设置好的产品运费模块。其他信息依据自身情况填写。

在填写完所有的产品信息后最好点击一下"预览"，可以查看整个产品上架后的基本状态，检查是否有纰漏（见图 5 - 17、图 5 - 18）。

图 5-17 预览图 1

图 5-18 预览图 2

8. 物流模板设置

（1）设置产品运费模板。卖家在发布产品之前需要先设置好产品运费模板，如果未设置自定义模板，则只有选择新手运费模板才能发布产品（见图 5-19）。

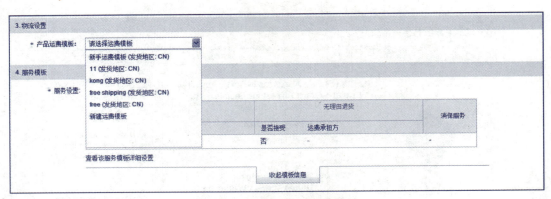

图 5 - 19　选择新手运费模板

首先，点击"产品管理"类目下的"运费模板"（见图 5 - 20 ）。

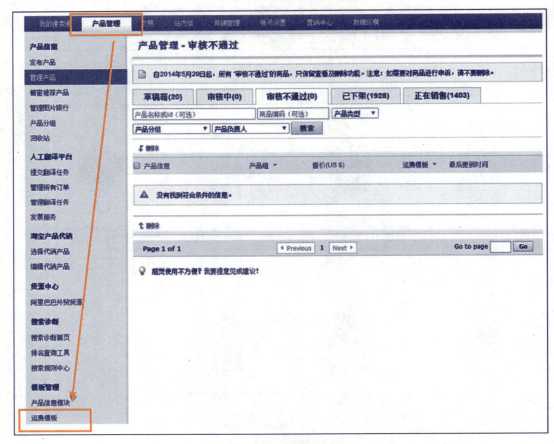

图 5 - 20　运费模板

然后，点击"新增运费模板"，即后台显示的" Shipping Cost Template for New Sellers"，点击模板名称即可（见图 5 - 21 ）。

图 5 - 21　新增运费模板

　　点击模板名称以后可看到"运费组合"和"运达时间组合"(见图 5 - 22)。在"运费组合"下平台默认的新手模板只包含"China Post Air Mail""EMS"和"ePacket",系统提供的标准运费为各大快递运输公司在中国(不包含港澳台地区)的公布价格,对应的减免折扣率则是根据目前平台与中国邮政洽谈的优惠折扣提供的参考。从"运达时间组合"上看,"承诺运达时间"为平台判断包裹寄达收件人所需的时间。

图 5 - 22　查看运费模板

　　(2)管理运费模板。对于大部分卖家而言,新手运费模板并不能解决所有问题,这种情况下就需要进行运费模板的自定义设置,有两种方式:一是直接点击"新增运费模板"(见图 5 - 23),二是点击"编辑"新手运费模板。

　　第二种方式点击进去显示的界面与第一种方式不同,但两种方式都包含以下几个方面:选择物流方式、设置运费折扣、设置承诺运达时间(见图 5 - 24),选择寄达国家/地区(见图 5 - 25)。

图 5-23　管理运费模板

图 5-24　运费设置

下面，以 China Post Ordinary Small Packet Plus 即"中国邮政平常小包＋"的设置为例，进行操作说明。

首先勾选该物流方式（见图 5-26）。

设置标准运费意味着对所有的国家／地区均执行此优惠标准（见图 5-27）。

如果需要对所有的国家／地区均采取卖家承担邮费，即包邮处理，勾选"卖家承担运费"（见图 5-28）。

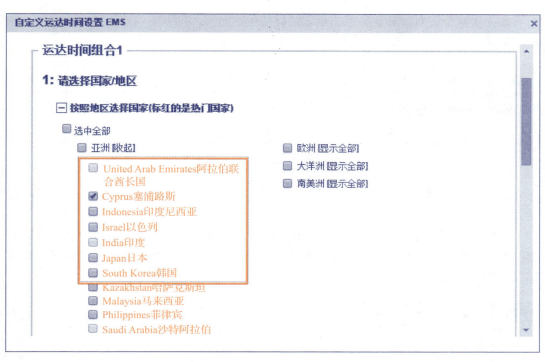

图 5-25　选择国家/地区

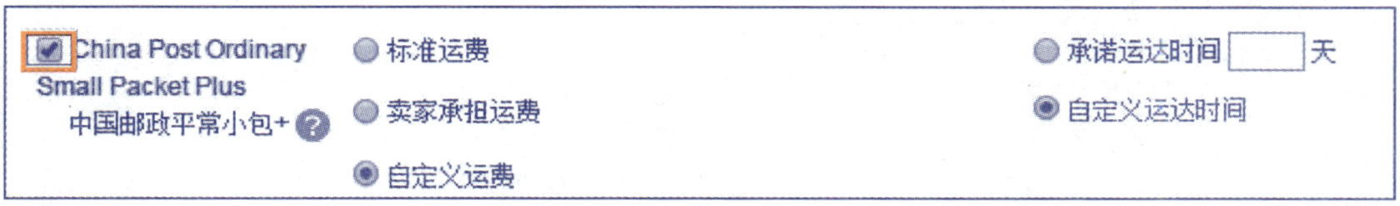

图 5-26　选择物流方式

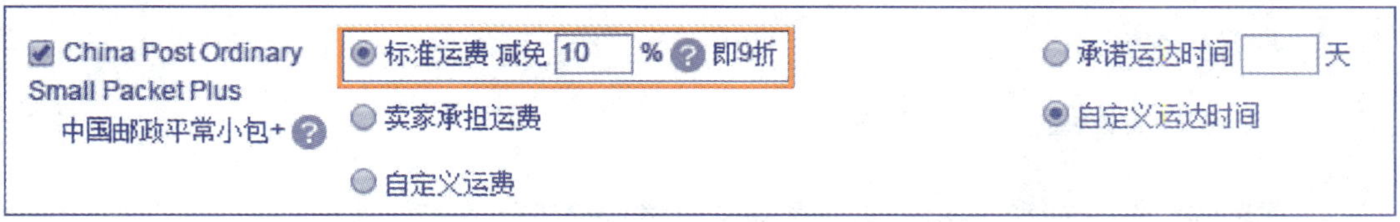

图 5-27　标准运费

图 5-28　包邮设置

如果卖家希望对所有的买家均承诺同样的运达时间，则需要勾选运达时间设置，并填写承诺运送时间（见图5-29）。

图5-29　运达时间设置

如果卖家希望进行更细致的设置，则可以通过自定义运费和自定义运达时间来设置。

□　自定义运费设置。卖家只需点击"自定义运费"即可对运费进行设置。设置的第一步是选择国家/地区，有两种选择方法：一是按照地区选择国家，二是按区域选择国家（见图5-30）。

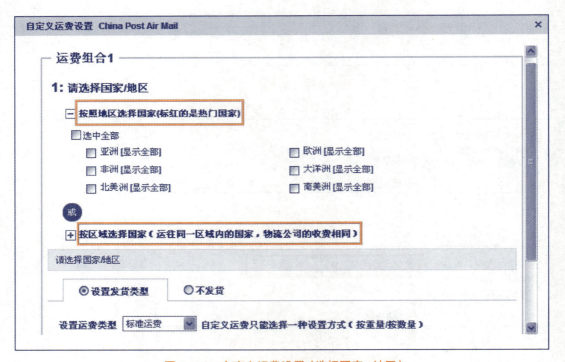

图5-30　自定义运费设置（选择国家/地区）

如果卖家不想与某国产生贸易关系，也可以通过自定义设置来实现。现以阿根廷为例，进入自定义运费设置界面后，操作步骤如下：

步骤一：选择国家。该步骤有两种方法：方法一是按照地区选择国家，展开南美洲的选项，勾选阿根廷（见图5-31）。方法二是按区域选择国家，仍以阿根廷为例，可在4区找到阿根廷（见图5-32）。

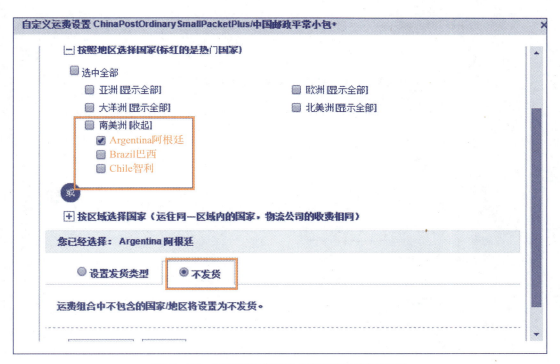

图 5 - 31　自定义运费设置（按照地区选择国家）

图 5 - 32　自定义运费设置（按区域选择国家）

步骤二：对已选择的国家进行"不发货"操作，并点击"确认添加"（见图 5 - 33）。

图 5 - 33　自定义运费设置（确认添加）

步骤三：如需对更多的国家进行个性化设置，则点击"添加一个运费组合"（见图 5 - 34）。

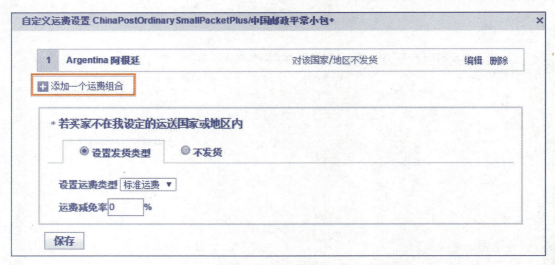

图 5 - 34　自定义运费设置（添加一个运费组合）

步骤四：选择相关国家进行发货类型的设置。卖家除了对选择的国家采取"不发货"操作外，还可对标准运费设置一定的运费减免率（见图 5 - 35）。

图 5 - 35 自定义运费设置（设置运费减免率）

卖家也可设置运费类型为"卖家承担运费"（见图 5 - 36 ）。

图 5 - 36 自定义运费设置（卖家承担运费）

此外，卖家还可对重量 / 数量进行自定义运费设置（见图 5 - 37 ），并点击"确认添加"。

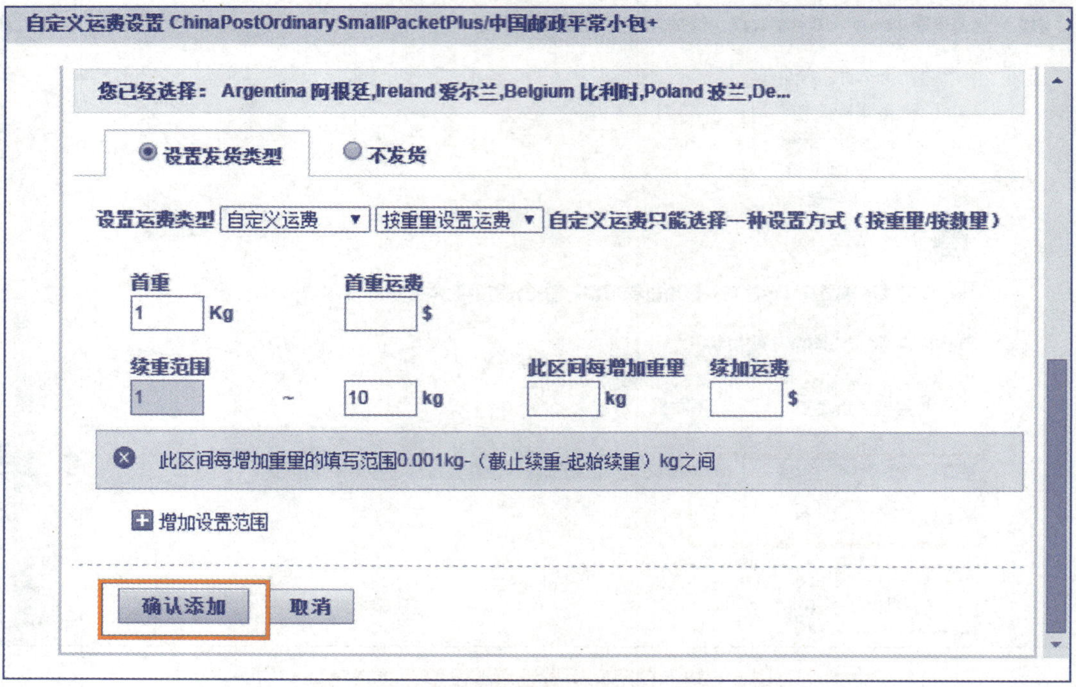

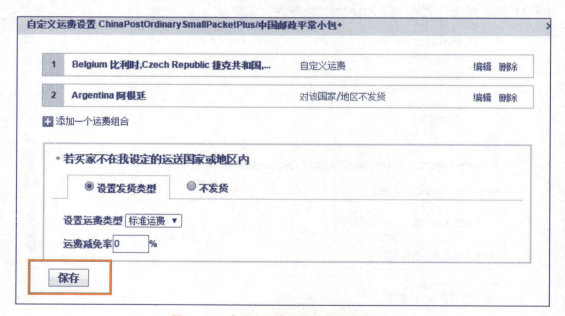

图 5-37　自定义运费设置（设置重量／数量）

步骤五：点击"保存"（见图 5-38）。

图 5-38　自定义运费设置（点击"保存"）

❑ 自定义运达时间设置。以中国邮政航空小包的设置为例。

步骤一：勾选所需的物流方式后，点击"自定义运达时间"（见图 5-39）。

图 5-39　自定义运达时间

步骤二：对不同国家设置不同的承诺运达时间。点击"自定义运达时间"后，卖家可以看到平台预设的承诺运送时间（见图 5-40）。

图 5-40　自定义运达时间设置 1

图 5-41 为系统设置的承诺运达时间。

图 5-41　自定义运达时间设置 2

步骤三：点击"保存"。

要注意的是，卖家必须根据自身的实际情况进行自定义运费的设置，切忌盲目模仿。因为国际物流受国家政策、物流资费调整、极端天气、政治原因、邮路状况等多种因素的影响，在不同的时期，卖家应该设置不同的运费模板。

总结：上传产品时，最重要的是了解产品属性和平台上传规则。这是一个熟能生巧的过程。

📖 知识链接

一、跨境电商产品的价格

（一）价格构成

$$价格 =（采购价 + 费用）/ 汇率 /（1 - 利润率）/（1 - 佣金比例）/（1 - 折扣）$$

其中，采购价为从产品供应平台（如 1688）或从工厂采购（批发或者零购）的成本价，可含税（增值税，如能提供增值税发票，可享受退税）。

费用主要包括国内运费、跨境物流运费及其他费用。

利润是指销售的合理利润，可根据产品的实际情况、竞争者的价格、产品定位以及市场情况确定合理的利润率。

（二）与价格有关的几组术语

（1）上架价格（List Price，LP）是指产品在上传时所填的价格；

（2）销售价格（折后价）（Discount Price，DP）是指产品在店铺折扣下显示的价格；

（3）成交价格（Order Price，OP）是指用户在最终下单后所支付的单位价格。

以上价格间的联系如下：

$$销售价格 = 上架价格 × 折扣率$$

$$成交价格 = 销售价格 - 营销推广成本$$

（三）上架价格计算

【例 5-4】某产品成本是 5 美元，按照全球速卖通目前的平均毛利润率（15%）、佣金费率 5%，以及部分订单产生的联盟费用 3% ~ 5%，那么，如何计算上架价格？

第一步：先计算销售价格。

$$销售价格 = 5 ÷（1 - 0.05 - 0.05）÷（1 - 0.15）= 6.54（美元）$$

再保守点，

$$销售价格 = 5 ÷（1 - 0.05 - 0.05 - 0.15）= 6.67（美元）$$

其中，5% 的联盟佣金并不是所有订单都会产生的，但考虑到部分满立减、店铺直通车优惠券等营销投入，以 5% 作为营销费用，基本没有差错。

当然，销售价格中还可能涉及丢包及纠纷损失的投入，按照邮政小包 1% 的丢包率来计算，又可以得到：

销售价格 =5÷（1-0.05-0.05-0.01）÷（1-0.15）=6.61（美元）

再保守点，

销售价格 =5÷（1-0.05-0.05-0.15-0.01）=6.76（美元）

第二步：得到销售价格后，我们需要考虑该产品是作为活动款还是一般款来销售。

假如作为活动款，那么，按照全球速卖通平台通常活动折扣要求 40%（活动最高可以达到 50%）来计算：

上架价格 = 销售价格 ÷（1-0.4）

假如作为一般款，平时打 30% 折扣。

上架价格 = 销售价格 ÷（1-0.3）

建议折扣参数不低于 15%，因为平台大促所要求的折扣是不高于 50%，折扣过大容易给人以虚假折扣的感觉。根据全球速卖通官方的统计，折扣在 30% 左右是买家最钟情的折扣，属于合理预期范围。

对于 50% 折扣的活动要求，基于以上定价的模式，卖家基本上相当于平出，不会亏本或者略亏，假如客户购买两件及两件以上产品，卖家就有利润可赚。

（四）定价方法与技巧

1. 认真研究市场价格

很多产品的价格已经相当透明，作为卖家，对自己经营的产品价格要有敏感度。（1）可以通过对比平台相同产品的价格来定价；（2）没有完全相同的产品时，参考材质、款式等相似的同类产品来定价；（3）如果在平台上找不到同类产品，建议利润率控制在 20% 左右。

全球速卖通平台的价格是美元，没做过外贸的卖家对汇率换算很头疼。例如：近期美元兑人民币汇率都在 6.8 ～ 7.2 波动，那么卖家就可以按照 7 左右的汇率来计算价格。卖家应随时关注汇率的变化。

2. 根据买家特点定价

跨境电商平台的买家绝大多数是经营网店或实体店的中小批发商，他们的特点是库存量小，产品订购频繁，产品专业性不强，一般都是几条产品线同时经营，比较看重转售利润空间，在意卖家的专业性和售后服务。根据这类买家的特点，小巧轻便的产品可以打包销售，免运费。跨境电商平台卖家的批发定价一般要比国外市场单价至少低30%，这30%既包括买家转售的利润空间，又包括买家在国外转售产品的基本成本。

3. 借鉴平台同类产品的价格

这种方式最直接、简单，但是它的弊端是不同质量的产品可能是一样的价格。例如：同样是玩具，材质不同，价格相差较多，买家购买后容易产生纠纷。因此，卖家需要了解某品类不同档次产品的市场价格，通过搜索选项将该产品价格从高到低进行排序，并作出比较。

4. 仔细计算运费，帮助买家控制成本

运费是外贸实践中让新手卖家比较头疼的地方，新手卖家应给予其足够的重视。对

于单位价值较低的产品，设置免运费可以隐藏高额运费。卖家在上架产品前，应对每个产品进行仔细的称重并计算运费，将运费成本降到最低，并将省下的运费让利于买家，从而在价格上具有更大的竞争优势。

二、全球速卖通平台商品搜索排名规则常见问题

◎ 常见问题1：什么是重复铺货？有什么工具可以自查吗？

目前，平台主要从商品主图、标题、属性三个角度来判断是否重复铺货。商品主图完全相同，且标题、属性雷同，或商品主图不同（如主图为同件商品不同角度拍摄图片），但标题、属性、价格高度雷同，视为重复信息。平台已推出重复铺货自查工具。可以在卖家的速卖通首页或者卖家在销售—搜索诊断页面，查看重复商品信息。

◎ 常见问题2：什么是类目错放？

类目错放包括以下两个方面：

（1）发布类目错误：发布商品时选择的类目和商品实际的品类不符。

（2）重要属性错误：虽然发布类目选择正确，但是重要属性（发布表单中标星号 * 或绿色感叹号！）的属性值选择错误。

这两类错误都可能导致网站前台商品展示在错误的类目下。平台会进行规范和处理。卖家应修改错放商品的这两项信息，并正确填写新发商品信息。

◎ 常见问题3：商品关键词是不是越多越好？如何设置才能增加被买家搜索到的概率？

目前，商品搜索排名系统判断商品是否与买家搜索词相关时，主要参考指标包括标题、类目、属性等；同时，商品发布时设置的常见关键词也是搜索排名相关性方面的参考指标之一，堆砌和填写不相关的内容都会削弱真正核心内容的影响力，影响商品排名。因此，卖家应认真设置类目、填写好商品关键属性和标题中的商品词。

◎ 常见问题4：频繁重新发布商品，更新商品的在架时间，是否有利于卖家的商品排名？

短期内多次重新上架/下架商品只会更新商品的在架时间，即更新商品在网站展示的有效期限，对商品搜索排名没有任何提升作用。事实上，商品发布时间、重发时间、修改时间、距离下架剩余时间，在全球速卖通平台目前均不对商品排名有影响。平台会淘汰旧的有曝光但没有交易的商品和卖家，给新商品和卖家以曝光机会。

◎ 常见问题5：全球速卖通平台搜索排名的规则是怎样的？卖家该从哪些方面提高卖家的商品排名？

影响卖家搜索排名的因素很多，简单来说概括为以下五大类：

（1）商品的信息描述质量；

（2）商品与买家搜索需求的相关性；

（3）商品的交易转化能力；

（4）卖家的服务能力；

（5）搜索作弊的情况。

常见问题 6：为什么卖家的商品有交易记录，好评率也比其他客户高，排名还在别人后面？

平台商品搜索排名综合考虑了多方因素，而非一方因素。目前的搜索排名的参考维度分成几个大类：（1）商品的信息描述质量；（2）商品与买家搜索需求的相关性；（3）商品的交易转化能力；（4）卖家的服务能力；（5）搜索作弊的情况。这就好比判断一个人是否优秀，是需要综合各方面来考察这个人，而不是只看某一方面。

常见问题 7：为什么买家搜索不到卖家正在销售的商品？

买家搜索不到商品，分两种情况：

（1）如果店铺商品是刚发布的，用后台设置关键词或者商品标题进行搜索，找不到商品，是因为系统尚未同步该条商品信息。

（2）如果店铺商品原本是在架状态，那么会有两种情况。

1）店铺部分商品搜索不到，可能是由于：

a. 商品在架时间到期，自动下架；

b. 商品因侵犯第三方知识产权被删除；

c. 受搜索规则调整影响，部分商品的搜索排名靠后。

2）店铺全部商品搜索不到，可能是由于：

a. 无货空挂、拍而不卖行为情节严重的卖家所有商品将不参与排序；

b. 纠纷严重的卖家所有商品将不参与排序；

c. 平台介入纠纷率过高的卖家所有商品将不参与排序。

常见问题 8：卖家的商品原来排名在前几页，为什么现在排名却下降了？

搜索排名主要参考几个维度：（1）商品的信息描述质量；（2）商品与买家搜索需求的相关性；（3）商品的交易转化能力；（4）卖家的服务能力；（5）搜索作弊的情况。

商品排名不是一直不变的，搜索排名规则会综合考虑商品的转化能力和卖家过往的服务表现，转化率高、卖家服务好的商品会排名靠前；排名靠前的商品，倘若卖家服务质量指标下降，排名也将下降。要特别注意，如果卖家有相关的搜索作弊行为，将会大大影响商品的排名甚至没有排名的机会。

常见问题 9：是不是图片越多，越有利于排名？

在其他排名因子同等的条件下，有图片的产品排名会比无图片的商品排名有优势；有图片商品有助于买家体验，但要真正提高产品排名，也并不是以图片多取胜。

平台提倡卖家对自己所销售的商品进行实物拍摄，在展示商品时，能够进行多角度、重点细节的展示，图片清晰美观，这些将有利于买家快速了解商品，做出购买决策。另外，严格禁止盗用其他卖家的图片，因为这样做不但会让买家怀疑其诚信，并且将会受到平台严厉的处罚。如果卖家的图片被其他卖家盗用，可直接联系平台进行投诉，平台有专人负责受理并严厉处罚盗用图片的卖家。

常见问题 10：发现他人盗图，该如何投诉？

投诉方卖家在发现其他卖家盗用自己图片后，可以将相关证据发送到盗图处理邮箱：postservice@service.alibaba.com。平台根据证据核实后，将对盗图方进行处理。

其中，证据包括但不限于以下几点：

（1）提供被投诉方盗图的具体链接；

（2）提供大于200K的毫无PS痕迹的原图或者其他的版权证明；

（3）如若不能提供大于200K的原图，在被投诉方的图片中找出含有不属于被投诉方的水印，投诉一样可以成立。

❷ 常见问题11：重复发布同一个商品是否能得到更多的曝光机会？

平台将重复铺货行为列为搜索作弊行为，原因在于：重复铺货严重影响了买家的选购体验，重复出现同样的商品增加了买家的选购成本。重复铺货不仅不会得到更多的曝光机会，反而会严重影响商品的排名名次。从2014年11月下旬开始，平台已对重复铺货的商品搜索进行降权和过滤。

❷ 常见问题12：卖家该如何设置商品标题、商品属性和商品类目，才能获得更多的曝光机会？

（1）标题的描写是重中之重，卖家应真实、准确地描述商品，符合海外买家的语法习惯，没有错别字及语法错误，不要千篇一律，买家也有审美疲劳。

（2）标题中切忌关键词堆砌，如"mp3，mp3 player，music mp3 player"。这样的标题关键词堆砌不仅不能帮助卖家提升排名，反而会被搜索降权处罚。

（3）标题中切忌虚假描述，如卖家销售的商品是MP3，但为了获取更多的曝光，在标题中填写类似"MP4/MP5"字样的描述，平台会监测此类作弊商品，虚假描述也会影响卖家商品的转化情况，得不偿失。

（4）商品发布类目的选择一定要准确，正确的类目选择有助于买家通过类目浏览或者类目筛选快速定位到卖家的商品，错误地放置类目会影响曝光机会并且可能受到平台的处罚。

（5）商品属性填写应完整、准确，真实、准确的详细描述有助于买家通过关键词搜索、属性筛选快速地定位到卖家的商品。

三、全球速卖通平台知识产权规则

全球速卖通平台严禁用户未经授权发布、销售涉嫌侵犯第三方知识产权的商品。若卖家发布、销售涉嫌侵犯第三方知识产权的商品，则有可能被知识产权所有人或者买家投诉，平台也会随机对商品（包含下架商品）信息、商品组名进行抽查，若涉嫌侵权，则信息会被退回或删除，平台会根据侵权类型执行处罚（具体处罚规则见表5-1）。

表5-1　速卖通处罚规则

侵权类型	定义	处罚规则
商标侵权	严重违规：未经注册商标权人许可，在同一种商品上使用与其注册商标相同或相似的商标	三次违规者关闭账号
	一般违规：其他未经权利人许可使用他人商标的情况	首次违规扣0分；其后每次重复违规扣6分；累达48分者关闭账号

续表

侵权类型	定义	处罚规则
著作权侵权	未经权利人授权，擅自使用受版权保护的作品材料，如文本、照片、视频、音乐和软件，构成著作权侵权 实物层面侵权：实体产品或其包装被盗版；实体产品或其包装非盗版，但包括未经授权的受版权保护的内容或图像 信息层面侵权：图片未经授权被使用在详情页上；文字未经授权被使用在详情页上	首次违规扣 C 分； 其后每次重复违规扣 6 分； 累达 48 分者关闭账号
专利侵权	外观专利、实用新型专利、发明专利的侵权情况（一般违规或严重违规的判定视个案而定）	首次违规扣 C 分； 其后每次重复违规扣 6 分； 累达 48 分者关闭账号（严重违规情况，三次违规者关闭账号）

备注：
1. 全球速卖通会按照侵权商品投诉被受理时的状态，根据相关规定对相关卖家实施适用处罚。
2. 同一天内所有一般违规及著作权侵权投诉，包括所有投诉成立（商标权或专利权：被投诉方被同一知识产权投诉，在规定期限内未发起反通知，或虽发起反通知，但反通知不成立。著作权：被投诉方被同一著作权人投诉，在规定期限内未发起反通知，或虽发起反通知，但反通知不成立）及速卖通平台抽样检查，扣分累计不超过 6 分。
3. 同三天内所有严重违规，包括所有投诉成立（即被投诉方被同一知识产权投诉，在规定期限内未发起反通知；或虽发起反通知，但反通知不成立）及全球速卖通平台抽样检查，只会作一次违规计算；三次严重违规者关闭账号，严重违规次记录累计不区分侵权类型。
4. 全球速卖通有权对卖家商品违规及侵权行为及卖家店铺采取处罚，包括但不限于（i）退回或删除商品/信息；（ii）限制商品发布；（iii）暂时冻结账户；（iv）关闭账号。对于关闭账号的用户，全球速卖通有权采取措施防止该用户再次在全球速卖通上注册。
5. 每项违规行为由处罚之日起有效期 365 天。
6. 当用户侵权情节特别显著或极端时，全球速卖通有权对用户单方面采取解除全球速卖通商户服务协议及免费会员资格协议、直接关闭用户账号及全球速卖通酌情判断与其相关联的所有账号及/或采取其他为保护消费者或权利人的合法权益或平台正常的经营秩序，由全球速卖通酌情判断认为适当的措施。该等情况下，全球速卖通除有权直接关闭账号外，还有权冻结用户关联国际支付宝账户资金及全球速卖通账户资金，其中依据包括为确保消费者或权利人在行使投诉、举报、诉讼等救济权利时，其合法权益得以保障。
7. 全球速卖通保留以上处理措施等的最终解释权及决定权，也会保留与之相关的一切权利。
8. 本规则如中文和非中文版本存在不一致、歧义或冲突，应以中文版为准。

 能力实训

一、选择题

1. ［多选］下列属于全球速卖通平台搜索作弊中的违规行为的是（　　　）。

A. 类目错放　　　　B. 属性错选　　　　C. 重复铺货　　　　D. 运费不符

E. 标题类目不符

2. ［单选］全球速卖通平台交易违规处罚中被判定为特别严重货不对版的行为，平台将直接扣除（　　　）。

A. 2 分　　　　　B. 12 分　　　　　C. 36 分　　　　　D. 48 分

3. ［多选］全球速卖通平台主要是从（　　　）三个角度判断重复铺货的。

A. 商品主图　　　　B. 详情页　　　　C. 标题　　　　D. 属性

4. ［多选］全球速卖通平台产品搜索排名综合考虑了多方因素，目前的搜索排名的参考维度主要有（　　　）。

A. 商品的信息描述质量　　　　　　　　B. 商品与买家搜索需求的相关性

C. 商品的交易转化能力　　　　　　　　D. 卖家的服务能力

E. 搜索作弊的情况

5. ［单选］全球速卖通平台产品的首张图片是作为产品样图在平台产品列表、店铺产品列表内进行展示的。所以首张图片的效果一定要清晰、突出产品的重点。图片大小最好为（　　　）。

A. 200px × 200px　　　　　　　　　　　B. 400px × 400px

C. 800px × 800px　　　　　　　　　　　D. 1 600px × 1 600px

二、判断题

1. 全球速卖通平台中引导线下交易中的一般违规行为卖家将被扣分 2 分 / 次。（　　　）

2. 全球速卖通平台中类目错放包括发布类目错误和重要属性错误两个方面。（　　　）

3. 全球速卖通平台中产品搜索排名系统判断商品是否与买家搜索词相关时，主要参考标准包括标题、类目、属性等。（　　　）

4. 在其他排名因子同等的条件下，有图片的产品排名会比无图片的产品排名有优势；有图片产品有助于买家体验，图片越多，越有利于排名。（　　　）

5. 商品属性填写完整、准确，详细描述真实、准确有助于买家通过关键词搜索、属性的筛选快速定位到卖家的商品。（　　　）

三、能力拓展

【工作任务 1】设置一个中国邮政挂号小包模板。要求：全部红标热门国家包邮，其余国家按标准运费收取 50%。承诺到货时间：一区 39 天，二区 39 天，三区 35 天，四区 55 天。

【工作任务 2】根据提供的产品标题描述和详细描述（见图 5 - 42），审核并在全球速卖通平台发布产品信息。

2023 summer kids clothes floral bow 100% cotton child party princess girl dress sundress size 4-14 Free Shipping

Department Name: Children
Gender: Girls
is_customized: Yes
Place of origin: Made in China
Fabric Type: Broadcloth
Dresses Length: Knee-Length
Silhouette: A-Line
Sleeve Length: Sleeveless
Decoration: Bow
Pattern Type: Floral
Sleeve Style: Regular
Style: Casual
Material: Cotton
Model Number: PO0011
Style: Suspender skirt/tank dress
Skirt Type: A-Line skirt
Male / Female: Female
Season: Summer

图 5 - 42　儿童裙

个性化成长记录表

序号	评价内容	学生成长记录	评价方式	评价主体	备注
1	微课学习（5%）		平台考试测验	平台	
2	课前测试（5%）		平台考试测验	平台	
3	课中测试（5%）		平台考试测验	平台	
4	仿真实训（5%）		平台系统评分	平台	
5	课后作业（5%）		平台考试测验	平台	
6	学习活跃度（3%）		平台系统评分	平台	
7	资源贡献度（2%）		平台系统评分	平台	
8	技能操作完整度（10%）		操作成果评分 实战成果评分	教师	
9	技能操作规范度（10%）		操作成果评分 实战成果评分	教师	
10	成果展示（10%）		操作成果评分 实战成果评分	教师	
11	方案制定（5%）		能力评估表	自评／互评	可选
12	技能操作完整度（5%）		能力评估表	自评／互评	
13	技能操作规范度（5%）		能力评估表	自评／互评	
14	成果展示（5%）		能力评估表	自评／互评	
15	产品上架模拟实战（20%）		绩效考核评分 满意度调查表	企业	
16	1+X 考证		考试通过率	评价组织	增值评价，可选，一般放年度考核
17	技能大赛		获奖等级	技能大赛组委会	增值评价，可选，一般放年度考核

备注：各部分权重占比可根据单元实际情况调整。

跨境店铺运营及推广操作

学习目标

知识目标

1. 熟悉全球速卖通店铺后台使用规则（商品、我的店铺、营销活动、生意参谋等）。
2. 熟悉曝光量、浏览量、访客数、询盘数、订单数、成交转化率等的含义。
3. 熟悉全球速卖通产品标题优化、图片优化、详细信息优化等的一般做法。
4. 熟悉全球速卖通价格优化的常规做法。
5. 熟悉全球速卖通店铺优化、营销推广的一般手段。
6. 熟悉站外营销推广的一般手段和方法。

能力目标

1. 能在全球速卖通平台对产品标题、详细信息、店铺等进行优化。
2. 能制定营销方案并进行推广。
3. 能根据店铺和产品的流量表现情况调整营销策略。

素养目标

1. 培育和践行社会主义核心价值观。
2. 培养互联网思维和大数据思维。
3. 强化数字素养，提升数字技能。
4. 培养精益求精的工匠精神，具备文化自信和产品自信，育成才匠心。

工作项目

　　浙江金远电子商务有限公司的跨境电商运营专员陈倩在全球速卖通平台店铺上传了10个产品。产品上架之后，曝光量、浏览量、访客数等指标表现不佳，店铺的成交量为零。这可把陈倩急坏了。经理浏览了店铺情况后，发现产品在标题、描述和价格设置上均存在一些问题，在店铺的装修等方面也存在不足。经理建议陈倩对产品标题、描述、价格还有店铺装修进行优化，以进一步优化访客数等关键指标，从而提高转化率。

> **工作任务 1：对产品标题描述进行优化**

寻找准确的核心词、属性词、流量词、热搜词、长尾词等，对标题进行优化。

> **工作任务 2：对产品详细描述进行优化**

通过完善属性、美化图片、优化文案等对产品详细描述进行优化。

> **工作任务 3：对产品价格进行优化**

合理利用上架价格、销售价格、成交价格等的关系对产品价格进行优化，确定热销品和利润品。

> **工作任务 4：对店铺进行优化**

通过完善店铺装修模块、统一店铺风格、开展店铺营销活动等对店铺进行优化。

> **工作任务 5：制定营销方案，对产品和店铺进行推广**

通过速卖通后台营销中心开展店铺营销，如通过限时限量折扣、全店铺打折、全店铺满立减、店铺优惠券等方式对产品和店铺进行免费推广。

工作任务 1 对产品标题描述进行优化

一、产品标题需要优化的情形

（1）档期内滞销。如果卖家上传的产品浏览量低或者访客数少的情况超过心理预期，那么可以着手对标题进行优化。

（2）同款产品竞争居于弱势。与平台上其他店铺的同款产品销量相比，本店铺产品明显处于竞争弱势。在价格相差不大的情况下，可以着手对标题进行优化。

（3）曝光量低、跳失率高。当产品曝光量低、买家跳失率高时，可能是因为标题未能将产品的属性、卖点等信息充分展现，未让潜在买家感受到产品的价值，那么可以着手对标题进行优化。

二、产品标题优化的时机

新品上架时，卖家在对新品不熟悉的情况下，可采用限时限量折扣、全店铺打折、满立减、发放优惠券等方式进行推广。一段时间后，卖家可查看"数据纵横"中相关产品的数据，对数据较差的产品进行关键词优化。

【例 6-1】陈倩发布了一款女士凉鞋，原标题见图 6-1。发布 14 天后，她发现流量不佳，于是决定通过平台内"数据纵横"板块中的关键词分析工具优化标题。她输入关键词"sandals"，平台给出了图 6-2 所示的结果。

图 6-1　女士凉鞋标题

搜索词	是否品牌原词 ⓘ		搜索人气 ⇅	搜索指数 ⇅	点击率 ⇅	支付转化率 ⇅	竞争指数 ⇅	Top3热搜国家
sandals	查看商品	N	54,379	528,235	27.06%	0.08%	43.55	美国 波兰 荷兰
sandals women	查看商品	N	14,508	168,220	25.39%	0.08%	83.02	美国 法国 英国
women sandals	查看商品	N	12,344	142,922	26.49%	0.09%	94.55	美国 匈牙利 英国
platform sandals	查看商品	N	7,133	62,977	23.60%	0.06%	63.32	美国 英国 匈牙利
sandals men	查看商品	N	5,013	47,732	25.30%	0.14%	77.62	美国 意大利 墨西哥
ladies sandals	查看商品	N	3,856	41,269	23.54%	0.09%	93.06	美国 英国 意大利
flat sandals	查看商品	N	3,273	39,958	25.67%	0.08%	110.29	美国 英国 加拿大
summer sandals	查看商品	N	3,401	37,640	27.52%	0.06%	103.43	美国 英国 加拿大

图 6-2　sandals 热搜词分析

　　由此可以看出，搜索人气排在前几位的 sandals women、women sandals、platform sandals、ladies sandals 等与产品有关，再参考飙升词，根据搜索指数飙升幅度、曝光商品数增长幅度、曝光商家数增长幅度等，得出图 6-3 所示结果。

　　根据列表，可以看出 woman shoes sandals、women sandals wedges low heels open-toe 的搜索指数飙升幅度、曝光商品数增长幅度、曝光商家数增长幅度等较高，且与发布的产品匹配度高。

　　综合考虑以上两点因素，可考虑修改标题如下："Women Sandals Wedges Low Heels Open-toe Summer Casual Women Platform Sandals Breathable Beach Outside Basic Shoes #3s"。

搜索词		是否品牌原词 ⓘ	搜索指数 ⇕	搜索指数飙升幅度 ⇕	曝光商品数增长幅度 ⇕	曝光商家数增长幅度 ⇕
woman shoes sandals	查看商品	N	502	1400.00%	1362.79%	1054.41%
women sandals wedges low ...	查看商品	N	465	1983.33%	672.95%	380.68%
wedge sandals	查看商品	N	30,490	12.76%	22.02%	7.52%
high heels sandals women	查看商品	N	30,714	31.96%	20.36%	15.00%
shoes woman sandals	查看商品	N	37,551	16.21%	12.64%	10.28%
flat sandals	查看商品	N	39,958	5.19%	5.23%	0.76%
sandals women	查看商品	N	168,220	3.21%	4.91%	-0.68%
women sandals	查看商品	N	142,922	0.32%	4.67%	3.33%
gladiator sandals women	查看商品	N	33,306	-5.49%	-2.58%	0.19%
summer sandals	查看商品	N	37,640	-4.80%	-2.68%	1.12%
sandals men	查看商品	N	47,732	-5.63%	-5.86%	-4.86%
sandals	查看商品	N	528,235	-15.84%	-7.55%	-7.00%
platform sandals	查看商品	N	62,977	-19.60%	-13.40%	-8.36%

图 6-3　sandals 飙升词分析

工作任务 2　对产品详细描述进行优化

一、完善属性填写

买家受图片和标题的吸引，点击进入产品详情页后，首先看到的是产品的属性部分。凡是平台上必填的属性，为方便买家搜索到该产品，卖家都应该根据产品情况正确填写。产品发布页面会提示该产品属性在平台上的平均完整度，卖家在填写属性时应尽量高于该平均值，增加产品被搜索的机会。

陈倩在完善某款式钱包属性填写时，根据产品本身的性质准确填写必填属性（见图 6-4）。尤其对于钱包内部结构的部分，她非常重视。产品属性的准确、完整填写有助于客户最终下单。

二、优化图片

（一）优化动态图

动态图可放 6 张，卖家应充分利用图片功能，注重首图的展示效果，可以从正面、侧面、反面、细节、包装等方面呈现产品。有些卖家为保护自己的拍摄成果，会在图片上加水印。为能更好地呈现图片的展示效果，不建议主图加水印，因其会极大地降低买家的购物体验，得不偿失。

1. 图片大小

图片横纵比例为 1∶1（像素 ≥ 800×800）或 3∶4（像素 ≥ 750×1 000）且所有图片比例一致，5M 以内；jpg、jpeg、png 格式。

2. 图片背景

背景简明清晰，色彩对比鲜明（见图 6-5）。

产品类型　Wallet

* 主要材质　PU(PU)

! 适用性别　Women(女士)

! 风格　Lady(甜美淑女)

! 图案类型　Floral(花朵)

! 开口类型　Hasp(搭扣)

! 钱包类型　Standard Wallets(标准的钱包)

! 品牌　—请选择—

部分品牌（参考列表）的商品需提交申请后方可发布。我要申请

! 钱包款式　Long(长款)

产品高度　2　　　cm

产品长度　18.5　　cm

产品重量　0.24KG

产品宽度　8.5cm

材质成分　PU

型号　QF026

衬里材质　Polyester(涤纶)

内部结构　☑ Interior Slot Pocket(内部隔层袋)　☐ Cell Phone Pocket(手机袋)

☑ Interior Zipper Pocket(内部拉链袋)　☐ Interior Key Chain Holder(内部钥匙环)

☑ Interior Compartment(内部间隔)　☐ Zipper Poucht(拉链小袋)　☐ Coin Pocket(零钱位)

☐ Passcard Pocket(护照位)　☑ Note Compartment(大钞夹)　☑ Photo Holder(相片位)

☑ Card Holder(卡位)

图 6-4　产品属性

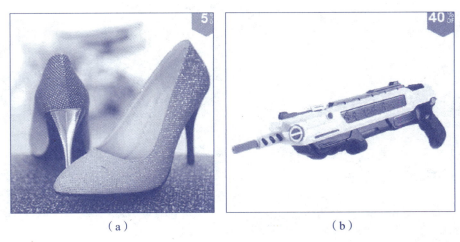

（a）　　　　　　　　　　　　（b）

图 6-5　主图示例

3. 图片排版

在产品颜色较多的情况下，应重点突出其中一个单品。可选择当前流行的颜色款，

或颜色最热销款作为主推产品，将其图片放大，而其他颜色图片缩小［见图6-6（a）］。

卖家应大力重视模特效果图。从吸引力上来说，产品使用效果图优于放置不用效果图［见图6-6（b）］。

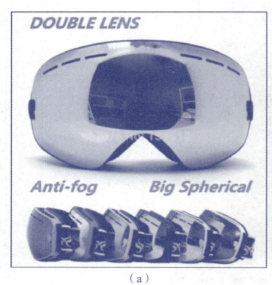
（a）

（b）

图6-6　图片排版示例

单张图片还可以加上多角度拍摄图片，一张图就可以全面展示产品［见图6-7（a）］。

如果想突出产品的卖点，可以用单品图＋细节图的方式处理［见图6-7（b）］。

（a）

（b）

图6-7　图片展示示例

图片加上简洁的促销、打折语也可以增加点击量，如"hot""10% off"。

（二）优化详情图

详情图建议在15张以内，以8～12张为宜，以节省买家打开网页的时间和流量。未来，手机端会是发展趋势，详情页的图片会趋向少而精。产品详情描述见图6-8。

Product Description

Plastic/Metal USB Flash Drive
Features : Capless,Popular
Capacity: 128GB Read 12MB/s and Write 8MB/s.
Support Hi-Speed 480Mbps.
USB 1.0/1.1/2.0 Compatible.
No Drivers Required.
Low Power Consumption.
Compliant Standards: Plug and Play
Warranty: 5 years
Support Window 98/98SE/ME/2000/XP/Vista/7, Mac, LiunxPackage: has original package

图6-8　产品详情描述

三、优化文案

电商主要依靠色彩、图片和文字来传达信息。色彩和图片是买家看到的表象，思想才是隐藏在背后的核心和灵魂。好的文案可以体现出卖家对于产品的熟悉与专业以及对于买家的理解与尊重。

（一）设置问候语

对于买家光临店铺，卖家应积极回应。因此在展现产品之前，卖家可以先设置问候语，欢迎买家光临选购并表达感谢之情，预祝买家购物愉快（见图6-9、图6-10）。

Dear valued customers,

Welcome to my shop, thank you for your custom and wish you have a nice shopping journey!

--Monica

图6-9　问候语

Welcome to Our Shop

We hope you enjoy a happy shopping experience

Click here to get coupon

图6-10　店铺问候语

（二）优化购物须知

不同的店铺会有不同的营销方式，在买家选购产品前，卖家应尽可能设身处地地为买家着想，将买家购物可能遇到的问题收集起来，以购物须知的方式呈现在买家面前，解决买家的后顾之忧（见图 6 - 11、图 6 - 12）。如果店铺有优惠活动，应提醒买家活动时限，指导买家使用店铺优惠券。

Following sizes means age ranges for girls, they are for general guidance only. Please check the measurement carefully with your girl before purchase.

Size Chart: (1cm=0.39inches)

Size	Length(cm)	Shoulder(cm)	Bust(cm)	Waist(cm)	Suggest height
4-5	57	25	64	60	110-120cm
6	62	26	68	62	120-130cm
7-8	66	27	70	66	130-140cm
9-10	70	28	74	68	140-145cm
11-12	74	29	76	72	145-155cm
13-14	78	30	78	76	155-160cm

图 6 - 11　产品尺寸

Shipping

Usually we will send all packets by China Post Air Mail or Hongkong Post Air Mail, but when you order more than 200 dollars, we will send DHL, the customers can receive product in 3-7 days.

Usually we ship your products via China Post Air Mail or Hongkong Post Air Mail,it take 7-30 business days to reach your location.

Country	Delivery Time(Days)					
	Workdays	6-12	10-16	17-22	23-28	29-36	>37
USA	Rate(Items arrived)	4.70%	44.50%	32.20%	11.50%	7.00%	If still don't receive items,we will help to track,if confirm lost,will resend or refund
Brazil	Rate(Items arrived)	0.00%	0.00%	1.00%	20.00%	79.00%	
Russia	Rate(Items arrived)	2.00%	19.90%	49.90%	19.90%	8.30%	
UK	Rate(Items arrived)	8.80%	59.70%	24.90%	5.30%	1.30%	
Australia	Rate(Items arrived)	24.90%	53.00%	11.60%	6.60%	3.90%	
Spain	Rate(Items arrived)	3.20%	21.00%	53.90%	12.80%	9.10%	
Other	Rate(Items arrived)	About 10-25 working days					

图 6 - 12　物流信息

（三）优化产品描述

产品描述从不同角度，可以划分为以下五类：

1. 商品展示类

可以通过图文结合的方式，展示产品的色彩、细节、优点、卖点、包装、搭配及效果。

2. 实力展示类

主要展示产品的品牌、荣誉、资质、销量、生产及仓储情况。

3. 吸引购买类

主要通过对产品卖点的描述、细腻的情感打动买家。还可以通过展示买家评价（见图 6-13）、热销盛况刺激买家购买。

图 6-13　买家评价

4. 交易说明类

对产品购买、付款、收货、验货、退换货、保修均需做出说明，以消除买家的后顾之忧（见图 6-14）。

图 6-14　售后说明

5. 促销说明类

展示当前热销商品、搭配商品、促销活动及优惠方式，让利给买家。

（四）增加卖家承诺

卖家应以目标客户习惯的语言方式给予承诺，增强买家的信任感（见图6-15）。

Contact Us
Please feel free to contact us, we are here for you!
We are open Monday through Friday 8:30 am –12:00 pm Pacific Standard Time. We answer all emails within 48hrs. If you email questions after business hours or on holidays, we will usually answer them the next business day.

Bid With Confidence
100% satisfaction guaranteed
For our customers, we strictly control the quality. If there is any dissatisfaction, please contact us.

图6-15　卖家承诺

（五）指导买家购物

在电商平台上，文字代表着语言的力量。卖家可用清晰明了的图片或文字，指导买家挑选产品、选择物流、付款、参与店铺活动、使用店铺或平台的优惠券等，从而拉近买家与卖家之间的距离，提升买家的购物体验，提高产品的销量（见图6-16、图6-17）。

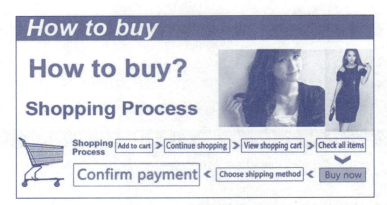

图6-16　购买指示1

图6-17　购买指示2

（六）引导买家评价

良好的购物体验能给予其他买家参考。邀请买家对产品进行评分，既是对买家的尊重，也是给潜在购买者的一个信号，表现出卖家经营的热情（见图 6-18）。

图 6-18　引导买家评价

（七）鼓励买家忠诚

邀请买家成为本店会员，以优惠的方式鼓励买家在本店消费，从而获得忠诚客户，提高产品和店铺的销量（见图 6-19）。

Honey:We sincerely want to invite you to be our VIP. Only need to add our store to your favorites.And that we will give you Discount or Gifts.

图 6-19　邀请买家成为会员

另外，优秀的卖家不仅能了解客户的购买需求，还能引导客户的购买需求。对当前的产品的优缺点进一步分析，引导买家购买有上升需求的产品，这也是一种不错的选择。

工作任务 3　对产品价格进行优化

价格影响产品在平台上的排名，左右点击率，最终决定买家是否下单购买。

一、产品自我优化

（1）多个 SKU 产品，将出单数最少的产品价格设低一些，刺激买家浏览购买。

【例 6-2】陈倩发布了一款 T 恤衫，黑色比白色好卖，大码比小码好卖，设置白色 S 码价格最低，最终商品售价上会显示一个价格区间（见图 6-20）。如果买家按价格由低到高搜索，较容易看到该产品，增加产品曝光率。

图 6-20 产品价格优化

（2）合理设置批发价格。为刺激买家购买，2件及以上产品（重量在物流规定范围内）的价格可参照批发价，给予买家 3%～10% 的折扣，将国际物流费用优惠的一部分让利给买家。

二、参考竞品价格

平台总是充满竞争的，卖家优化产品价格时需要参考竞品的价格。因此，竞品的进货价格、折扣率和折扣后的价格都是卖家需要了解和分析的。

【例 6-3】陈倩发布了一款鳄鱼纹牛皮钱包，原先售价 US $23.99，上架一个月，无人问津。她在平台上搜索发现竞品价格，见图 6-21。

图 6-21 竞品价格

陈倩分析，该产品拿货价格为：1～4个，每个 40 元人民币；5～14个，每个 37 元人民币；15 个及以上，每个 35 元人民币。国内物流费用为 10 元人民币。产品包装后重量为 120 克，根据物流商与陈倩公司达成的合作，e 邮宝方式寄到美国的价格为 18.8 元人民币，产品无须另外包装，但是最外层包装袋需更换新的，费用为 0.8 元人民币/个。因此，以最小采购量计，该产品的成本为 40+10+18.8+0.8=69.6 元人民币。以 US $18.75 的售价，扣除平台佣金后，按汇率 7.0 折算成人民币，还有约 60 元人民币的利润。陈倩觉得该利润属于可接受的范围。竞品未打折，陈倩认为为保留促销能力，暂不设置比其他卖家更低的价格，以免恶性竞争，于是按竞品价格修改自身产品价格为 US $18.75。

三、巧用价格临界点

买家在购物时，心里会有预算，会以数字 0 或 5 作为价格的临界点。如果产品价格设为 US $10，不如设为 US $9.99，这样会让买家觉得没有超过预算，下单意愿更加强烈。

工作任务4 对店铺进行优化

一、店铺装修

（一）完善店铺装修板块

进入全球速卖通账户后，点击"店铺"按钮，可开通店铺（发布产品数量达到10个后），并对店铺进行装修。

1. 充分利用店铺装修基本工具

卖家应进一步完善店招模块（见图6-22）、图片轮播模块区域的内容。店铺主推产品应放置于图片轮播位，利于买家看到。

图6-22 店招模块

图6-23是店铺装修效果。

图6-23 店铺装修效果

图6-24为店铺装修（图片轮播）设置。

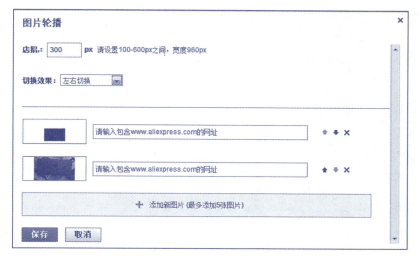

图6-24 店铺装修设置

图 6 - 25 是图片轮播效果。

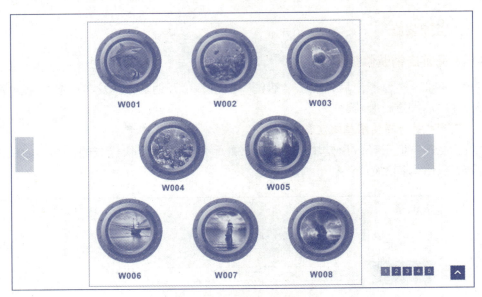

图 6 - 25　图片轮播效果

2. 充分利用商品推荐模块工具

商品推荐模块见图 6 - 26。

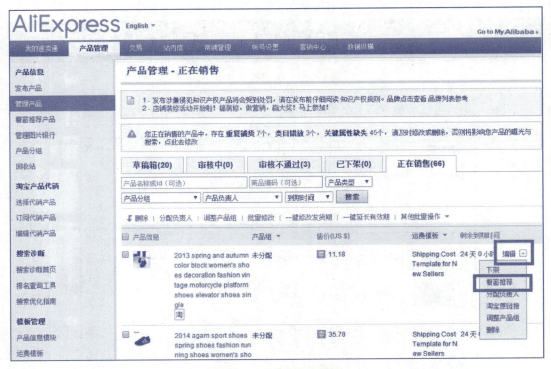

图 6 - 26　商品推荐模块

3. 巧用自定义模块工具

针对不同地区、不同语言习惯的客户，应设置多国语言按钮。进入店铺装修后台用户自定义区域，点击"添加模块"(见图 6 - 27)。

图 6 - 27　用户自定义区域

点击"编辑"按钮，出现如图 6 - 28 所示的界面。

图 6 - 28　自定义模块工具 1

输入模块标题，如"CHOOSE YOUR LANGUAGE"，弹出图标界面，添加各国图标，然后添加各国图片对应的语言链接（见图6-29）。

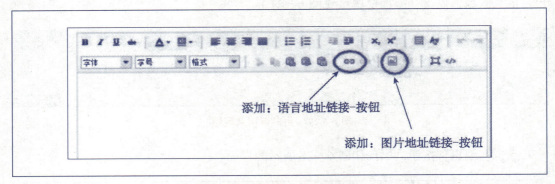

添加：语言地址链接-按钮

添加：图片地址链接-按钮

图6-29　自定义模块工具2

点击"选择文件"（见图6-30），导入其中一个国家图标如"韩国"，出现图6-31所示的对话框。

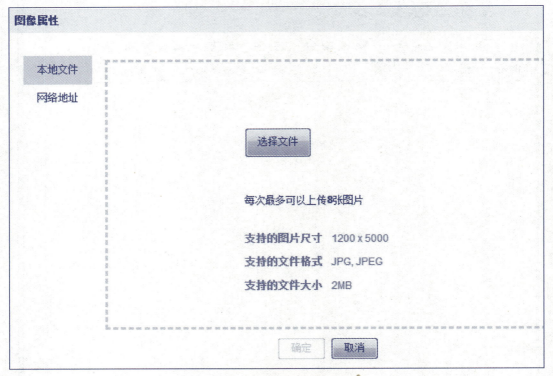

图6-30　自定义模块工具3

鼠标左键点击图片后，图片变成灰色，然后选择链接图标，键入网站的链接地址（见图6-32）。

先点击对话框中的"确定"按钮，再点击店铺装修页左下角的"保存"按钮，接着点击页面右上角的"发布"按钮，最后点击"确认"，韩语编辑就成功了。按照此方法，可以放入各国国旗图标，设置成多国语言。

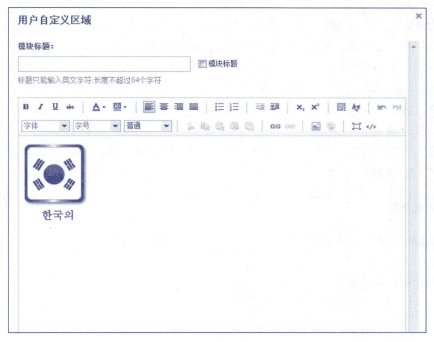

图 6 – 31 用户自定义区域（导入国家图标）

图 6 – 32 用户自定义区域（超链接）

在买家页面上，买家可根据自身情况，点击语言按钮，之后页面就会自动生成为目标语言文字。

部分语言链接代码如下所示：

韩语：http://ko.aliexpress.com/store/xxxxxx（用自己的店铺号替换"x"，下同）。

阿拉伯语：http://ar.aliexpress.com/store/xxxxxx。

德语：http://de.aliexpress.com/store/xxxxxx。

法语：http://fr.aliexpress.com/store/xxxxxx。

意大利语：http://it.aliexpress.com/store/xxxxxx。

西班牙语：http://es.aliexpress.com/store/xxxxxx。

日语：http://ja.aliexpress.com/store/xxxxxx。

泰语：http://th.aliexpress.com/store/xxxxxx。

4. 巧用关联模块工具

通过关联模块产品，能将店内的其他产品最大限度地呈现，从而增加客户可选择产品的数量，提高客单价（见图 6-33）。

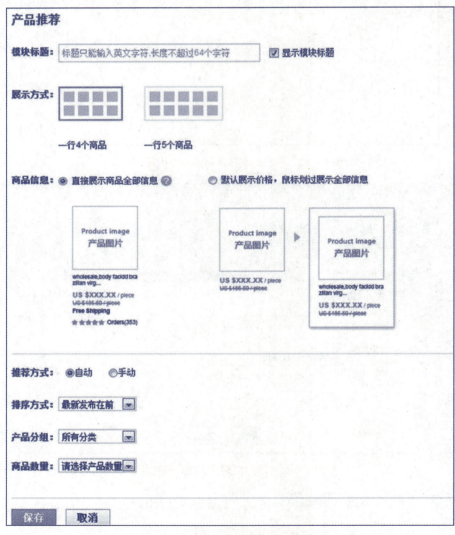

图 6-33 关联模块工作

设置后的效果见图 6-34。

3D Mirror Butterfly 12pcs Art Home Room Interior Wall Stickers Mural Decoration

US$ 1.89/lot
pieces / lot

12pcs 3d free shipping Diy home decoration tv wall stick decoration mirror wall stickers,best gift free shipping!

US$ 1.39/lot
pieces / lot

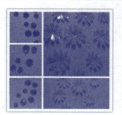

12pcs 3D Novel Mixed Flower Wall Sticker Home Decor Room Decoration Stickers Kids Room Decoration gm135

US$ 1.39/lot
pieces / lot

12pcs home decoration 3D flowers Wall Sticker Mariposas Docors arte DIY decoraciones de papel

US$ 1.39/lot
pieces / lot

2014 New For car Glove clean towel/wool cloth washing towel Bath towels, kitchen

6x Cake Icing Decorating Fine Painting Brush Fondant Dusting Sugarcraft DIY Tool

Cute Animal Microfiber Kids Children Cartoon Absorbent Hand Dry Towel Lovely Towel

12pcs/lot Round shape Silicone Muffin Cases Cake Cupcake Liner Baking Mold

图 6 - 34　效果图

　　另外，还可以设置产品分组，以便买家更好地找寻店内其他商品。此功能可在"产品管理"模块（见图 6 - 35）完成，最后直接在店铺页呈现（见图 6 - 36）。

图 6 - 35　产品管理模块

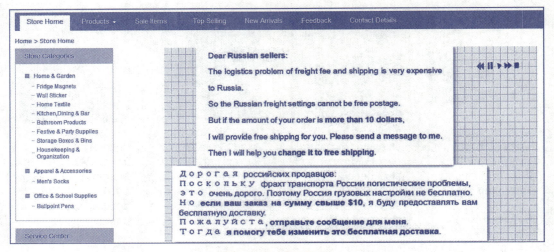

图 6 - 36　产品分组

（二）统一店铺风格

1. 根据产品优化店铺风格

卖家设计店铺风格时，应主要考虑产品的属性及适用人群。如果卖家销售的是商务男装，店铺风格应该色彩低调，沉稳内敛；如果销售的是母婴产品，店铺风格应该色彩柔和，场面温馨；如果销售的是少女时装，店铺风格应该色彩明亮，俏丽活泼。

2. 根据活动优化店铺风格

一般来说，除了考虑产品自身的属性，如果想要有更多流量，卖家还应考虑参加一些平台的活动。而此时，店铺风格与平台活动在氛围上需要契合。

（三）开展店铺营销活动

店铺自主营销活动包括：限时限量折扣、全店铺打折、店铺优惠券、全店铺满立减及平台活动（见本学习情境工作任务5）。在卖家店铺页面上，限时限量折扣和全店铺打折的商品，图片右上角会有醒目的"××off"字眼；店铺优惠券和全店铺满立减活动开展时，会有图标供买家点击使用。如果店铺参与了这些活动，在买家看来，是极好的省钱机会，如果活动设置的时间比较紧迫，能刺激买家迅速下单。因此，限时限量折扣一般不要超过7天，全店铺打折、店铺优惠券和全店铺满立减活动不要超过3天。其中，店铺优惠券使用期限最好不要超过10天，从而避免买家犹豫，或与其他店铺的产品反复比较而使卖家失去订单机会。

二、提升卖家服务等级

卖家的商品质量和服务能力对于买家的购买决策有着至关重要的影响，特别是商品描述及评价、沟通效率、纠纷处理效率和态度等方面。买家强烈希望在选择商品时能快速识别商品和服务表现良好的卖家。

不同等级的卖家将在橱窗数量、搜索排序曝光、提前放款、平台活动、店铺活动等方面享有不同的资源。等级越高的卖家享受的资源奖励越多，"优秀"卖家将获得"Top-rated Seller"的标志，买家可以在搜索商品时快速发现优秀卖家，并选择优秀卖家的商品下单。指标表现较差的卖家将无法报名平台活动，且搜索排序上会受到不同程度的影响。

平台会在每月 3 日前更新评级结果，每次评级结果影响当月的资源分配。被连续评为不及格的卖家或给买家带来严重不良体验的卖家，平台保留清退的权利。

由此可以看出，如果要优化店铺、提升服务等级，全球速卖通卖家需要做到以下几个方面：

（一）降低买家不良体验订单率（ODR）

买家不良体验订单率（ODR）＝买家不良体验订单数 / 所有考核订单数

由此公式可得出，如果要降低买家不良体验订单率（ODR），一是减少买家不良体验订单数，二是增加考核订单数。

1. 减少买家不良体验订单数

（1）加强库存管理，减少发货失误。卖家需要在平时加强库存管理，定期检查产品的外观有无生锈、霉迹、褪色等情况，以及零部件有无缺损。发货前仔细核对品名、数量、颜色、款式等，尽量减少发货失误。尤其是在店铺参加活动期间，更需要加强发货管理。

（2）加强与买家的沟通，安抚买家可能产生的负面情绪。在与买家开始接触及之后的环节中，卖家需要积极与买家沟通，安抚买家可能产生的任何负面情绪。

买家咨询时：简洁、清晰地解答买家疑问。

买家确认下单后：发送站内信，告知买家已经在备货；如果缺货，马上告知买家，协商解决。

卖家发货后：发送站内信，告知买家已经发货，提供物流方式和物流跟踪单号，供买家查询；告知买家预计到达时间，提醒买家关注。

卖家发货一段时间后：卖家主动关注物流信息，如果有任何晚于计划到达时间的可能，积极告知买家，解释可能的原因，安抚买家的焦虑情绪。

买家收到货后：卖家发送站内信，询问买家对产品的满意程度，解答买家在收货后的各种疑问。如果买家满意，建议买家给予好评；如果买家不满意，与买家协商解决。具体内容见详见本书"客户维护"部分。

2. 增加考核订单数

增加考核订单数其实就是增加产品销量。卖家可以结合本学习情境前面的内容，通过优化产品标题、价格、产品详情页及设计营销活动来增加产品销售。

（二）提升买家好评率

1. 提供与描述相符的产品

买家在平台上花钱，最看重的还是产品本身。卖家在描述产品时，应该实事求是，不可夸大。

2. 选择性价比高的物流方式

选择物流方式时，卖家应优先考虑买家可接受的物流方式，再根据卖家与物流商达成的协议进行选择。

3. 通过赠送小礼物、关心客户等方式提升买家购物体验

卖家可以通过获取论坛里的客户相关信息，结合店铺运营的经验分析客户类型：针对经济型客户，为其提供平价的产品，并附赠一定价值的小礼物，可获得客户的好感；针对情感型客户，可通过节日问候、重要日子关怀提醒等方式，表达对客户的关心，提升客户对店铺及卖家的好感。

工作任务5　制定营销方案，对产品和店铺进行推广

随着跨境电商的蓬勃发展，许多传统电商卖家以及传统外贸出口企业都纷纷看中跨境电商这块蛋糕，并从第三方平台进入这一领域，如从全球速卖通、eBay、敦煌网等平台起步。现在以全球速卖通为例，介绍如何进行产品和店铺推广。

一、新店铺的推广

新店铺卖家应与销售同类产品、具有一定的品牌知名度和口碑的老店铺进行比较，以发现新店铺的不足，然后采取有效措施。一般而言，新店铺往往有下列不足之处：

（1）缺少热卖产品导致店铺无法根据市场精确定位；

（2）店铺信誉低、评价少，导致转化率低；

（3）人气低，排名靠后，流量少且不稳定。

卖家应根据上述新店铺的劣势，再结合产品类型及店铺特点来考虑其营销方案的制定。

（一）推广方案思路

（1）从选品、选词和产品描述等方面着手，开始初步的推广；

（2）根据数据分析，调整推广方案，优化店铺；

（3）采用基本营销模式，完善推广方案。

（二）推广方案搭建

1. 搭建初步推广方案

（1）考虑推广产品选择法则。新店铺的产品选择是卖家需重点考虑的问题。卖家可以按照 2∶7∶1 的法则进行产品分类选择。

2 表示热销产品，目的是低价引流；

7 表示热销产品，可以进行打折促销以提升转化率；

1 表示品牌款（当然有可能会引起品牌纠纷）。

采用这一法则的目的就是靠热销来引流，靠热销产品来赚取利润，靠品牌款来提升品牌价值。例如：某卖家想卖手机配件，就需要先了解目前市场上手机配件的哪些款式、材质、价位更受欢迎。

a. 一模一样——价格更低，做引流款；

b. 款式略有差异——打折，但还有利润空间；

c. 材质不同——打造高品质产品。

需要注意的是，这些与热卖品相近的商品就是店铺的主打产品。其他的商品可作为附属商品进行推广，以确定店铺更吸引买家的商品类型。再如：某卖家想要打造自己的特色，不想参考别家店铺的商品，在不知道哪些款比较受欢迎之前，可以选择几款自己认为可能比较受欢迎的商品，按照重要程度进行推广。

不管基于哪种情况，这里都要强调一个原则：新店一定要推广更多的质量优质的商品。

（2）注意选词和排名。买家搜索的关键字肯定是五花八门，总体来讲可分为两类：热门关键字和长尾关键词。热门关键字即竞争大、流量高的词，如 phone case。长尾关键词就是竞争小，但也有一定流量的词，如 cell phone cases iPhone 14。现在就讲讲这两类关键词如何排名。

热门关键词只适合短期投放，不建议新店铺大量添加热门关键字进行推广，或者投入高竞价以使产品展示在搜索结果首页位置，因为前期市场定位可能不准确，会导致广告费白白浪费。新店铺可以等到有一定交易量积累时，再重点推广。

长尾关键词是店铺最主要的流量来源，卖家可按照流量的高低分开来使用。对于主打商品应使用较高流量的长尾词，及时调整以保证排名靠前；对于其余商品可使用一般流量的长尾词，以查看效果，不断优化。

总结：长尾关键词和热门关键词结合使用，多用长尾关键词，关注排名，合理竞价，开通直通车。

（3）优化商品描述。当完成一个产品上架之后，卖家还需要注意以下几点：

标题的描述：突出卖点，如促销、材质、质量等。

图片的处理：要做一定的处理，让产品全方位展示。

产品详情描述：产品描述可以从质量证明、认证入手，突出卖家实力、客户好评截图等。

经过以上介绍，卖家需要分别从选择产品、选词排名、商品描述几个方面入手，搭建初步的推广方案。

2. 调整推广方案

（1）重视日常操作。

1）关注已有关键词的排名情况，保证流量，及时调整。

2）把控预算，保证足够的推广时长。

3）从行业资讯等各种渠道获得搜索词，及时做出调整，添加市场上新增的与产品相关的词。

（2）及时进行数据分析。通过各种方法推广之后，需要 1～2 周的时间分析店铺数据，再进行推广调整。

把曝光比较高的词和转化率比较高的商品进行组合。对于曝光比较高、点击比较少的商品建议优化图片、标题、排位等，或者更换替代商品。对于点击比较多、一直没有成单的商品，可以分析详细描述中有哪些需改进之处。

3. 完善推广方案

在产品和店铺完成优化的基础上，新店铺还可以选择全球速卖通基本的推广方式，使推广方案更加完善。这里介绍一些常规营销活动：

（1）平台活动。全球速卖通平台活动主要有：

1）常规活动，如 super deal、俄罗斯团购、巴西团购等；

2）行业主题活动，如童装、母婴产品的活动等；

3）平台大促，每年在 3、8、12 月会有大规模的平台大促；

4）品牌馆 Brand Showcase 活动。

参加平台活动可以提高商品曝光率，获得较高流量，提高转化率，快速出单。

【例 6-4】无线抢购是 2015 年全球速卖通为无线用户量身打造的第一个超级活动频道，此活动的入选商品享受无线端最大的曝光倾斜，将在全球速卖通 App 端首屏占有最重要的固定曝光和流量入口（见图 6-37）。

图 6-37　全球速卖通无线端抢购频道

曝光位到底在哪里？——全球速卖通无线端首屏唯一的单品+倒计时曝光位，超强引流。

❑ 商品招商和展示规则：

● 本频道长期存在，一天 8 场，每场 10 个单品售卖 3 小时，连续 24 小时，每场的超高流量全部导给这 10 个商品，旨在打造个个爆品、场场售空的速卖通无线端王牌营销频道。

● 明星单品展示位：将仅供本期时段内最具性价比的商品展示，该商品同时也在 App 首屏曝光。

● 商品售空后，将引导买家进入商家的店铺首页浏览商家的热卖商品，为商家引入更多流量。

❑ 店铺报名资质：

● 店铺描述得分 ≥ 4.5；

● 店铺等级在三勋及以上；

● 90 天好评率在 95% 及以上。

❑ 商品要求：

● 此活动为一口价系统招商，请选择单一价的商品参加；

● 禁止提价打折，且折后价为无线端当天的最低价；

- 报名商品活动当天不得参加其他任何平台活动，店铺自主促销的价格必须高于此活动的价格，否则将失去此活动的参与权限；
- 图片清晰，细节图完善，折扣真实，好评优秀；
- 商品库存合理，总库存最少 20 个，最多 100 个，须在 3 小时内售空；
- 每个卖家限报 1 种商品，请务必选择最符合条件、最具优势的商品；
- 请各位卖家理智选择活动时间报名，避免扎堆报名，提高入选概率。

□ 时间安排：

Flash Deals 活动每天 4 场，每场 6 小时；展示时间：第一期：00：00：00—06：00：00；第二期：06：00：00—12：00：00；第三期：12：00：00—18：00：00；第四期：18：00：00—24：00：00。

（2）限时限量折扣。全球速卖通卖家可以针对店铺的某些商品设置折扣率和促销数量，规定活动时间。利用限时限量折扣工具，可以使商品获得额外曝光，这类活动有利于推新品、造爆款、清库存。

限时限量折扣的具体操作：

【Step 1】登录卖家后台，进入"营销中心"，点击"店铺活动"后，开始创建活动（见图 6-38）。

图 6-38　营销中心店铺活动

【Step 2】点击"创建活动"进入创建店铺活动页面（见图 6-39）。活动开始时间为美国太平洋时间。打折商品 12 小时后展示给买家，卖家应提前 12 小时创建好活动。

【Step 3】卖家创建好店铺活动后，选择参与活动的商品，每个活动最多只能选择 40 个商品（见图 6-40）。

【Step 4】设置折扣率和促销数量（见图 6-41）。可批量设置折扣商品库存，也可单独设置。

图 6 – 39 创建店铺活动

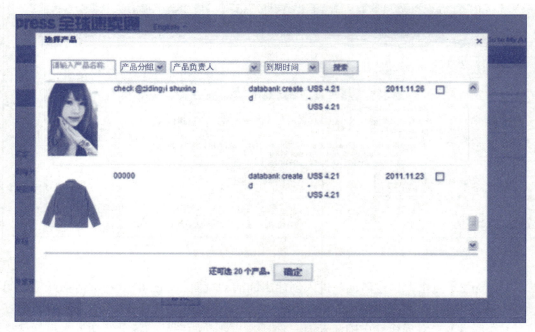

图 6 – 40 选择参与活动的商品

点击"确定"后即完成设置，活动将处于"未开始"状态，此时可以进行修改活动时间、增加和减少活动商品等操作；活动开始前 6 小时将进入审核状态，活动状态将变成"等待展示"；活动开始后将处于"展示中"状态。"等待展示"和"展示中"状态不可编辑，也不可停止（见图 6 – 42）。

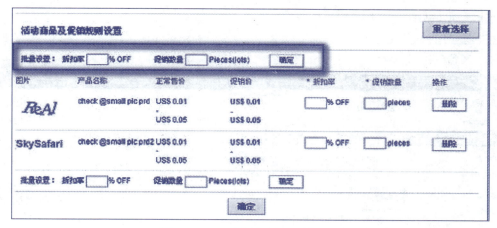

图 6 - 41　设置折扣率和促销数量

特别提醒：限时限量折扣活动一旦创建，商品即被锁定，无法编辑，只能下架。卖家也可以选择退出该活动，退出活动后可编辑商品信息。卖家需在创建活动前编辑好活动商品信息。

图 6 - 42　"可编辑"和"不可编辑"状态

（3）满立减。如果买家的订单金额超过了设置的优惠条件（满 X 元），在其支付时系统会自动减去优惠金额（减 Y 元）。这样既能让买家感觉到实惠，又能刺激买家为了达到优惠条件而多买，买卖双方互利双赢。卖家可根据自身交易情况设置优惠规则（满 X 元减 Y 元）。正确使用满立减工具可以刺激买家多买，从而提升销售额，提高平均订单金额和客单价。

满立减具体操作：

【Step 1】登录"我的速卖通"→点击"营销中心"→在"店铺活动"中选择"全店铺满立减"→点击"新建活动"（见图 6 - 43）。

【Step 2】填写活动基本信息。特别注意：时间填写不能跨月，并且需要提前 48 小时创建活动（见图6-44）。

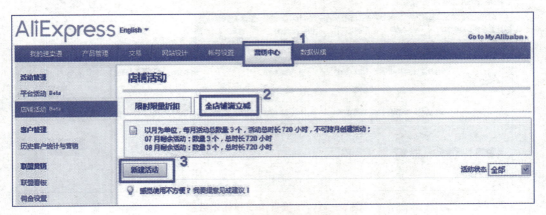

图6-43　营销中心新建活动

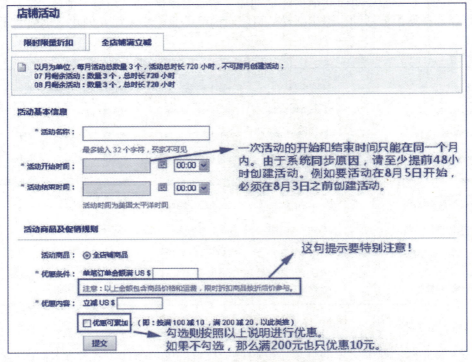

图6-44　店铺活动设置

【Step 3】填写促销规则。特别注意：折扣和满立减的优惠是可以叠加的，设置时一定要考虑折上折时的利润问题。填写示例见图6-45。

特别提示：当活动处于"等待展示"和"展示中"状态时，活动不能被修改。活动开始前的24小时将处于"等待展示"阶段。与折扣商品不同，满立减活动中的商品仍然可以编辑修改。

（4）店铺优惠券。全球速卖通卖家可以设置对所有商品都适用的优惠券，也可以根据客单价（客单价＝销售额/买家数）设置满X减Y优惠券，让买家先领券再下单，提升购买转化率。

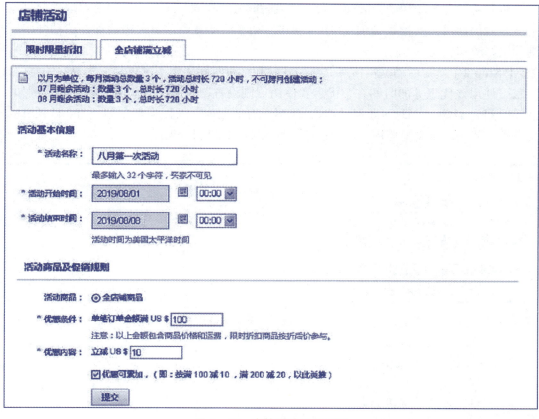

图 6 - 45　店铺活动设置示例

设置店铺优惠券的具体操作：

【Step 1】登录"我的速卖通"→点击"营销中心"→在"店铺活动"中选择"店铺优惠券"→点击"添加优惠券"（见图 6 - 46）。

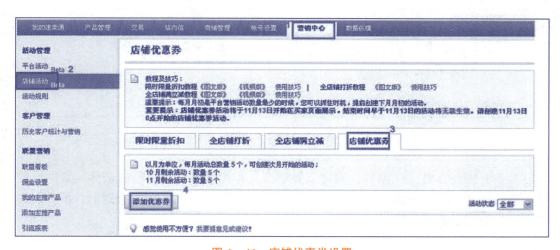

图 6 - 46　店铺优惠券设置

每月总共有 5 场活动，活动开始和结束时间必须在同一个月内，但是可以提前创建下一个月的活动。卖家可提前 48 小时创建活动，活动开始前可关闭活动，活动开始后则无法修改和关闭。

【Step 2】填写活动基本信息。活动开始和结束时间表示买家可领取优惠券的时间，买家可使用该优惠券的时间在"优惠券使用规则设置"中的"有效期"中设置。例如：活动时间为 11 月 13 日至 11 月 30 日，优惠券有效期为 7 天，买家在 11 月 20 日领取的优惠券，领用后可立即使用，最晚使用日期为 11 月 27 日（见图 6－47）。

图 6－47　填写活动基本信息

【Step 3】优惠券使用规则设置。

使用规则：

卖家可以发放的优惠券类型：

1）不限使用条件的优惠券；

2）订单须满足一定条件后才能使用的优惠券。

不限使用条件的优惠券可以大大提升买家的购买率，但卖家需要考虑自身可承受范围，面值和数量上可以做一些控制（见图 6－48）。

图 6－48　优惠券使用规则设置 1

对于有使用条件的优惠券，卖家需要结合自身客单价来设置限制条件，条件设置比客单价略高即可。例如：客单价为 US $20，设置条件为 US $30 是合理的，但设置成 US $100 就会没效果了（见图 6－49）。

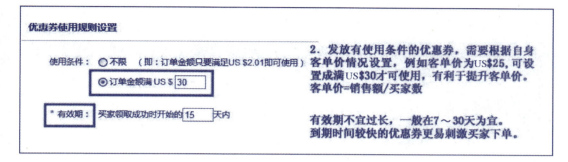

图 6－49　优惠券使用规则设置 2

提示：活动一旦生效，卖家应立刻将链接地址发给老客户，提升老客户的复购率。买家页面展示见图 6－50。

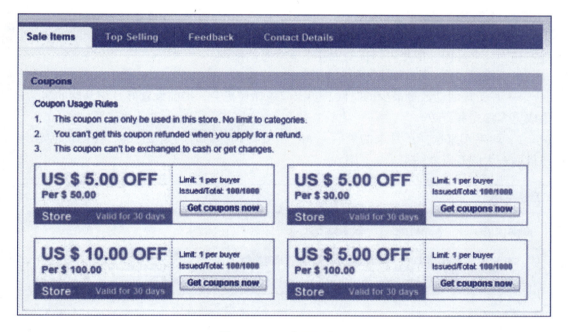

图 6－50　买家页面展示

（5）全店铺折扣。这是全球速卖通推出的店铺自主营销工具。各店铺可以根据不同类目商品的利润率，对全店铺的商品按照商品分组设置不同的促销折扣，吸引更多流量，刺激买家下单，累积客户并提高销量。

全店铺折扣的具体操作：

【Step 1】登录"我的速卖通"→点击"营销中心"→在"店铺活动"中选择"全店铺打折"→点击"创建活动"（见图 6－51）。

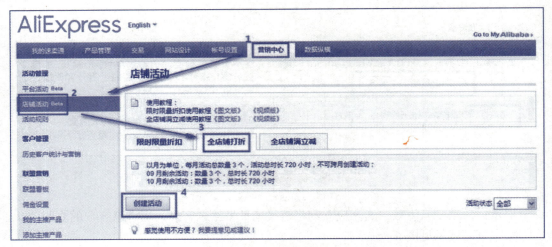

图 6 - 51　全店铺折扣设置

【Step 2】填写活动基本信息。卖家需提前 48 小时创建活动，活动开始和结束时间必须在同一个月内，但是可以提前创建下一个月的活动。

特别提示：

1）月初是活动数量最少的时候，卖家应该抓住机会，提前设置好月初开始的活动，争取更多曝光和订单。

2）如果卖家选择了月末的最后一天，需要再选择的时间是 23：00，否则该活动会在最后一天的 0 点就结束了（见图 6 - 52）。

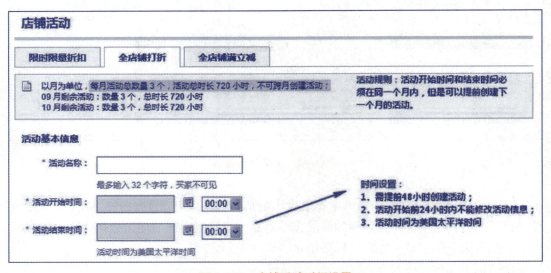

图 6 - 52　店铺活动时间设置

填写促销规则（见图 6 - 53）。

填写示例见图 6 - 54。

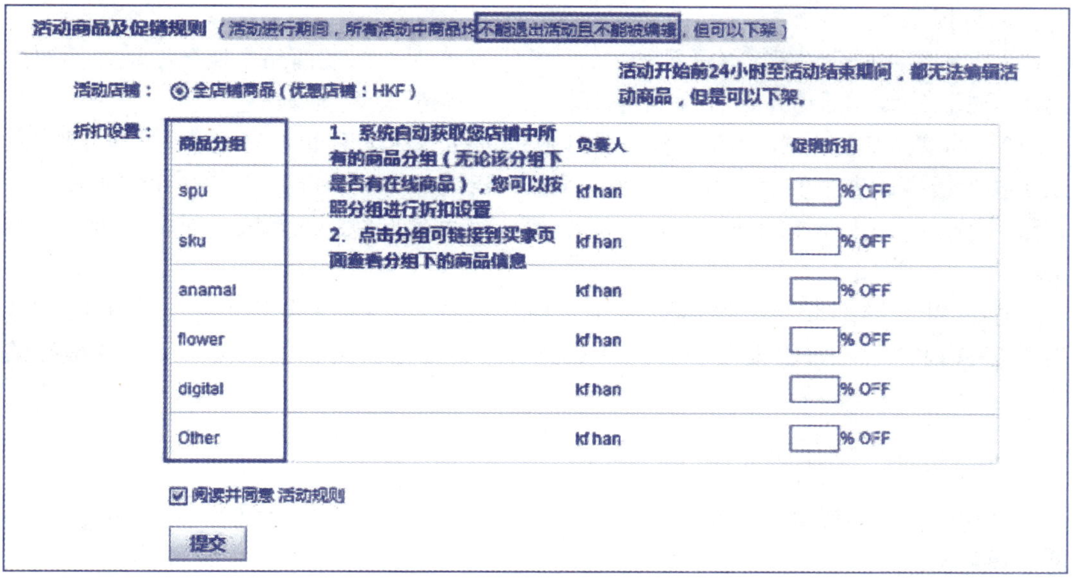

图 6－53 填写促销规则

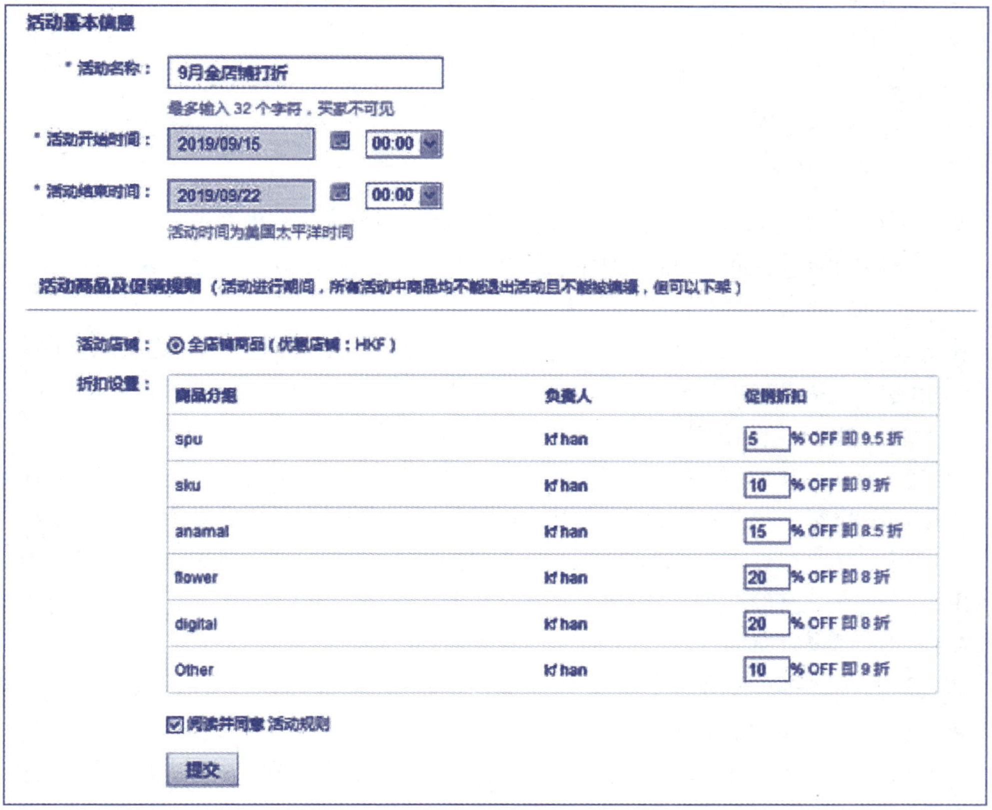

图 6－54 活动基本信息及促销规则填写示例

特别提示：

1）当活动处于"等待展示"和"展示中"状态时，活动商品不能被编辑，折扣信息也不能被修改。活动开始前的 24 小时将处于"等待展示"阶段。

2）当"全店铺打折"活动和"限时限量折扣"活动时间上有重叠时，以限时限量折扣为最高优先级展示。例如：商品 A 在全店铺打折中的折扣是 10% off（即 9 折），在限时限量折扣中是 15% off（即 85 折），则买家页面上展示的是限时限量折扣的 15% off。

通过以上详细介绍，相信卖家对新店铺的推广有了一定的了解。当然还有其他很多营销方法，如联盟营销等，只要卖家认真做好相关工作，就一定会取得好的业绩。

二、常规产品和店铺的推广

新店铺经过一段时间的经营，积累了一定的销量以后，商家的推广方案也应进行一些必要的调整。

（一）推广方案思路

（1）在做好自然流量引入的基础上，继续选择合适的店铺活动方式，增加流量；

（2）采用直通车付费推广方式；

（3）委托专业公司进行推广；

（4）通过社交媒体进行推广。

（二）推广方案搭建

卖家可首先通过选品、优化产品、打造爆款等方法引入自然流量，然后参加免费的店铺活动来增加流量，我们在新店铺推广中已经有了详细说明，在此不再复述。

1. 速卖通直通车推广

速卖通直通车是速卖通平台会员通过自主设置多维度关键词，免费展示产品信息，通过大量曝光产品来吸引潜在买家，并按照点击付费的全新网络推广方式。

速卖通直通车首次使用最少需要充值 500 元人民币，而且一旦充值就不允许退出，也不允许提现。卖家充值之后就可以随时打开直通车，选择需要推广的商品，关键词竞价排名按点击收费。热门的关键词要想排到第一页，每次点击需要卖家支付几元甚至十几元的费用。直通车可以控制每天消耗的金钱数额。例如：设定每天消耗上限为 100 元人民币，那么当天已经花费 100 元人民币后，推广的商品将停止展示，也就不会产生更多的花费。这样可以避免一下子花掉过多的推广费。

速卖通直通车推广的优点在于：直通车是速卖通官方推出的，任何人都可以申请开通直通车，增加产品的曝光展示数量。

速卖通直通车推广的缺点在于：直通车竞价排名竞争激烈，往往需要较高的投入，而且无法保证能够达到与之相对应的推广效果。

2. 委托专业推广公司

（1）速卖通专业推广公司简介。由于速卖通面向国外市场，因此速卖通推广和其他推广的主要区别在于受众不同。速卖通推广公司一般都拥有大量的海外买家资源，能够有针对性地引入海外买家流量，增加商品和店铺的浏览量，买家可以将需要推广的商品加入收藏或购物车、店铺加入收藏等，以提高商品和店铺人气，从而提高商品的搜索排名。

一个速卖通店铺中往往有数百种甚至上千种商品，卖家应该有针对性地选择少量有潜力的商品进行推广，打造一两款爆品。爆品的销量最好在整体销售额的 50% 以上，以起到引流的作用，带动其他商品的销售。

自然搜索点击次数对于网店至关重要，是第一大流量来源。搜索点击与搜索排名密切相关。除了标题吻合度，商品人气是决定排名高低的最重要因素。商品人气取决于商品浏览量（Page View，PV）、商品被加入收藏的次数、商品被加入购物车的次数、商品被购买的次数等。如果可以提高这些指标，商品人气自然会提升，商品的搜索排名也会相应提高。

（2）推广公司的选择。由于速卖通平台的客户群体在国外，这与国内的大部分电商网站不同，因此在选择推广公司时，卖家要注意其是否拥有国外客户群体资源，能否保证海外 IP 的访问。国内比较知名的速卖通推广公司是"爆品推广"，它是国内首家速卖通推广公司，拥有大量海外买家资源，可以引入大量国外流量、国外 IP、国外买家账号。推广公司主要通过增加商品 PV、增加商品收藏数量、增加店铺收藏数量、将商品添加至购物车、将商品信息直接发送至买家站内信等方法，提升商品的人气，从而提高商品的搜索排名，增加曝光量，吸引更多客户的购买。推广公司的推广收费较低，在猪八戒网的爆品推广旗舰店，100 元人民币就可以购买一个套餐。

（3）推广效果。卖家登录速卖通卖家后台"数据纵横"可以看到推广效果，在实时数据中可以看到实时的商品 PV、加收藏次数、加购物车次数，在商品分析、商铺分析中也可以看到相关的数据。大部分的商品在推广后都能够取得较大幅度的搜索排名提升。

3. SNS 推广

（1）国外 Top SNS。利用 SNS（社交网站）进行推广也是一种方法。跨境电商卖家应了解国外买家喜欢上哪些社交网站。

1）Facebook。Facebook 是世界最大的社交网站之一，多年来一直稳居 Alexa 排行榜第二名（2023 年 1 月）。Facebook 仅次于谷歌，是全世界 PV 第二高的网站。

2）Twitter（原中文名为推特，2023 年 7 月更名为 X）。Twitter 是微博客的典型应用。微博作为消息传递最快、最方便的途径之一，一直深受国内外用户的喜爱。国外用户使用最多的微博网站就是 www.twitter.com，每天的访问量很高。

3）VK。www.vk.com 是俄罗斯最大的社交网站，以俄罗斯等国用户为主。主要买家市场在俄罗斯的卖家可以多多关注 VK。

4）Pinterest。Pinterest 是美国以图片分享为主的社交网站。Pinterest 以瀑布流的形式展现图片内容，用户无须翻页，新的图片不断自动加载在页面底端，让用户不断地发现新的图片。用户可以将感兴趣的图片保存在 Pinterest，其他网友既可以关注，也可以转发图片。

（2）SNS 推广方法。由于 SNS 网站的火爆，在各类 SNS 网站上进行推广的商家也不断增加。可是对于国内的跨境电商卖家来说，到国外的 SNS 网站进行推广的难度不小。

第一，访问限制。上述 4 个国外知名的社交网站未开通在我国（港澳台除外）的服务。

第二，语言局限。外贸行业从业者大多有外语基础，但想用完全适宜、得体的外语来宣传自己的商品并非易事。

第三，粉丝少。SNS 推广的关键在于粉丝数量要多，如此卖家发出去的信息才能被更多人看到、被转发、被喜欢、被分享等。而国内的卖家首先很难访问国外的知名 SNS 网站，即便访问成功，也会因为语言文化的差异，难以获得众多的粉丝。

如果能解决上述问题，SNS 将是一个很好的免费推广渠道。然而这往往需要一段很长的时间，尤其是粉丝数量的积累，难以一蹴而就。如果商家硬生生地投放广告，一般都难以获得预期的推广效果。跨境电商卖家也可以将推广业务外包给专业的公司，这些公司一般都有些粉丝众多的"大号"，卖家花不多的钱就可以将自己的商品信息展示给众多 SNS 活跃用户，还会一传十、十传百，吸引站外流量访问自己的店铺。

当然，除了上述方法外，速卖通卖家还可以通过微博、博客、播客、微信、在线论坛等社会化媒体来进行产品和店铺推广。

知识链接

一、产品标题优化的方法

（一）产品标题构成分析

【例 6-5】2023 New Fashion Jacquard A-Line Mini Long Sleeve O-neck Beading Casual Women Evening Dress HT789

2023 年新款提花 A 字迷你裙长袖圆领钉珠休闲款女式晚礼服型号 HT789

该标题列出了产品的年份、材质、裙型、裙长、领型、装饰、风格、型号等信息，其中 Dress 是产品的核心词，是买家搜索的类目，其他都是属性词，表明了产品特定的属性。这是列标题的基本方法。

【例 6-6】2023 New Women Casual Clothes Autumn Winter Sexy Slim Bandage Vestidos Black White Plus Size Hot Sale

2023 年新款女式休闲服秋冬季性感修身绑带裙黑白大码热销

该标题列出了产品的年份、风格、适用季节、款式、名称、颜色、尺码、销售状态等信息。

此标题中，Vestidos（葡萄牙语，意为裙子）品名也称核心词，是卖家针对巴西客户推出的，考虑到巴西客户的语言习惯，采用了目标客户搜索该类目时常用的搜索词。2023、New、Plus Size、Hot Sale 为促销词，巴西女性存在跟随潮流的心理，"大码""热销"能为产品搜索带来流量。Casual Clothes、Autumn Winter、Sexy Slim、Bandage、Black White 为属性词，表明了该产品的各类属性。

此标题充分考虑了目标客户群体的语言、生理、心理等特点。由此可以看出，好的标题应包括以下部分：产品品名或所属类目、产品属性词和能带来流量的词。

（二）标题制作的"三段法"——核心词+属性词+流量词

1. 核心词

核心词是顶级热搜词（该词影响排行，影响点击率）。核心词可以是产品名称、所属类目，甚至某个知名品牌。买家主动搜索时，往往会输入该词。

2. 属性词

属性词表示产品特定的属性（该词影响排行，影响点击率），如颜色、长度、风格、款式、包装、品牌、销售属性（单个或打包等），用以区分该产品与其他产品的不同之处。

3. 流量词

流量词是能给产品带来流量的词。流量词也称长尾词或促销词，如特殊尺码、为节日或特别的群体、特色服务如定制、产品来源如工厂店、全网最低价等。

【例6-7】某卖家于春夏之交发布了一款女童短裙，核心词为"dress"。考虑到产品适用于夏天，因此标题里加入"summer"一词，以增加搜索流量。裙子为棉质（cotton），图案为花朵（floral），细节部分为带蝴蝶结（bow），这些都是产品的属性词。另外，运用促销词"party princess""Free Shipping"引起买家注意。设置标题时，考虑到买家的视觉集中点，核心词前置，设置的标题见图6-55。

图 6 - 55 设置标题

（三）优秀的标题应避免的情况

1. 搜索作弊

（1）标题中含有与实际销售产品不相符的关键词。

【例6-8】某卖家发布一款带钻石的流行发饰（钻石为人造，非真钻），标题设置为"New Bridal Wedding Flower Crystal Diamond Hair Clip Comb Pin Diamond Silver"。标题中出现"Diamond"字眼，与实物不符，误导了买家。因此，该产品的标题部分的"Diamond"应该换成"Rhinestone"，或者用"Simulated Diamond""Synthetic

Diamond""Imitation Diamond"才是正确表达。

（2）关键词堆砌。

【例6-9】某卖家发布一款棉质女式礼服，设置标题为"2023 New Fashion Women Cotton Casual Dress Evening Dresses Cocktail Dresses Party Dresses HT789"。该标题中多次出现"Dress"一词，Casual Dress、Evening Dresses、Cocktail Dresses、Party Dresses是不同类目，这种设置标题的行为属于关键词堆砌，应选择其中一个正确类目，删除多余关键词。

2. 知识产权侵权

【例6-10】某卖家发布一款塑料拼接玩具，设置标题为"Building Blocks Set LEGO Friends 442 Pcs 2 Toy Figures DIY Swimming Pool Brinquedos Bricks Toys for Girls"。标题中出现"LEGO"（乐高，丹麦著名玩具品牌），属于侵权行为，不得发布。如果该产品与"LEGO"正品也能一起使用，在"LEGO"一词前加上"Compatible with"（与乐高产品兼容）字样，则可以发布。

3. "Free Shipping"滥用

【例6-11】某卖家发布一款动漫玩具，运费模板设置为中国邮政小包，对1至5区的国家免运费。标题设置为"Free Shipping Anime Dragon Ball Z Super Saiyan Son Goku PVC Action Figure Collectible Toy 17cm DBFG071"。该行为属于运费作弊，会影响产品搜索排名。只有当产品对所有国家免邮时，才能在标题里设置"Free Shipping"。

（四）产品标题优化的具体方法

1. 关键词的筛选

（1）建立产品关键词库。优化标题前，先建立产品关键词库，尽可能找出所有能描述、修饰该产品的关键词。

（2）能准确描述产品的关键词。从关键词库里筛选出能准确描述该产品的关键词。

（3）通过产品类目点击搜索，参考竞品关键词。使用竞品关键词搜索，再与自身产品进行比较，如果与自身产品较相符，保留竞品标题中的热搜词。

（4）使用搜索栏自动推荐关键词。搜索栏下拉框会自动弹出当期的热搜词或相关产品使用度较高的关键词，以及与搜索词相关的长尾关键词，可供卖家参考。

（5）通过站内工具提供的关键词。平台的"数据纵横"板块提供关键词分析工具，可供卖家参考使用。

（6）使用站外工具。

第一个是Google AdWords。卖家可以注册并登录，制作自己的广告。这里要说的是，其中的"关键字规划师"（见图6-56至图6-58）对操作有非常详细的说明，当卖家填写完信息后，将会出现具体的参数提示，包括搜索量变化趋势、广告组竞争度等。

第二个是eBay的WatchCount.com（见图6-59）。它同样可以用作站外关键词搜索。

第三个是KeywordSpy（见图6-60），同样是站外搜索关键词的有效工具。卖家可以在其中看到关键词的各种数据及付费参考。

图 6－56 关键字规划师 1

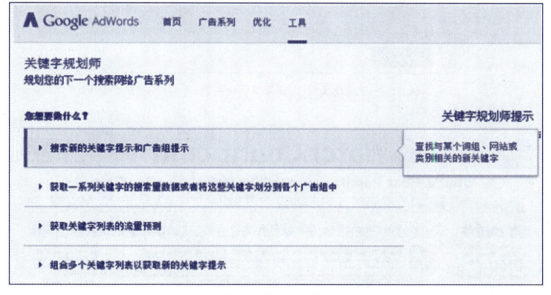

图 6－57 关键字规划师 2

2. 关键词展示的位置

考虑到买家阅读习惯，以及速卖通直通车展示位特点（35 ～ 45 个字符），标题无法完整展示，建议把产品的材质、特点、销售方式、产品名称等关键词靠前展现，物流、运费、服务等放在后面。

图 6 - 58   关键字规划师 3

图 6 - 59   站外关键词搜索工具 WatchCount

图 6 – 60　站外关键词搜索工具 KeywordSpy

3. 促销词的使用

促销词虽然与产品本身并没有紧密的联系，但是这类词却有出其不意的效果。例如："gift for Valentine's day""factory shop""custom""the lowest price""hot sale""best selling"。促销词不仅能补充说明产品的属性、功能，还能触动买家的购物心理，因此，促销词如果使用得当，也是标题优化的重要一环（见图 6 – 61）。

图 6 – 61　促销词设置

二、产品详情页优化的方法

（一）自定义属性填写

因为平台处于不断发展与完善中，保留了自定义属性的部分，所以对于一些平台上未设定的属性，卖家可根据情况编辑。如果该产品的卖点不能通过必填属性来体现，可以通过自定义属性来体现。如果是可填可不填的属性，建议不填，以免买家搜索时难以匹配，反而丧失流量。

（二）优化详情页

1. 图片上杜绝中文

速卖通面对的是全球买家，图片上出现中文，会影响买家读取信息，降低客户的购物体验。因此，卖家应努力将图片上的中文信息转化成英文或目标客户的常用语言。

2. 不要过分修图

尽管视觉效果绝佳的图片能带来更多的点击与购买，但是过分修饰图片，会直接导致客户产生较高的期望值。待客户收到实物，更容易产生失望情绪，轻则给予卖家差评，重则投诉卖家，要求退换货等。对卖家来说，得不偿失。

3. 多角度、全方位地展现产品

买家在电商平台上只能通过视觉来判断产品，触觉体验是没有的。因此，多角度、全方位地展现产品，让买家更多地了解产品，有助于买家下单。

4. 参数、包装方式要详细

产品的参数越详细，越能体现卖家对产品的熟悉程度，买家会自然地觉得卖家"很专业"，可以信赖。包装方式既体现了卖家的经营实力，也反映了卖家对物流的熟悉程度。将打包好的产品图片呈现在买家面前，会让买家产生"已经拿到实物"的感觉，从而刺激买家购买。

三、产品价格优化的方法

（一）厘清产品价格术语

（1）上架价格：卖家在上传产品时所填的价格。

（2）销售价格/折后价：产品在店铺折扣下显示的价格。

（3）成交价格：用户在最终下单后所支付的单位价格。

这几个价格之间的关系如下：

销售价格 ＝ 上架价格 × 折扣率

成交价格 ＝ 销售价格 － 营销推广成本

（二）产品价格构成分析

一般来说，产品价格包括以下几个部分：

（1）产品成本。产品成本既包括产品的进货价格，也包括国内物流费用。卖家选择不同的进货渠道和物流，产品成本差异会很大。

（2）产品包装费用。有的产品可直接使用国内物流的包装，有的则需要另外包装。

不同的包装方式产生的包装费用也不相同。如寄送一件衬衣，可以使用纸盒，也可以使用牛皮纸袋，在选择同一种物流方式的情况下，使用牛皮纸袋的话，成本会更低。

（3）国际物流费用。包装不仅决定了产品自身的包装费用，也决定了产品最终的重量，进而决定了国际物流费用。

（4）理想利润。这是卖家经营的目标，是可以根据营销战略目标调整的部分。

（5）平台手续费。这取决于平台的规定，卖家没有选择的权利。

由此可见，除了平台手续费，其他部分都是卖家通过努力可以改变的。如果卖家想要在平台上获得有竞争力的价格，只能压缩进货成本，优化包装方式，降低利润。

（三）产品价格设置应避免的问题

1. 粗心误操作

（1）销售方式选填失误。一些商家会将 Lot 和 Piece 搞混。有的卖家在产品包装信息的销售方式一栏选择的是"打包出售"，填写产品价格的时候，误把 Lot 当成 Piece，填的是 1 件产品的单价。结果，买家看到的实际产品单价也就严重缩水了。

（2）"off"一词误用。国内折扣，如 7 折，指的是原价 100 元人民币的商品，现卖70 元人民币。卖家在设置产品折扣时，需要转换思维，平台上"off"表示折扣减免的部分。如果卖家想对产品打 7 折，"off"一词前应设置为 30%，而不是 70%，否则就是给产品打了 3 折，一旦发布，有了订单，卖家将自行承担损失。

2. 价格设置过低，没能保留促销能力

平台活动时，打折力度很大，会有一定的折扣要求。如平台大促时，折扣不得低于5% off，联盟折扣不得低于 3% off。而参加这些活动前，不得先提价再打折。所以卖家平时在设置产品价格时，不要过低，要预留一定的打折余地。

90 天售卖均价，即商品在参加活动前 90 天的售卖价格均值。售卖价格，当商品有促销时，按照其促销价格计算；当商品无促销时，按照其挂牌销售价格计算。90 天售卖均价区分为全站 90 天售卖均价和手机专享 90 天售卖均价。全站 90 天售卖均价不包含手机专享售卖均价。促销价格只计算商品在店铺自身的促销价格，不会将参加了平台普通活动、团购、秒杀等活动的促销价格计算在内。

"四不算与一无关"：优惠券不算、满立减不算、改价格不算、平台活动不算、与产品销量无关（只跟打折天数有关）。

90 天售卖均价的计算方法举例如下。

【例 6-12】（一般情况）假设商品 A 原价 US \$100，off 30% 的天数有 20 天，off 15% 的天数有 15 天，其他的时候未打折。那么其 90 天售卖均价是多少？

$$\frac{100\times70\%\times20+100\times85\%\times15+100\times100\%\times（90-20-15）}{90}=90.83（美元）$$

【例 6-13】（新品）假设商品 A 原价 US \$100 且刚上架一周，off 30% 的天数有 4天，off 15% 的天数有 2 天，其他的时候未打折。那么其 90 天售卖均价是多少？

$$\frac{100\times70\%\times4+100\times85\%\times2+100\times100\%\times（7-4-2）}{7}=78.57（美元）$$

根据"90天售卖均价"规则，卖家参加平台活动时，价格设置如果高于90天售卖均价，那么打折活动不成功，等同于没有参加促销活动，对于众多卖家来说会丧失许多机会。而肆意提价，平台又会对店铺进行降权处理。这时，卖家可以将产品恢复原价一段时间，待"90天售卖均价"提高到理想的价格水平时，再做折扣活动。

四、店铺优化的方法

（一）充分利用橱窗位

速卖通每个月会根据卖家等级给用户赠送一定量的橱窗位，卖家在橱窗位上架产品后，橱窗位会在速卖通相关页面进行展示，从而达到产品曝光的目的。此外，上架橱窗位的商品在速卖通搜索页面中也会得到一定的排名靠前。

目前平台经过调整后，卖家根据服务等级，可获得的奖励橱窗数和展示有效期见表6-1。

表6-1　卖家可获得的奖励橱窗数和展示有效期

服务等级	奖励橱窗数	展示有效期
优秀	3个	7天
良好	1个	7天
及格	无	
不及格	无	

卖家在使用一段时间橱窗位之后，应该对橱窗位商品进行数据分析，保留曝光率高、转换率高的商品，剔除曝光率低、跳失率高的商品，并换成其他的商品进行橱窗位展示。橱窗位展示是一个动态的过程，卖家应不断地优化该项资源，使之得以充分利用。

（二）重视卖家服务等级

卖家服务等级每月末评定一次，下月3日前在后台更新，根据上月服务分均值计算得出。根据考核结果将卖家划分为优秀、良好、及格和不及格卖家（见表6-2），不同等级的卖家将获得不同的平台资源。卖家可以在服务分页面底部查看当月服务分均值，预估上月服务分均值。

表6-2　卖家服务等级考核标准

	不及格	及格	良好	优秀
定义描述	上月每日服务分均值小于60分	上月每日服务分均值大于等于60分且小于80分	上月每日服务分均值大于等于80分且小于90分	上月每日服务分均值大于等于90分
橱窗推荐数	无	无	1个	3个
平台活动权利	不允许参加	正常参加	正常参加	优先参加

续表

	不及格	及格	良好	优秀
直通车权益	无特权	无特权	开户金额返利15%，充值金额返利5%（需至直通车后台报名）	开户金额返利20%，充值金额返利10%（需至直通车后台报名）
营销邮件数据量	0	500	1 000	2 000

（三）降低买家不良体验订单率

买家不良体验订单是指考核期内满足以下任一条件的订单：买家给予中差评、DSR中低分（商品描述≤3星或卖家沟通≤3星或物流服务=1星）、成交不卖、仲裁提起订单、卖家5天不回应纠纷导致纠纷结束的订单。

考核期为90天，每月最后一天考核过去90天的订单情况。买家不良体验指标详解见表6-3。

表6-3　买家不良体验指标详解

买家不良体验	指标详解
成交不卖	买家对订单付款后卖家逾期未发货或由于卖家原因导致付款订单未发货的行为
仲裁提起	买卖双方对于买家提起的纠纷处理无法达成一致，最终提交至速卖通进行裁决的行为
5天不回应纠纷	买家提起或修改纠纷后，卖家在5天之内未对纠纷订单作出回应导致纠纷结束的行为
中差评	在订单交易结束后，买家对卖家该笔订单总评给予的3星及以下的评价
DSR商品描述中低分	在订单交易结束后，买家匿名给予分项评价——商品描述的准确性（Item as described）3星及以下的评价
DSR卖家沟通中低分	在订单交易结束后，买家匿名给予分项评价——沟通质量及回应速度（Communication）3星及以下的评价
DSR物流服务1分	在订单交易结束后，买家匿名给予分项评价——物品运送时间合理性（Shipping speed）1星评价

备注：

1. 如果一个订单同时满足2个及以上的不良体验描述，只计一次，不会重复计算。

2. 如果一个订单在考核期内只有评价产生了不良体验，且属于评价不计分的订单，则不会计入ODR的计算中。

考核订单是指以下任一时间点发生在考核期内的订单：卖家发货超时时间、买家选择卖家原因并成功取消订单的时间、卖家完成发货时间、买家确认收货或确认收货超时时间、买家提起/修改纠纷时间、仲裁提起/结束时间、评价生效/超时时间。

例如：10月展示的服务等级，考核期为7月3日至9月30日。如果卖家账户里有2笔评价生效的订单，评价生效时间分别是7月1日和8月5日，那么7月1日生效的订单不会计入考核订单中，8 月 5 日生效的订单由于在考核期 7 月 3 日至 9 月 30 日，因此会计入考核订单中。

五、速卖通平台营销规则

为了促进卖家成长，增加更多的交易机会，在平台定期或不定期组织卖家的促销活动以及卖家自主进行的促销活动中，卖家应当遵守如下规则：

第一条 卖家在速卖通平台的交易情况需满足以下条件，才有权申请加入平台组织的促销活动：

（1）有交易记录的卖家及商品，需满足如下条件：

1）店铺好评率 ≥ 92%；

2）店铺里商品的 DSR 描述分 ≥ 4.5；

3）速卖通平台对特定促销活动设定的其他条件。

备注：上述的店铺"好评率"及商品的 DSR 描述分非固定值，不同类目、特定活动或遇到不可抗力事件影响，会适当调整。

（2）无交易记录的卖家：由速卖通平台根据实际活动需求和商品特征制定具体的卖家准入标准。

第二条 卖家在促销活动中，应该遵守国家法律、法规、政策及速卖通规则，不得发生涉嫌损害消费者、速卖通及任何第三方正当权益，或从事任何涉嫌违反相关法律法规的行为，无法参与平台营销活动，类型包含但不仅限于：

（1）知识产权严重侵权 2 次及以上；

（2）知识产权单独违规 18 分及以上；

（3）禁限售单独违规 18 分及以上；

（4）交易违规合计扣分 24 分及以上。

第三条 卖家在促销活动中发生违规行为的，速卖通平台有权根据违规情节，禁止或限制卖家参加平台各类活动，情节严重的，速卖通平台有权对卖家账号进行冻结、关闭或采取其他限制措施。具体规定见表 6-4。

第四条 卖家在促销活动中的行为如果违反本规则其他规定或其他网站规则，会根据相应规则进行处罚。

第五条 全球速卖通保留变更促销活动规则并根据具体促销活动发布单行规则的权利。

第六条 卖家因为一些不可抗力的因素（如地震、洪水）等导致无法参加促销活动，若情况属实，平台会根据情况特殊处理。

第七条 团购活动规则在遵循促销活动规则基础上，同步需要遵循团购规则。

表 6-4　速卖通平台违规处罚

违规行为	违规行为定义	违规处罚
出售侵权商品	是指促销活动中，卖家出售假冒商品、盗版商品等违反规定的产品或其他侵权产品	取消当前活动参与权；根据速卖通相应规则进行处罚

续表

违规行为	违规行为定义	违规处罚
违反促销承诺	是指卖家商品从参加报名活动开始到活动结束之前，要求退出促销活动，或者要求降低促销库存量、提高折扣、提高商品和物流价格、修改商品描述等行为	取消当前活动参与权，根据情节严重程度确定禁止参加促销活动3～9个月；根据速卖通相应规则进行处罚
提价销售	是指在买家下单后，卖家未经买家许可，单方面提高商品和物流价格的行为	取消当前活动参与权，根据情节严重程度确定禁止参加促销活动3～9个月；根据速卖通相应规则进行处罚
成交不卖	是指在买家下单后，卖家拒绝发货的行为	根据情节严重程度的情况，禁止参加促销活动6个月
强制搭售	是指卖家在促销活动中，单方面强制要求买家买下其他商品或服务，方可购本促销商品的行为	禁止参加促销活动12个月；根据速卖通相应规则进行处罚
不正当谋利	是指卖家采用不正当手段谋取利益的行为，包括：（1）向速卖通工作人员及/或其关联人士提供财物、消费、款待或商业机会等；（2）会员通过其他手段向速卖通工作人员谋取不正当利益的行为	根据不正当谋利的规则执行处罚，关闭商家店铺

能力训练

一、选择题

1. ［多选］速卖通平台完整的标题应该包括（　　　）。
   A. 核心词　　　　　　　　B. 属性词　　　　　　　　C. 流量词　　　　　　　　D. 品牌词
2. ［多选］以下属于属性词的有（　　　）。
   A. 100% cotton　　　　　B. new arrival　　　　　C. hot sale　　　　　　D. sleeveless
3. ［多选］产品描述从不同角度，可以划分为（　　　）。
   A. 商品展示类　　　　B. 实力展示类　　　　C. 吸引购买类　　　　D. 交易说明类
   E. 促销说明类
4. ［单选］通过展示买家评价、热销盛况刺激买家购买，属于（　　　）。
   A. 商品展示类　　　　B. 实力展示类　　　　C. 吸引购买类　　　　D. 交易说明类
   E. 促销说明类

二、判断题

1. 产品的核心词指的是表明产品所属类目的词。（　　　）
2. 考虑到买家阅读习惯，标题中的关键词应该前置。（　　　）
3. 填写产品属性时，越详细越好。（　　　）

4. 上架价格 = 销售价格 × 折扣率。（　　　）

5. 产品图片对美工要求很高，修饰得越漂亮越好。（　　　）

三、能力拓展

【工作任务1】在速卖通平台任选一款产品，对其标题描述进行优化，并用PPT展示汇报。

【工作任务2】在速卖通平台任选一款产品，对其详细描述进行优化，并用PPT展示汇报。

【工作任务3】在速卖通平台任选一款产品，对其价格进行优化，并用PPT展示汇报。

【工作任务4】在速卖通平台任选一款产品，对其店铺进行优化，并用PPT展示汇报。

【工作任务5】在速卖通平台任选一款产品，对其制定营销方案，对产品和店铺进行推广，并用PPT展示汇报。

个性化成长记录表

序号	评价内容	学生成长记录	评价方式	评价主体	备注
1	微课学习（5%）		平台考试测验	平台	
2	课前测试（5%）		平台考试测验	平台	
3	课中测试（5%）		平台考试测验	平台	
4	仿真实训（5%）		平台系统评分	平台	
5	课后作业（5%）		平台考试测验	平台	
6	学习活跃度（3%）		平台系统评分	平台	
7	资源贡献度（2%）		平台系统评分	平台	
8	技能操作完整度（10%）		操作成果评分 实战成果评分	教师	
9	技能操作规范度（10%）		操作成果评分 实战成果评分	教师	
10	成果展示（10%）		操作成果评分 实战成果评分	教师	
11	方案制定（5%）		能力评估表	自评/互评	可选
12	技能操作完整度（5%）		能力评估表	自评/互评	
13	技能操作规范度（5%）		能力评估表	自评/互评	
14	成果展示（5%）		能力评估表	自评/互评	
15	店铺运营模拟实战（20%）		绩效考核评分 满意度调查表	企业	
16	1+X 考证		考试通过率	评价组织	增值评价，可选，一般放年度考核
17	技能大赛		获奖等级	技能大赛组委会	增值评价，可选，一般放年度考核

备注：各部分权重占比可根据单元实际情况调整。

个性化成长记录表

订单处理操作

微课资源

◉ 学习目标

知识目标

1. 熟悉常见英文函电的交流词汇、短语（咨询、还价、产品描述、物流选择等）。
2. 掌握跨境电商的物流选择、产品的包装和发货操作流程。
3. 熟悉全球速卖通平台的发货规则。
4. 了解世界各国对进口产品征收关税的标准。
5. 了解海关对跨境电商产品的法规、政策和单据要求。
6. 了解其他第三方跨境电商平台的发货规则。
7. 了解我国对于跨境电商新出台的相关规定及政策。

能力目标

1. 能正确回复跨境电商平台客户的询盘、还价等邮件。
2. 能及时处理国外客户的订单。
3. 能正确选择合适的跨境物流方式并及时发货。
4. 能掌握中国邮政小包和 e 邮宝等基本物流面单的打印操作流程。
5. 能掌握不同国家的报关流程及要求。
6. 能掌握不同产品的国家进出口报检要求。

◑ 素养目标

1. 培育和践行社会主义核心价值观。
2. 培养互联网思维和大数据思维。
3. 强化数字素养，提升数字技能。
4. 培养团队合作、与人沟通能力，育成才匠心。

🌐 工作项目

浙江金远电子商务有限公司的跨境电商运营专员陈倩的店铺因为最近表现优异得到了经理的表扬，经过前期对产品和店铺的优化及推广，产品的访客数等关键指标得到了大幅提升，店内的订单量也不断增加。陈倩马上要着手处理的工作任务是：

❯ 工作任务 1：处理客户的询盘函

回复站内信中客户关于鞋子尺码的询盘函。陈倩在后台站内信中看到了客户的询盘函（见图 7-1），客户提供了自己脚的长度，询问应该穿哪个尺码的鞋子。

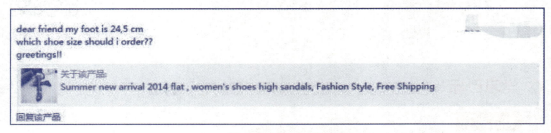

图 7-1　客户站内信询问鞋子的尺码

❯ 工作任务 2：接受订单，拟写感谢函

作为跨境电商的卖家，陈倩每天都要登录后台打理店铺，查看店铺每天的交易订单，如新订单、待付款订单、待评价订单等，最重要的是待发货的新订单。陈倩在后台看到一个新订单（见图 7-2），她需要检查订单的资金审核状态。若审核成功，她要给客户写感谢信并准备发货。

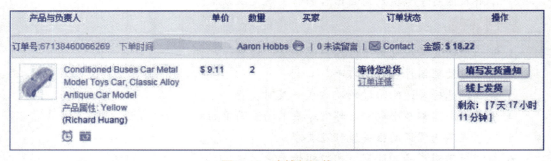

图 7-2　店铺新订单

❯ 工作任务 3：选择合适的跨境物流方式并及时发货

要想顺利地完成一笔交易，可靠而快捷的国际物流环节是必不可少的。跨境物流方式有很多不同的选择，有各种国际商业快递、中国邮政大小包、e 邮宝、各种线上的物流商等。卖家在面对不同的产品订单时，要综合考虑运费、安全度、运送速度以及买家的实际需要等因素，选择合适的跨境物流方式。

陈倩在后台收到一个新订单，一位乌克兰的客户买了两件亲子装并且已经付款，两件亲子装的重量在 500g，交易订单见图 7-3。那么，陈倩应该如何根据订单的国家选择合适的跨境物流方式呢？

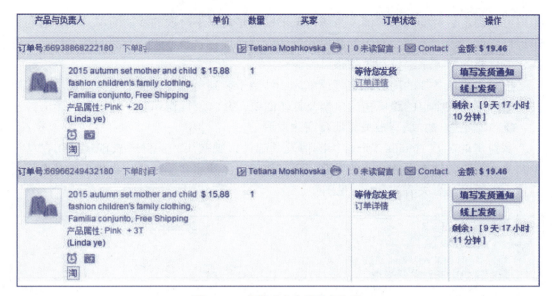

图 7-3　店铺到乌克兰的新订单

● **工作任务 4：对货物进行合适的包装并打包**

　　跨境电商平台销售的产品类目繁多，有服饰、数码产品、玩具、五金产品等，不同产品对应的包装也是不一样的。例如：服装类产品的包装比较简单，一般的快递袋都可以包装；但五金产品、数码产品等容易在长途运输中压坏，易碎的货物就需要在包装外面包几层气泡垫，以防产品的损坏。

　　陈倩的速卖通店铺有客户订了 1 个不锈钢纸巾盒（见图 7-4），需运到巴西，陈倩需对产品进行合适的包装并打包。由于纸巾盒是不锈钢材质的，在运送到巴西的长途运输过程中容易被压坏，因此要特别注意选用合适的包装。

图 7-4　不锈钢纸巾盒

● **工作任务 5：填写并打印跨境物流单据**

　　跨境卖家可以注册全球交易助手（一款针对外贸平台打造的线下管理软件），一个账户可以绑定后台的两家店铺。跨境物流单据就是卖家平时说的货物面单，用普通的打印机打印就可以，上面会有国外客户的具体收货地址、联系方式、产品的基本信息、价格、最重要的物流跟踪号和跟踪条形码。

按照工作任务 3 的内容，这笔订单为 2 件亲子装到乌克兰，接下来陈倩要填写该笔订单的中国邮政小包的跨境物流单据及打印面单，并注意货物和客户的信息不能出错。

❯ 工作任务 6：填写报关凭证及商业发票

乌拉圭的客户 Natalia Torres 给陈倩发了邮件，她购买的一件泳衣现在被扣在乌拉圭海关，需要陈倩提供该产品的发票，内容包括产品的品名、价值、收货人等基本报关信息，以便她去海关清关拿货（见图 7-5）。

Natalia	
Torres	Dear Linda Ye
	Hi how are you doing.
	Linda I need a favour from you.
	The Uruguayan Customs kept the good.
	So I need you to make me an Invoice saying the quantity, the description and the Amount that I pay for this beatiful swimsuit.
	Please put the name of the GERARDO SOUZA in the Invoice since he is the reciever.
	Could you please help me!
	I really want my purchase.
	Thanks in advance.
	Kind regars and happy new year!
	Natalia

图 7-5　客户需要卖家提供发票的邮件

❯ 工作任务 7：食品类目产品的报检准备工作

速卖通平台现在经营的类目有很多，包括服装、电子、家居、五金、食品等类目，但是平台对于食品类产品的规定比较严格，食品类目下面的七个子类包括咖啡、干果、干货/土特产、谷物制品、枸杞、坚果、茶叶。

陈倩还负责一个食品类速卖通店铺，有位冰岛的客户在店铺拍了袋"大白兔奶糖"，陈倩应该做哪些方面的报检相关工作？

 **操作示范**

工作任务 1　处理客户的询盘函

在跨境电商平台上销售鞋子、衣服等不同尺码的产品时要特别注意尺码的对照表。例如：客户询问鞋子尺码的问题，由于国外的鞋子尺码和国内的标准是不一样的，而且有些国家客户的脚长等测量标准是用英寸的，而中国使用的是厘米，因此，店铺在销售这些对于尺码有要求的产品时，在发布产品的详情页里要设置好详细的尺码对照表。

【Step 1】翻译客户的询盘函。

翻译内容如下：

你好，朋友，我的脚长是 24.5cm，那么请问我应该拍哪个尺码的鞋子？谢谢！

【Step 2】上网查找或者根据店铺里产品详情页设置的尺码对照表，判断出脚长 24.5cm 应该穿多大尺码的鞋子。

一般而言，跨境电商平台店铺中都有完整的鞋子尺码对照表（见图 7-6），卖家要仔细对比，有时候如果不确定，还要和客户进行再次的沟通。因为在跨境电商平台上销售鞋子是比较麻烦的过程，客户不能亲自试穿，而且不同款式鞋子会有偏大偏小的问题，如果卖家销售的鞋子有不同款式，要如实向客户说明，以在发货前就和客户确认正确的尺码。

WOMEN SHOES SIZE											FOR WOMEN
Foot Length (cm)	22.5	23	23.5	24	24.5	25	25.5	26	26.5	27	27.5
EUR SIZE	35	36	37	38	39	40	41	42	43	44	45
US SIZE	4	5	6	7	8	9	10	11	12	13	14

1. Please leave a message about your EUR SIZE when you put your order
2. The size you select is USA SIZE when you make order, NOT UK SIZE
3. Add our store to your favorites and be our VIP and enjoy more discount

Top Round　calf height　width　Length　ankle round　heels height

图 7-6　鞋子的尺码对照表

根据上面的尺码对照表和客户提供的 24.5cm 的脚长，可以找到对应的中国尺码是 39 码，对应的美国尺码是 8 码，接下来陈倩就可以给客户回复相应的邮件了。

【Step 3】给客户回邮件，告诉客户可以选择美版 8 码的鞋子。

Dear × ×，

Thanks for your inquiry. Based on your foot length 24.5cm，you can choose the US size 8. After receiving your order，we will arrange the shipment to you as soon as possible.

If you have any question，please contact with us.

Thanks and Best Regards.

【Step 4】站内信回复 2～3 天后再次发送邮件联系客户。

站内信回复客户之后，要关注下这个客户的邮件或者订单情况，如果客户下了订单那就可以准备发货了。但是如果站内信回复 2～3 天后客户没有反应，那么客服人员就需要及时给客户再写一封站内信，询问是否需要其他的咨询服务。

Dear × ×，

Did you receive the e-mail several days ago? How about the size 8 recommended for you? You can place an order then we will send the product to you as soon as possible. If you have any question，please come back to us.

Thanks and Best Regards.

工作任务2　接受订单，拟写感谢函

　　陈倩接到一笔新的订单（见图7-7），一位美国客户拍了2辆玩具小汽车，已经付款成功。卖家要确认订单的资金审核状态，订单资金在24小时通过审核后，订单就会显示为"待发货订单"。

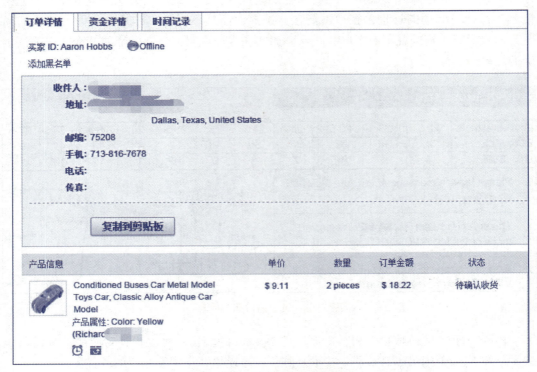

图7-7　美国客户的新订单

　　【**Step 1**】点击后台的新订单，查看订单的资金审核状态。

　　订单的资金审核状态一般分三种：第一种状态是"客户已完成付款订单"，这种状态的订单就可以直接备货、发货、发信给客户；第二种状态是"资金审核中"，这种状态的订单卖家需在24小时资金通过审核后再确认发货，因为会有部分客户因存在盗卡风险或者支付问题等未通过审核；第三种状态是"客户未付款订单"。如果是第三种状态，卖家可以发下面的一封邮件给客户，委婉提醒其付款。

Dear××,

　　We have got your order，but it seems that the order is still unpaid. If there's anything we can help with the price，size，please feel free to contact with us. After the payment is confirmed，we will process the order and ship it out soon. Sooner payment will help you get the product earlier.

　　Thanks.

　　【**Step 2**】检查库存。

　　卖家应根据客户的新订单检查库存量，如果库存没有货了，卖家就要同时下国内订单补充货源或买货。例如：现在很多速卖通卖家都没有自己的库存，店铺中销售的很多产品都是从国内淘宝或者 1688 批发网站拿的货源，所以卖家要定期查看代销店铺的产品实时状况，以避免国外客户下订单后没货的情况发生。

【Step 3】写感谢信给客户。

Dear × × ，

Thanks for your order. The order number is × × × × ×.

We are now preparing the shipment for you. We will ship out the products in 2-3 working days by China Post Air Mail to you. We will keep you noted by the shipping tracking number sooner.

Keep in contact.

Thanks and Best Regards.

【Step 4】发货后发信给客户告知已经发货和物流查询的单号。

Dear × × ，

The item × × × you ordered has already been shipped out by China Post Air Mail. The tracking number is RJ22527898245CN.We will also keep you noted of the shipping status. We hope you will get it soon. If you have any question，please contact with us.

Thanks and Best Regards.

工作任务 3　选择合适的跨境物流方式并及时发货

【Step 1】确认订单的具体内容、国家，计算不同物流的不同运费。

假定这笔订单的客户来自乌克兰，现在从中国到乌克兰的跨境物流方式有好几种，如中国邮政挂号小包、e 邮宝、线上发货及其他的商业快递。陈倩要做的是综合考虑几种物流方式的运费和时间，选择出最适合这笔订单的跨境物流方式。

（1）中国邮政挂号小包到乌克兰的运费见表 7 - 1。这笔订单的运费 =50 × 0.5+19=44 元。所以这笔订单如果发中国邮政挂号小包的话，运费在 44 元左右。

表 7 - 1　中国邮政挂号小包价目表

国家列表			0～150g（含150g）		150～300g（含300g）		300～2 000g	
			正向配送费（根据包裹重量按克计费元/千克）	挂号服务费	正向配送费（根据包裹重量按克计费元/千克）	挂号服务费	正向配送费（根据包裹重量按克计费元/千克）	挂号服务费
			元（RMB）/kg	元（RMB）/单	元（RMB）/kg	元（RMB）/单	元（RMB）/kg	元（RMB）/单
俄罗斯	Russian Federation	RU	58.00	24.00	58.00	23.00	53.50	23.00
乌克兰	Ukraine	UA	54.00	18.30	53.00	18.30	50.00	19.00

续表

国家列表			0～150g（含150g）		150～300g（含300g）		300～2 000g	
			正向配送费（根据包裹重量按克计费元/千克）	挂号服务费	正向配送费（根据包裹重量按克计费元/千克）	挂号服务费	正向配送费（根据包裹重量按克计费元/千克）	挂号服务费
			元（RMB）/kg	元（RMB）/单	元（RMB）/kg	元（RMB）/单	元（RMB）/kg	元（RMB）/单
法国	France	FR	67.00	13.00	49.23	15.37	49.23	15.37
英国	United Kingdom	UK	51.00	17.50	51.00	17.50	50.00	17.50
澳大利亚	Australia	AU	63.00	16.50	58.00	16.50	55.00	16.00
德国	Germany	DE	58.00	15.80	52.00	16.00	49.00	16.50
以色列	Israel	IL	59.00	18.50	59.00	18.50	57.50	19.00
瑞典	Sweden	SE	55.00	27.00	54.00	27.00	53.00	27.00
西班牙	Spain	ES	53.00	20.00	53.00	20.00	53.00	20.00

（2）e邮宝到乌克兰的运费见表 7-2。e邮宝到乌克兰的资费标准是：8 元 +75 元 /kg。如果亲子装发 e 邮宝的话，运费 =75×0.5+8=45.5 元。

表 7-2　e 邮宝价目表

国家列表			起重/克	重量资费元（RMB）/kg每 1g 计重，限重 2kg	操作处理费元（RMB）/包裹
United States	US	美国	50	64	15
Russian Federation	RU	俄罗斯	1	55	17
Ukraine	UA	乌克兰	10	75	8
Canada	CA	加拿大	1	65	19
United Kingdom	UK	英国	1	65	17
France	FR	法国	1	60	19
Australia	AU	澳大利亚	1	60	19
Israel	IL	以色列	1	60	17
Norway	NO	挪威	1	65	19
Saudi Arabia	SA	沙特阿拉伯	1	50	26

（3）如果发商业快递的话，以商业快递 DHL 为例来计算运费。DHL 的运费比较贵，一般走小货的价格都在两三百元人民币，不划算。

在综合考虑价格的基础上，陈倩最终发中国邮政挂号小包到乌克兰。

【Step 2】在选择了中国邮政挂号小包之后，接下来就是在后台填写发货通知。

卖家可以直接到邮局邮寄国内邮政小包，或者让各地邮局下属的不同货代发货，区别在于每个发货点给的折扣和时效会不一样。例如：这笔订单从邮局或者货代发货后获得的邮政小包物流跟踪号是 RJ225238595CN。在后台的"填写发货通知"里面，填入小包单号，填的时候请确认物流服务名称是 China Post Registered Air Mail，下面的发货状态选择"全部发货"（见图 7 - 8）。

订单号: 67001416684250

状态: **等待您发货**

提醒: 您仍有 🕐 **9天 9小时 42分钟 45秒** 可以对本订单发货，如果逾期未发货，订单将会自动关闭，款项将会退回。

填写发货通知　　**线上发货**

了解发货知识 | 了解线上发货详情

1.请您务必在发货后及时填写发货通知，以避免因逾期未发货导致订单自动关闭，款项退回。

2.若您无法在发货期内将货物全部发出，您可以在发货期结束前与买家协商，要求买家延长发货期。

填写发货通知　　　　　　　　　　　　　　　　　　　　使用第三方工具发货管理

关联的交易订单:

67001416684250

＊物流服务名称:

China Post Registered Ai　▼

＊货运跟踪号:

RJ225238595CN

提示: **使用航空大小包时务必挂号。** 虚假运单号属平台严重违规行为。在第一次填写完发货通知后的5天内有2次修改机会。

备注:

＊发货状态:

◉全部发货 ◯部分发货

需要分批发货请选择"部分发货"，最后一批发送时选择"全部发货"。提示: 请在备货期内全部发货，否则订单会被关闭并全额退款。

提交　　**取消**

图 7 - 8　填写发货通知

备注：后台的物流单号填写提交后，在 5 天之内可以修改单号，而且每个订单可以有两次修改机会。如果卖家发货的物流方式和买家下订单时选择的物流方式不一致，最好在发货时给客户写封站内信告知对方，以避免后期的纠纷。如果超过了 5 天的修改期，后期物流有新的变动，卖家应该通过站内信和邮件的方式一并告知客户新的物流跟踪号，并且要重点跟踪。

【Step 3】给客户发站内信告知该订单已经发货。

填写了发货通知后，平台会自动提醒客户该订单卖家已经发货，卖家从服务角度出发也应该给客户主动发一封站内信，告知客户已经发货以及后期可以在哪里跟踪订单的物流状态。

Dear ××，

Thanks for your order. We have shipped out the product to you by China Post Registered Air Mail. The tracking number is RJ225238595CN. You can check the logistics in www.17track.net in 2-3 working days later. We will also keep you noted of the shipping status.

Thanks and Best Regards.

邮件里面提到的 www.17track.net 这个物流跟踪网的时效性是最快的，卖家可以定期把待确认收货的物流单号都在这个网站里面统一搜索，同时把每笔订单的最新物流状态截图发给客户，能够让客户第一时间了解包裹的物流信息。

工作任务4　对货物进行合适的包装并打包

不锈钢纸巾盒在跨境运输中容易出现的是挤压、磕碰等问题。为了让客户能够收到满意的货物，卖家在对该品类产品的包装方面要特别注意。

【Step 1】确认自己的货物不会违反运输规定。

包装产品前，卖家应该和邮政速递或者货代确认运输的物品不会违反跨境物流及货代公司的规定，因为部分货物在运输中是不安全的，如液体、烟花等。如果货物体积太大或是包装材料特殊，卖家可能需要支付额外的费用。该订单的纸巾盒属于五金卫浴类目，只要包装得当，就不会出现问题。

【Step 2】适当、安全地包装。

建议使用一个全新坚固的箱子，并使用缓冲材料，如气泡膜（见图7-9），把空隙填满，但不要让箱子鼓起来。如果使用的是旧箱子，要把以前的标签移除，并且需要确保其足够坚固。气泡膜由于中间层充满空气，因此重量轻，富有弹性，具有隔音、

图7-9　货物包装外面的气泡膜

防震、防磨损的性能。此产品可替代泡沫塑胶颗粒填充物之类的防护用品，是电子产品、化妆品、音像制品等的防护包装首选。

【Step 3】封装。

卖家应用宽大（至少 6cm 宽）的胶带（封箱带）来封装，不要用玻璃胶；再使用十字交叉的方法拉紧封箱带。借助薄膜超强的缠绕力和回缩性，将产品紧凑地、固定地捆扎成一个单元，使零散小件成为一个整体，即使在不利的环境下产品也无任何松散与分离，而且没有尖锐的边缘和黏性，以免造成损伤。

【Step 4】贴物流面单。

用剪刀把物流面单按打印的边缘小心剪下，然后用透明胶带将面单平整地贴在外包装的表面（见图 7-10），尤其要注意面单上的物流条形码不能有皱褶，以便过海关时顺利通过扫描，卖家能跟踪到全面的物流信息。跨境贸易中的物流面单和国内的快递面单不一样，不能使用不干胶的打印纸，只能用透明胶带全部贴好，这是为了防止在国际运输中淋湿等情况下面单受到破坏。

图 7-10　用透明胶带贴盖物流面单

工作任务 5　填写并打印跨境物流单据

一、通过全球交易助手填写并打印跨境物流单据

陈倩的这笔订单是通过邮政小包发往乌克兰的。现在使用得较多的针对全球速卖通及其他外贸平台的线下管理软件是全球交易助手。全球交易助手目前支持全球速卖通、eBay 等跨境电商平台，涵盖产品发布、导出、订单管理、订单导出、图库管理，支持后台的多账号管理。

【Step 1】下载全球交易助手并注册账号。

注册账号之后在 1 个月内是免费试用期，卖家在后台可以绑定 2 家店铺；过了 1 个月的试用期后就要交费。这个软件比较适合后台订单比较多的卖家，可以批量处理后台的物流单据。

【Step 2】绑定后台的速卖通店铺（见图 7－11）。

添加网店
网店名称（自定义名称）：
Jiaxing
请选择网店类型：
速卖通
第一步：打开授权页面并授权：
打开授权页面
温馨提示：必须使用主账号授权。
第二步：输入授权码并添加：
c5368f03-e1f5-463e-9120-8df3ecccf9ed
已绑定3店铺，还可以绑定1店铺，绑定更多店铺
温馨提示：已绑定的店铺不可更换
添加网店
取消

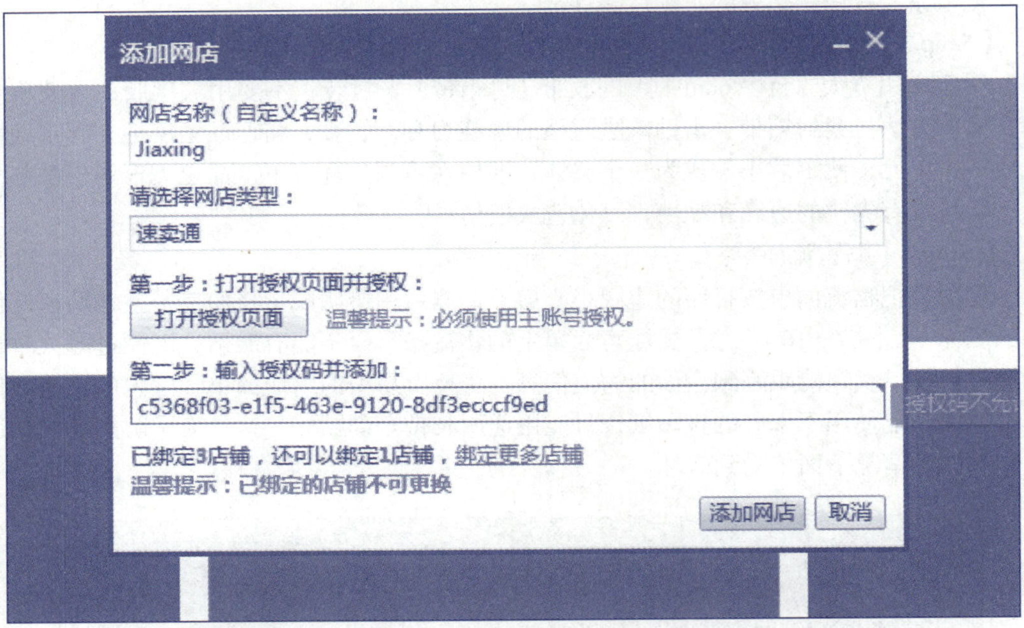

图 7－11　添加店铺

【Step 3】输入确认码（见图 7－12）。

c5368f03-e1f5-463e-9120-8df3ecccf9ed
请将以上Code复制下来输入您的客户端

图 7－12　输入确认码

【Step 4】预览拟打印的中国邮政小包面单（见图 7－13）。

【Step 5】确认报关签条（见图 7－14）的相关内容。

卖家要输入商品的品名，该产品的英文和中文名称分别为 Children's Sets、儿童套装，重量输入 0.6kg，价值输入 USD$32，这些都是该订单在过海关的时候的报关签条，最后确认打印。

现在除了全球交易助手外，还有货代的打单软件，基本的操作原理都差不多。除了中国邮政小包的物流面单，全球交易助手还可以打印店铺后台各种不同的物流面单，如 e 邮宝、e 特快等。

中国邮政 CHINA POST　航　空　Small Packet　BY AIR

协议客户：

FROM :

TO:　NAME:hayat baarmah
　　　ADD:ashoqeeh.front of trak sport
　　　CITY:makkah 57094 PROVINCE:kingdam suadi arbia
　　　COUNTRY:Saudi Arabia (沙特阿拉伯)
ZIP:　　21955　TEL:00966-5988-51155
　　　　　　　　MOBILE:00966555522035

退件单位：

R　　RJ 2252 3832 1 CN

图 7 - 13　预览拟打印的中国邮政小包面单

中国邮政 CHINA POST　报关签条　邮2113
CUSTOMS DECLARATION　CN22

可以径行开拆　May be opened officially

| 邮件种类
Category of item
(在适当的文字前画"×") | × | 礼品
Gift | | 商品货样
Commercial Sample |
| | | 文件
Documents | | 其他
Other |

| 内件详细名称各数量
Quantity and detailed description of contents | 重量(千克)
Weight(kg) | 价值
Value |
| Children's Sets | 0.6 | USD$32 |

| 协调系统税则号列和货物原产国（只对
商品邮件填写）
HS tariff number and country of origin of goods(For
commercial items only) | 总重量
Total weight | 总价值
Total value |
| | 0.6 | USD$32 |

兹保证上述申报准确无误，本函件内未装寄法律或邮政和海关规章禁止寄递的
任何危险物品
I,the undersigned, certify that the particulars given in this declaration are correct and this item does
not contain any dangerous articles prohibited by legislation or by postal or customs regulations.

寄件人签字　（Sender's signature）:

图 7 - 14　报关签条

二、通过平台的线上发货系统可以直接在后台填写物流单据

卖家通过中国邮政平邮小包、速优宝 –Itella、新加坡小包、航空专线 – 燕文、中俄
航空 Ruston 线上发货，只需在包裹外粘贴线上发货标签即可（见图 7 - 15）。包裹到仓
后，仓库将统一更换为对应物流渠道的标准面单。

图 7 - 15　线上发货标签

工作任务 6　填写报关凭证及商业发票

【**Step 1**】填写产品的品名、客户地址、收货人信息及货物价值、发货人信息等（见图 7-16）。

INVOICE

Consignee:	GERARDO SOUZA		**Company Name:**	WENZHOU SISIL SANITARY WARES CO.,LTD.	
			State/Country:	Zhejiang/China	
Address:	Minas 1634				
	Montevideo, Montevideo, Uruguay				
Order No.	65333918401957				
Logistics No.	RJ245312057CN				
Description of Goods		**Weight**	**No. of Item**	**Unit value (USD$)**	**Total Value (USD$)**
Swimsuit		0.5KG	1	18.99	18.99
I declare that the above information is true and correct to the best of my knowledge and that the goods are of			CHINA　origin		
				Signature	

图 7-16　商业发票

【**Step 2**】将这笔订单的跨境物流面单上面的报关签条发送给客户（见图 7-17）。

中国邮政 CHINA POST　报关签条　邮2113

CUSTOMS DECLARATION　CN22

可以径行开拆		May be opened officially	
邮件种类 Category of item （在适当的文字前画"×"）	×	礼品 Gift	商品货样 Commercial Sample
		文件 Documents	其他 Other
内件详细名称及数量 Quantity and detailed description of contents		重量(千克) Weight(kg)	价值 Value
One Piece		0.5	USD$18.99
协调系统税则号列和货物原产国(只对商品邮件填写) HS tariff number and country of origin of goods(For commercial items only)		总重量 Total weight	总价值 Total value
		0.5	USD$18.99

我保证上述申报准确无误，本函件内未装寄法律或邮政和海关规章禁止寄递的任何危险物品。
I, the undersigned, certify that the particulars given in this declaration are correct and this item does not contain any dangerous articles prohibited by legislation or by postal or customs regulations.

寄件人签字　（Sender's signature）：

图 7-17　邮政小包的报关签条

工作任务7 食品类目产品的报检准备工作

来自冰岛的客户在陈倩负责的食品类速卖通店铺拍了袋"大白兔奶糖",陈倩应该做哪些方面的报检准备工作?

【Step 1】了解所卖的产品在速卖通平台属于哪个类目,是否属于速卖通平台的可售范围。

速卖通平台的食品类目包括咖啡、干果、干货/土特产、谷物制品、枸杞、坚果、茶叶等小类目(见图7-18),基本上是以干货形式销售。平台不允许卖家销售液体食品及保质期较短的食品,因为后期的货物运输时间比较久。本工作任务中销售的大白兔奶糖属于食品类目下面的"干货/土特产",可以在平台上销售。

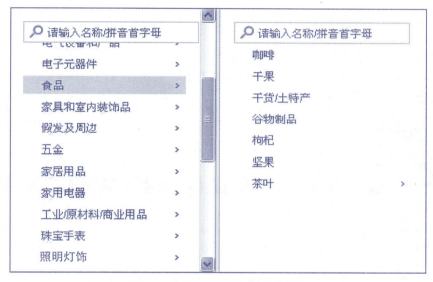

图 7-18 速卖通平台的食品类目

【Step 2】了解食品类目产品的相关检验标准。

食品类目产品因为在保质期、产品的运输方面存在一些特殊检验要求,所以卖家在出货前要先了解相关的规定,以免后期食品在跨境物流的运输中遇到问题。跨境电商平台在销售食品方面会有一些检验规定,浙江出入境检验检疫局在全国率先出台《关于明确跨境电子商务检验检疫工作的指导意见》(以下简称《意见》),把诸多跨境电子商务平台商和国内消费者关心的问题一一明晰化、可操作化。《意见》里面提到:跨境电子商务企业必须在平台上详细告知消费者产品基本信息,其中至少包括:产品名称、品牌、配方或配料表、净含量和规格、是否为转基因产品、原产国(地区)、产品适用的生产标准国别、贮存条件、使用方法等。

这款大白兔奶糖在速卖通买家界面的产品详情页里面已经做了相关的详细说明,包括:保质期(12个月)、生产日期、产品的配方(奶精、小麦等)、产品规格(114克)、原产地(中国)、储存条件(请置于阴凉处)、使用方法(直接食用)等。

【Step 3】准备发货。

陈倩在了解了相关的食品检验规定后，确认该产品符合平台的销售要求，接下来可以准备发货给冰岛的客户了。准备货物包装的时候，要确定大白兔奶糖的外包装上面有中文标识和标签，有可查证的产地、生产地、原材料等信息。关于产品的检验检疫许可证可以不用提供，因为跨境电商食品大多通过邮政包裹的方式运送，不是传统的海运集装箱方式，很难对于单独的包裹提供检验检疫许可证，卖家可以在包裹里面打印一份产品的英文说明标签，让国外客户在收到包裹的时候能够了解该产品的保质期和储存条件等情况。

知识链接

一、询盘回复中的沟通模板

跨境电商卖家每天都要查看后台的新留言和站内信（见图 7 - 19），看是否有新的邮件。如有，应在 24 小时以内回复。及时回复邮件有助于交易的顺利达成，带给客户良好的购物体验。

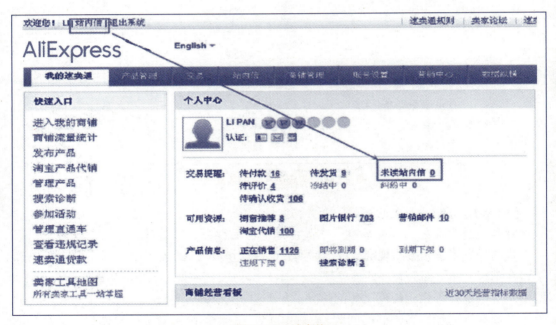

图 7 - 19　站内信

（一）催促下单，库存不多

Dear × ×,

Thanks for your e-mail.

We have checked our stock, but sorry to tell you we have few of this kind of products left. Because it is very popular. Please place your order as soon as possible.

Thanks!

（二）回应买家砍价

Dear Mr.Huang,

Thanks for your e-mail.

I am sorry but we can't offer you the low price you asked for. However，we can offer you some discount. If your order is more than × pieces，we will give you a discount of × ×% off.

Thanks!

（三）断货

Dear × ×,

We are sorry to inform you that this product is out of stock now. We will contact with the factory to see when they will be available again. Also you can choose other products in our stock.

Please let me know for any further questions.

Best Regards.

（四）提醒买家付款

Dear × ×,

Thanks for your order. But we noticed that you haven't made the payment. This is a kindly reminder for you. The earlier you pay，we will ship the product to you sooner.

Any problem, please come to contact with us.

Thanks again.

Best Regards.

（五）订单超过 2kg，不能使用中国邮政小包发送

Dear × ×,

I am sorry to tell you that your package is more than 2kgs. China Post Air Mail can only ship the package below 2kgs. So please kindly choose another express carrier，such as UPS or DHL which will cost you some shipping fee.

Please kindly tell us your option.

If you have any further question, please feel free to contact with us.

Best Regards.

（六）询问客户是否要延期收货

Dear × ×,

We checked the logistics status of your package just now and the package is now still on the way to you. Do you need us to extend the time for you?

If you need this please let us know.

Thanks.

（七）询问客户是否收到产品及确认收货

Dear××,

We found the package has arrived in your country. Did you have received the product? If you have got your product, can you please confirm the delivery and give us a five-star feedback. This is very important for us to improve our future service.

Thanks and Best Regards.

二、速卖通后台订单的不同状态及流程

（一）等待付款订单

这是客户拍了产品但是还没有付款的订单，可能有各种方面的原因。例如：拍下后，无法及时联系卖家对于细节进行确认；拍下后发现运费过高；对于同类产品还需要再次比较；付款过程中出现问题。

对于这种状态的订单，卖家可以通过站内信、邮件，或者利用 TradeManager 及时和买家沟通，了解其没有付款的原因。如果买家在支付上遇到困难，卖家要主动帮助买家解决该支付问题，增加买家的信任和购买信心；或者可以给买家发类似下面的一封邮件，提醒客户折扣即将到期，或者库存不多以刺激客户尽快付款。

Dear××,

Please be noted that there are only three days left for the 10% discount. Since they are very popular, please kindly make the payment soon.

If you have any question, please come to us.

Thanks and Best Regards.

（二）等待资金审核订单

这是客户已经付款但是资金还在后台审核的订单，这个时候卖家应该给客户写一封感谢信，内容包括感谢客户光临并购买产品，目前正在为其备货，包裹预计在多久时间内发出，等 24 小时后台的资金审核及确认到账时间。

为了保证交易的安全性，降低后期因为客户盗卡等原因引起的买家拒付风险，平台会在 24 小时内对每一笔买家支付的订单（信用卡支付）进行风险审核。如果监测到买家的资金来源有风险（如存在盗卡支付等风险），支付信息将无法通过审核，订单会被关闭。

平台的客户在使用信用卡支付时，卖家有两种不同的收款通道：人民币通道和美元通道。在人民币通道下，卖家收到的货币是人民币，同时支付过程中银行会作校验，因此对卖家风险低，但支付成功率也低。而在美元通道下，卖家收到的货币是美元，同时支付过程中银行不作校验，所以对卖家风险高，但支付成功率高。

（三）等待发货订单

24 小时后如果确认资金已经到账，卖家就可以进入发货状态。一般卖家的发货期都在 5～7 天，这个发货期是卖家在发布产品的时候就设置好的，平台的建议是在 3～7 天，大卖家可以设置在 3 天左右。卖家可根据自己的备货时间及库存的实际情况

进行设置。本身没有囤货的代销卖家可以适当延长发货期。速卖通平台有一个承诺到达时间的消费者权益保障计划，其主要是通过发货时间的控制让部分有备货的卖家可以更快地发货，在保证买家及时收到货的同时让自己产品的排序可以相对靠前。

备货对于大的卖家店铺不是一个大问题，但是对于一些小卖家而言并非易事。代销的店铺在产品下架或者缺货的情况下，要提前适当延长备货时间，同时也可以在1688等网站寻找同样的货源。如果实在没有订单客户要求的货物，卖家要尽可能和买家保持沟通，让买家申请取消订单。

三、跨境物流方案

（一）e邮宝

1. e邮宝概述

e邮宝也就是ePacket，是中国邮政速递物流股份有限公司旗下的国际物流业务。e邮宝目前可以发往30多个国家和地区，包括美国、澳大利亚、英国、加拿大、法国、俄罗斯、乌克兰、以色列、沙特阿拉伯等。e邮宝的单件限重和邮政小包一样，也是在2kg以内，单件包裹的长、宽、高合计不超过90cm，最长一边不超过60cm。

e邮宝到美国的面单见图7-20。

（a）　　　　　　　　　　　　　　　（b）

图7-20　e邮宝面单

2. 速卖通后台美国的e邮宝订单发货流程

第一步：进入后台的"e邮宝订单"。

第二步：点击"创建物流单号"，填写发货人信息、收货人信息，注意要全部填英文或者拼音，不能输入中文，收货人信息最好是复制订单详情里面的国家、买家姓名、地址等，以免出错（见图7-21）。

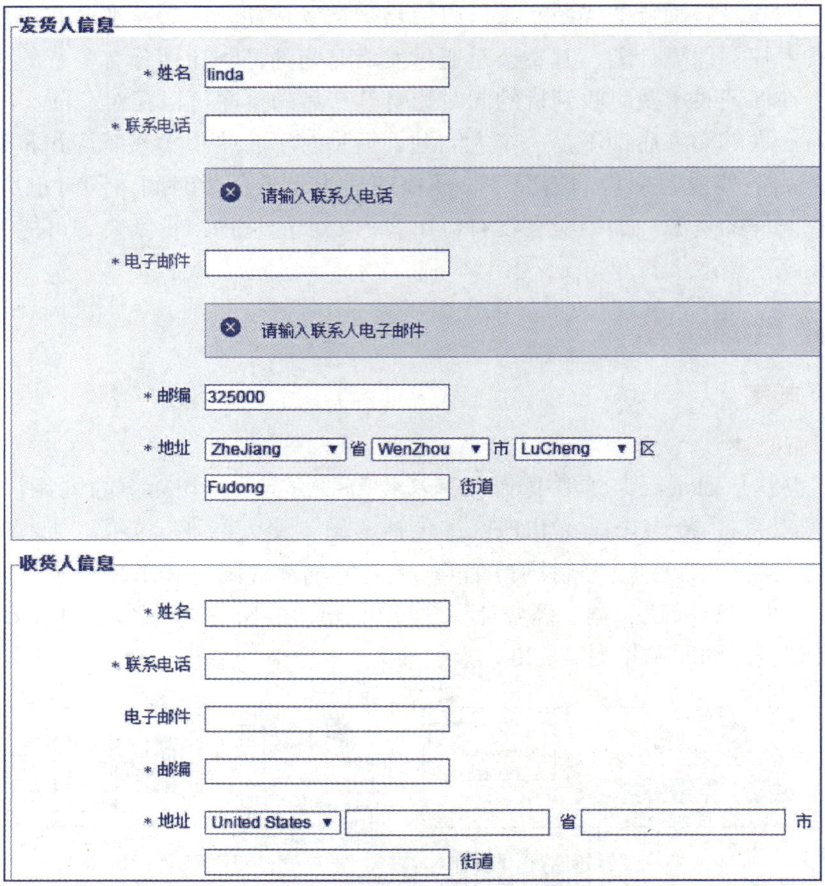

图 7-21　填写 e 邮宝面单的发货人、收货人信息

第三步：填写该订单的商品品名，包括中文和英文，以及内件件数、申报金额、商品重量。卖家填写申报金额时一定要慎重，一般不要写太大的金额，因为美国对于申报价值太大的货物要单独征收关税，这样也会给买家带来不必要的费用（见图 7-22）。

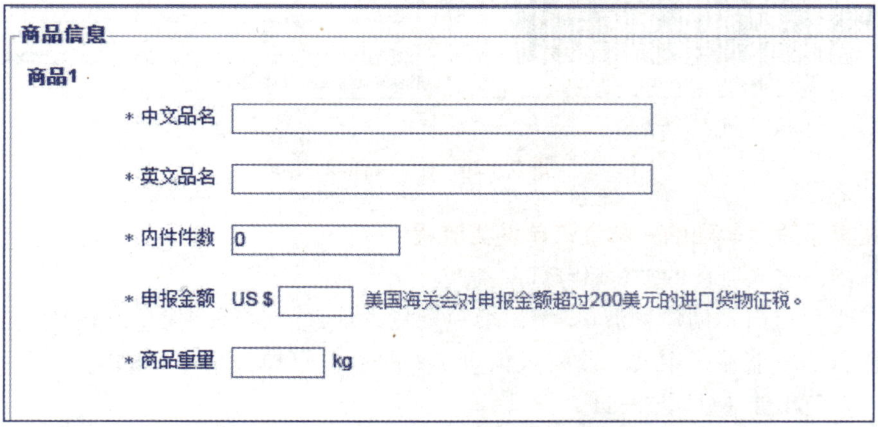

图 7-22　填写 e 邮宝面单的申报信息

3.Shipping Tool 的流程

Shipping Tool 是针对跨境电商卖家的需求开发的在线物流处理系统，跨境电商卖家可以在线完成订单信息的录入、上传、编辑、打印、跟踪查询。

第一步：登录网址：http://shippingtool.ems.com.cn。

卖家与各地邮政业务经理联系，各地邮政业务经理根据卖家要求填写线下客户申请表格，提交本省、自治区、直辖市负责 e 邮宝业务的经理审核并汇总，报公司总部审核。总部审核通过后，为申请成功的卖家提供登录账号和密码。申请时，卖家需要真实提供个人的身份信息及公司的名字、地址等基本信息。

第二步：订单 Excel 填写及订单导入。

订单信息为收件人姓名、地址信息，SKU 列表为商品信息，模板说明为模板使用介绍。卖家如果在系统中已经维护过默认信息和 SKU，则只需在订单信息中输入商品 SKU 和收件人信息即可；卖家如果没有维护该商品的 SKU，模板提供 SKU 添加功能，在模板的 SKU 列表中，录入 SKU 信息，选择添加 SKU 信息到系统中。模板说明对每个填写信息项都做了详细介绍。其中，标红的字段为必填项，标蓝的字段为可选项。点击"文件导入"，选择"浏览"，选择上传表格，选择"上传"，然后选择"刷新"。上传成功后，系统提示上传成功订单数量。如果有订单不成功，系统会提示"修改"。

第三步：生成运单号及发货。

e 邮宝有上门揽收和卖家自送两种方式。卖家点击"交运"后，订单会根据揽收方式不同，自动分派为上门揽收或卖家自送。收件员上门揽收邮件后，扫描邮件号码，录入实际重量和资费，订单状态将自动跳转到"收寄成功"页面。如果运单处理信息更新，系统将自动更新系统内该运单的运输状态。

（二）中国邮政小包

中国邮政小包分为平邮小包和挂号小包两种。前者费率较低，不提供物流的查询服务；后者费率较高，可提供网上的物流跟踪查询服务。eBay、速卖通等平台卖家所销售的电子产品、饰品、配件、服装、工艺品等都可以采用此种方式来发货。

中国邮政小包是现在跨境电商卖家使用最多的物流方式之一，因为其有着明显的优点：

（1）运费便宜，这是跨境电商卖家选择中国邮政小包的最大原因。

（2）由于邮政包裹在海关享有"绿色通道"，因此中国邮政小包的清关能力比一些国际商业快递都要强，而且中国邮政小包的派送网络几乎涵盖全世界，几乎所有的国家和地区都可以收到中国邮政小包。

但是中国邮政小包也存在缺点：

（1）物流时效慢，很多国家要超过 1 个月才能运到，如到巴西有时要 2 个多月。跨境电商卖家如果选择中国邮政小包，会在时效方面存在很大的问题，有些跨境的包裹物流跟踪很慢，容易引起客户的纠纷。

（2）中国邮政小包的丢包率很高，有些跨境包裹如果选择了中国邮政小包，就会存在丢包的风险。客户如果在 2～3 个月内收不到货物，物流也查询不到，那么卖家到最后就要全额退款给国外的客户。所以对于商品金额较高的跨境包裹，卖家一般不会选择中国邮政小包发货，而会选择物流跟踪完善的商业快递。

（三）航空专线 – 燕文

航空专线 – 燕文是北京燕文物流有限公司旗下的跨境物流专线。

跨境电商卖家可以自己在平台的后台选择燕文线上发货，然后根据自己的位置选择最近的仓库，通过国内快递把跨境包裹先发到燕文的仓库，燕文仓库的工作人员会统一通过燕文的航空专线将包裹发送到国外。燕文的物流时效性强，卖家可以在后台跟踪到详细的物流信息。图 7 – 23 是从中国到巴西的一笔跨境订单的物流跟踪信息。

详情

2015.04.27 17:06 (GMT-7): The shipment item is under transportation, The item has arrived at the international terminal in the destination country for sorting

2015.04.22 23:10 (GMT-7): The item has been dispatched from Direct Link's international terminal for onward transport to the country of destination

2015.04.22 23:10 (GMT-7): The shipment item is under transportation, The item has been dispatched from Direct Link's international terminal for onward transport to the country of destination

2015.04.22 18:41 (GMT-7): Forwarded, from País in SUECIA / to País in BRASIL / BR

2015.04.21 04:00 (GMT-7): Handed over to Postal Operator.

2015.04.21 00:23 (GMT-7): Customs cleared, received in London Heathrow Hub.

2015.04.19 09:00 (GMT-7): Shipment Data Received.

2015.04.16 16:48 (GMT-7): Departure from Warehouse

2015.04.16 15:01 (GMT-7): Arrival at Warehouse

2015.04.15 16:17 (GMT-7): Warehouses has signed

View Less

刷新

 跟踪信息在5-10天内更新。请在这里跟踪您的订单Special Line-YW

图 7 – 23　航空专线 – 燕文的物流跟踪信息

下面以到巴西的一笔订单解释航空专线－燕文的发货流程。

第一步：点击订单的"线上发货"，操作线上发货之前需要卖家和后台先签一份"同意线上发货的协议"，卖家输入后台发到手机的验证码就可以。签了协议后，平台会根据每笔线上发货的实际运费从卖家的支付宝国际账户中自动扣款。

第二步：点击"航空专线－燕文"，后面出来的燕文仓库包括上海、广州、义乌、杭州等地的仓库。卖家可根据自己的实际地点选择最近的仓库。系统会根据产品的包装、尺寸估算运费（见图7－24）。

○ 中国邮政挂号小包	20-60天	中邮义乌仓		CN¥ 13.30(含挂号费)
○ 新加坡小包(递四方)	20-40天	4PX广州	设置默认	CN¥ 17.75(含挂号费)
○ 新加坡小包(递四方)	20-40天	4PX上海		CN¥ 17.75(含挂号费)
○ 新加坡小包(递四方)	20-40天	4PX深圳		CN¥ 17.75(含挂号费)
○ 新加坡小包(递四方)	20-40天	4PX厦门		CN¥ 17.75(含挂号费)
○ 新加坡小包(递四方)	20-40天	4px义乌仓		CN¥ 17.75(含挂号费)
◉ 航空专线-燕文	20-50天	燕文上海仓	默认仓库	CN¥ 26.00(含挂号费)

图7－24 航空专线－燕文的运费

第三步：填写国内的快递信息和国内物流单号，确认订单的客户信息和产品信息无误，点击"提交"（见图7－25）。

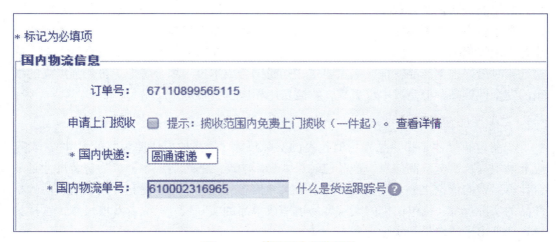

图7－25 填写国内物流信息

第四步：打印航空专线－燕文的发货标签（见图7－26），并填写后台的发货通知。

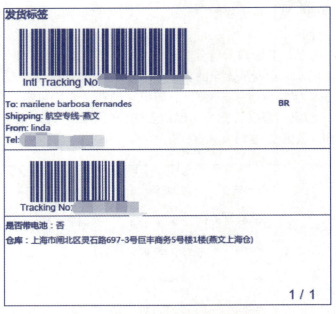

图7-26　航空专线－燕文的发货标签

四、跨境货物的包装

美观大方、结实牢固的包装，既能保护物品安全到达，又能赢得买家对卖家的信任。赢得客户的心，也就赢得了市场。

（一）常用的跨境货物包装材料

常用的跨境货物包装材料有纸箱、泡沫箱、牛皮纸袋、文件袋、编织袋、塑料袋等。常用的包装辅材有封箱胶带、不干胶警示贴、气泡膜等。包装材料中，以纸箱包装最为常用；服装等不怕压、不怕碎的产品可以直接用塑料袋包装；贵重的或者易碎的产品要先用气泡膜包裹，然后装入纸箱中，以确保产品在跨境运输途中的安全性。卖家选购纸箱时最好根据产品特征、买家要求，同时结合成本投入综合考虑。虽然强度高的纸箱的安全性更高，但是成本也更高，物流费用相应也会增加。

（二）产品包装尺寸

产品包装尺寸是指物品发货时包裹的实际尺寸（物品加上快递包装的尺寸）。卖家应准确填写长、宽、高信息。产品包装尺寸会影响产品的运费成本，因为包装尺寸是平台计算运费的依据之一。卖家在填写包装尺寸信息的过程中最容易犯的错误是填写的是产品的实际尺寸（打包销售的卖家容易填写成单品的实际尺寸）或者乱填尺寸，这样会导致计算出来的结果和实际运费不一样。

（三）产品的包装分类

产品包装分为内包装和外包装两种。一切有弹性的物品，包括泡沫塑料、报纸、棉布、气泡垫、气泡膜等都可以作为产品的内包装。需要注意的是，一定要把物品压紧，以防止物品在运输过程中震荡，从而确保客户收到的物品完好无损。

（四）包装的注意事项

（1）避免使用太大、表面有印刷物或图案的箱子。

（2）避免使用坏的或容易变形、不牢固的箱子。不要使用坏了的箱子，因为货物可能会因此在长途运输中受到损伤。同样不要使用容易变形和不牢固的箱子。

（3）避免使用劣质的填充物。不要用碎纸机里的废纸或其他劣质的材料来填充箱子里的间隙。如果填充物质量不好，很可能无法起到缓冲的功效。

（4）避免在箱子和物品间留下任何空隙。如果有空隙，物品会在其中晃动，会使空隙越来越大，造成缓冲材料失去功效，货物可能会因此破损。

（5）避免使用任何形状奇怪的包装。例如：使用圆筒状的包装盒或袋子，可能会在运输中滚落。形状样式奇特的盒子和袋子可能会在运输途中给物品带来不必要的麻烦。

（6）避免使用信封寄送物品。不要使用信封寄送价值较大或易碎的物品。实践证明，使用信封寄送物品，物品可能会卡在信件分拣机里，而且不会受到任何有效的保护。

五、跨境物流单据

（一）中国邮政小包面单

2014年下半年开始实施全国统一的、一体化的中国邮政小包面单。在这之前，各地的小包代理和货代的邮政小包面单比较混乱，上面的报关签条都是手写的。全国统一后，所有中国邮政小包的物流面单全部使用一体化的打印面单。面单一体化是指将收货信息、货物明细、服务渠道信息、扫描条码等囊括在一个标签或者面单上，卖家需要经系统录入收件信息和货物信息匹配的单号再进行面单的打印。

以前，每个口岸的邮局的跟踪条码也都是固定的。例如：如果使用义乌邮局的跟踪条码，卖家把货物发到杭州邮局，则杭州邮局对此货物无法进行后期处理。实行面单一体化后，企业无须纠结于之前的条码，可以随时随地发货，只要有电脑就能录单，即可追踪单号。同时，一体化操作也能让整个流程更加标准化，不仅有助于企业以及代理服务商的操作，提高操作效率及货物中转时效，而且能保障货物在运输过程中的条码信息不易损坏，避免因条码脱落等原因耽误时效，导致货物丢失。

（二）e邮宝面单

e邮宝是中国邮政为适应国际电子商务寄递市场的需要，为中国电商卖家量身定制的一款全新经济型国际邮递产品。卖家可以使用全球交易助手进行e邮宝面单的出单，也可以借助邮局的Shipping Tool网站。

e邮宝提供两种包裹交运的方式，分别是中国邮政速递人员上门揽收和卖家自送。目前开通的邮政速递人员上门揽收的城市包括北京、天津、青岛、苏州、南京、上海、杭州、宁波、义乌、温州、福州、漳州、厦门、广州、深圳、东莞、泰州、金华、莆田、佛山、中山、嘉兴、成都、武汉、沈阳、大连、石家庄、郑州、南阳、昆明、无锡、重庆等。

（三）线上中国邮政平邮小包面单

中国邮政平邮小包是中国邮政针对订单金额在 7 美元以下、重量在 2kg 以下小件物品推出的空邮产品，运送范围包括美国、俄罗斯、巴西、西班牙、乌克兰等国家；运费根据包裹重量按克计费，免挂号费。线上中国邮政平邮小包的物流面单见图 7 - 27。

图 7 - 27　线上中国邮政平邮小包的物流面单

六、不同国家对于跨境电商包裹的不同海关规定及关税标准

清关（Customs Clearance），即结关，是指进口货物、出口货物和转运货物进或出一国海关关境或国境必须向海关申报，办理海关规定的各项手续，履行各项法规规定的义务。只有在履行各项义务，办理海关申报、查验、征税、放行等手续后，货物才能放行，货主或申报人才能提货。同样，载运进出口货物的各种运输工具进出境或转运，也均须向海关申报，办理海关手续，得到海关的许可。货物在结关期间，不论是进口、出口或转运，都处在海关监管之下，不准自由流通。下面介绍不同跨境电商平台和我国关于跨境电商包裹的海关特殊规定及说明。

（一）速卖通平台发"新加坡小包"的海关规定

为保证物流时效及清关速度，卖家通过速卖通平台线上"新加坡小包"寄送的包裹，必须如实申报产品品名和价值。若出现货物申报品名与实际货物品名不符，或是货物申报品名太笼统等现象，将会导致下述影响：

（1）清关延误或者无法清关。货物在海关清关的过程中，一旦被发现申报不符，极易导致清关进程缓慢，当地海关也会对每票货物的货值评估更加严格。申报不符可能会导致货物清关时效延误、扣关或产生相关关税等经济损失，甚至无法清关。

（2）后续货物跟踪查询无法成功或者丢失无法获得赔偿。卖家如果在速卖通平台上创建"新加坡小包"线上发货物流订单，必须对每票货物如实申报品名，若因"品名申报不一致"发生货物丢失、超时妥投、破损等物流纠纷，则卖家无法获得赔偿；如果卖家能提供相关的物流证据证明是线上物流商的责任，那么平台会按照卖家申报的实际价值进行赔偿。

品名申报是否一致的判定标准：卖家发货时申报的中英文品名与速卖通平台交易订单中商品发布类目的中英文名称一致。注意：商品发布类目必须是最后一级类目。例如：笔记本电脑的类目是：电脑和办公（Computer & Office）> 笔记本与上网本（Laptops & Notebooks）> 笔记本电脑（Laptops），则申报时填写的品名应为笔记本电脑（Laptops），而不能以 Computer 的英文品名申报。

（二）美国海关对 e 邮宝的关税标准

对于申报价值在 800 美元以内的产品，不收关税；对于 800 ～ 2 000 美元的产品，海关出具关税收取证明，美国邮政上门投递邮件时收取；超过 2 000 美元的产品，需要第三方报关公司清关。

（三）巴西海关对跨境包裹的规定

（1）所有包裹入境须缴纳 17% 的进口环节流转税（ICMS 税）；销售价格在 50 美元以下的包裹可继续免缴 60% 的进口综合税；对售价在 50 ～ 3000 美元的包裹须加收 60% 的进口综合税；因为是税后叠加收税，所以售价在 50 美元以上的包裹，实际纳税总额为销售金额的 92%。

（2）海关对包裹入境申报提出了更多规范化的申报要求，包括申报的币种、品名与海关编码，以及要求发货人必须是电商平台或第三方电商公司（必须是法人主体为发货人）；使用联邦税局合规缴税计划（PRC）缴税模式发货的，发货标签上必须有平台公司的标识与交易时的订单号。

（3）对加入联邦税局合规缴税计划（PRC）的入境申报包裹，可享用便捷快速清关的绿色通道。包裹在发货前就可预申报清关与预缴税，货物到达清关场地时只需对抽查验的包裹进行核查，无异常的包裹直接转税务核验缴税情况并做放行处理，提高了清关时效。

（4）跨境 DDP 的缴税方式获批通过，完成了对非 PRC 条件下的入境缴税规范与补充。

（5）商业快递在政策层面享受与邮政清关同等的入境免税待遇；一旦解决快递入境的清关监管流程与清关场地的问题，商业快递将会成为跨境包裹的主要通道，在时效与价格方面得到优化。

（四）《关于跨境电子商务零售进出口商品有关监管事宜的公告》（海关总署公告2018 年第 194 号）

海关总署公告 2018 年第 194 号对跨境电子商务零售进出口商品的通关管理做了如下规定：

（1）对跨境电子商务直购进口商品及适用"网购保税进口"（监管方式代码 1210）进口政策的商品，按照个人自用进境物品监管，不执行有关商品首次进口许可批件、注册或备案要求。但对相关部门明令暂停进口的疫区商品和对出现重大质量安全风险的商品启动风险应急处置时除外。

适用"网购保税进口 A"（监管方式代码 1239）进口政策的商品，按《跨境电子商务零售进口商品清单（2018 版）》尾注中的监管要求执行。

（2）海关对跨境电子商务零售进出口商品及其装载容器、包装物按照相关法律法规实施检疫，并根据相关规定实施必要的监管措施。

（3）跨境电子商务零售进口商品申报前，跨境电子商务平台企业或跨境电子商务企业境内代理人、支付企业、物流企业应当分别通过国际贸易"单一窗口"或跨境电子商务通关服务平台向海关传输交易、支付、物流等电子信息，并对数据真实性承担相应责任。

直购进口模式下，邮政企业、进出境快件运营人可以接受跨境电子商务平台企业或跨境电子商务企业境内代理人、支付企业的委托，在承诺承担相应法律责任的前提下，向海关传输交易、支付等电子信息。

（4）跨境电子商务零售出口商品申报前，跨境电子商务企业或其代理人、物流企业应当分别通过国际贸易"单一窗口"或跨境电子商务通关服务平台向海关传输交易、收款、物流等电子信息，并对数据真实性承担相应法律责任。

（5）跨境电子商务零售商品进口时，跨境电子商务企业境内代理人或其委托的报关企业应提交《中华人民共和国海关跨境电子商务零售进出口商品申报清单》（以下简称《申报清单》），采取"清单核放"方式办理报关手续。

跨境电子商务零售商品出口时，跨境电子商务企业或其代理人应提交《申报清单》，采取"清单核放、汇总申报"方式办理报关手续；跨境电子商务综合试验区内符合条件的跨境电子商务零售商品出口，可采取"清单核放、汇总统计"方式办理报关手续。

《申报清单》与《中华人民共和国海关进（出）口货物报关单》具有同等法律效力。

按照上述第（3）～（5）条要求传输、提交的电子信息应施加电子签名。

（6）开展跨境电子商务零售进口业务的跨境电子商务平台企业、跨境电子商务企业境内代理人应对交易真实性和消费者（订购人）身份信息真实性进行审核，并承担相应责任；身份信息未经国家主管部门或其授权的机构认证的，订购人与支付人应当为同一人。

（7）跨境电子商务零售商品出口后，跨境电子商务企业或其代理人应当于每月 15 日前（当月 15 日是法定节假日或者法定休息日的，顺延至其后的第一个工作日），将上月结关的《申报清单》依据清单表头同一收发货人、同一运输方式、同一生产销售单位、同一运抵国、同一出境关别，以及清单表体同一最终目的国、同一10位海关商品编码、同一币制的规则进行归并，汇总形成《中华人民共和国海关出口货物报关单》向海关申报。

允许以"清单核放、汇总统计"方式办理报关手续的，不再汇总形成《中华人民共和国海关出口货物报关单》。

（8）《申报清单》的修改或者撤销，参照海关《中华人民共和国海关进（出）口货物报关单》修改或者撤销有关规定办理。

除特殊情况外，《申报清单》《中华人民共和国海关进（出）口货物报关单》应当采取通关无纸化作业方式进行申报。

七、我国对跨境电商进口产品质检要求

《关于跨境电子商务零售进出口商品有关监管事宜的公告》（海关总署公告2018年第194号）对跨境电商进口产品质检要求如下：

（1）跨境电子商务企业及其代理人、跨境电子商务平台企业应建立商品质量安全等风险防控机制，加强对商品质量安全以及虚假交易、二次销售等非正常交易行为的监控，并采取相应处置措施。

跨境电子商务企业不得进出口涉及危害口岸公共卫生安全、生物安全、进出口食品和商品安全、侵犯知识产权的商品以及其他禁限商品，同时应当建立健全商品溯源机制并承担质量安全主体责任。鼓励跨境电子商务平台企业建立并完善进出口商品安全自律监管体系。

消费者（订购人）对于已购买的跨境电子商务零售进口商品不得再次销售。

（2）海关对跨境电子商务零售进口商品实施质量安全风险监测，责令相关企业对不合格或存在质量安全问题的商品采取风险控制措施，对尚未销售的按货物实施监管，并依法追究相关经营主体责任；对监测发现的质量安全高风险商品发布风险警示并采取相应管控措施。海关对跨境电子商务零售进口商品在商品销售前按照法律法规实施必要的检疫，并视情况发布风险警示。

能力实训

一、选择题

1.［多选］下面哪些国家的跨境货物可以发e邮宝物流？（　　　　）

    A. 美国　　　　　　B. 新西兰　　　　　　C. 冰岛　　　　　　D. 南非

2.［单选］下面哪种货物不能发中国邮政小包？（　　　　）

    A. 衣服　　　　　　B. 鞋子　　　　　　C. 带有电池的玩具　D. 游泳护臂

3.［单选］（速卖通）美国不能发以下哪种物流？（　　　　）

    A. 中国邮政平邮小包　　　　　　　　　　B. EMS

C. e 邮宝   D. 航空专线 – 燕文

4. [单选] 速卖通平台上不建议卖哪种产品？（　　　）

A. 衣服   B. 手机   C. 邮票   D. 玩具

5. [单选] 下面哪种材料不适合用于跨境物品的包装？（　　　）

A. 纸箱   B. 塑料袋   C. 纸盒   D. 信封

二、判断题

1. 重量在 1kg 以内的小包都可以发中国邮政小包。（　　　）

2. 中国邮政小包不能发带有电池的产品。（　　　）

3. 速卖通平台上可以随便卖食品类的产品。（　　　）

4. 跨境物流可以有很多选择，如中国邮政小包、e 邮宝等，卖家可以自己随便选择物流方式。（　　　）

5. 跨境电商卖家只要看到后台的新订单，就要马上准备发货，填写发货通知。（　　　）

三、能力拓展

【工作任务 1】现你的速卖通店铺有了一笔新订单，产品：服装，重量：0.5kg，国家：俄罗斯。请计算分别发中国邮政挂号小包和 e 邮宝的运费是多少，说明你会选择哪种跨境物流方式并分析原因。（中国邮政挂号小包和 e 邮宝的运费报价请参考本教材相应部分。）

【工作任务 2】假设你的速卖通店铺销售服饰类、亲子装类目产品，一个俄罗斯的客户给你发了站内信，询问店铺中一款亲子连衣裙的尺码（见图 7-28、表 7-3）。根据店铺尺码信息，请你写一封回复的信函。

Hello,

My size is bust 92cm, hip 90cm, my daughter is 5 years old. Can you suggest me what size to order?

图 7-28　亲子连衣裙

表 7－3 店铺连衣裙尺码信息

Tag Size	US Size	Top length	Bust	Dress length	Suggest height
Kids					
100	2	40cm	58cm	25cm	90～100cm
110	3	43cm	62cm	27.5cm	100～110cm
120	4	46cm	66cm	30cm	110～120cm
130	5	49cm	70cm	32.5cm	120～130cm
140	6	52cm	74cm	34cm	130～138cm
150	7	55cm	78cm	37.5cm	138～145cm
Mom					
S	17	58m	80cm	37cm	155cm
M	18	60cm	84cm	39cm	160cm
L	19	62cm	88cm	41cm	165cm
XL	20	64cm	92cm	43cm	170cm

个性化成长记录表

序号	评价内容	学生成长记录	评价方式	评价主体	备注
1	微课学习（5%）		平台考试测验	平台	
2	课前测试（5%）		平台考试测验	平台	
3	课中测试（5%）		平台考试测验	平台	
4	仿真实训（5%）		平台系统评分	平台	
5	课后作业（5%）		平台考试测验	平台	
6	学习活跃度（3%）		平台系统评分	平台	
7	资源贡献度（2%）		平台系统评分	平台	
8	技能操作完整度（10%）		操作成果评分 实战成果评分	教师	
9	技能操作规范度（10%）		操作成果评分 实战成果评分	教师	
10	成果展示（10%）		操作成果评分 实战成果评分	教师	
11	方案制定（5%）		能力评估表	自评/互评	可选
12	技能操作完整度（5%）		能力评估表	自评/互评	
13	技能操作规范度（5%）		能力评估表	自评/互评	
14	成果展示（5%）		能力评估表	自评/互评	
15	订单操作模拟实战（20%）		绩效考核评分 满意度调查表	企业	
16	1+X 考证		考试通过率	评价组织	增值评价，可选，一般放年度考核
17	技能大赛		获奖等级	技能大赛组委会	增值评价，可选，一般放年度考核

备注：各部分权重占比可根据单元实际情况调整。

客户维护操作

微课资源

◎ 学习目标

知识目标

1. 熟悉常规电商收款途径（国际支付宝收款、PayPal 收款、Payoneer 收款、手机支付收款等）。

2. 熟悉速卖通平台收款规则、售后评价规则、售后纠纷处理规则。

3. 了解速卖通平台评价三大指标及平台处罚方式。

4. 了解其他跨境第三方电商平台收款、售后评价及纠纷处理规则。

5. 了解客户服务的重要性、要求、知识和素质。

6. 熟悉客户维护、开发的方法和路径。

能力目标

1. 能及时回收货款。

2. 能及时处理退换货及跨境争议。

3. 能做好对海外客户的服务工作。

4. 能维护老客户和开发新客户。

◎ 素养目标

1. 培育和践行社会主义核心价值观。

2. 培养互联网思维和大数据思维。

3. 强化数字素养，提升数字技能。

4. 培养合作、和谐的发展理念，育成才匠心。

◎ 工作项目

　　浙江金远电子商务有限公司的跨境电商运营专员陈倩按时发完货之后，以为可以松一口气了，但经理告诉她，作为一名优秀的跨境电商运营专员，除了要处理好售前的相关工作之外，还要处理好与货款有关的工作如催款、放款，与评价有关的工作如管理好评、差评，与售后货物有关的工作如退换货、处理纠纷等，同时还要维护好老客户、不断开发新客户。

> **工作任务 1：及时办理速卖通平台货款**

1. 催款

店铺中有较多的未付款订单（见图 8 - 1），作为客服的陈倩应该怎样催款呢？

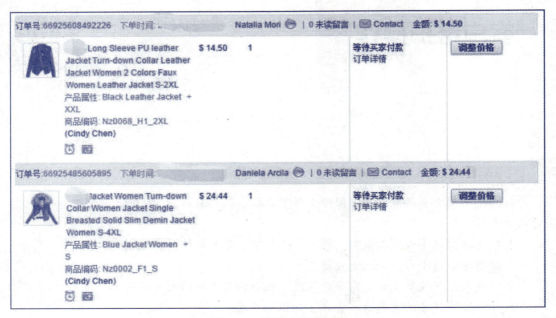

图 8 - 1　店铺未付款订单

2. 速卖通常见支付方式调研

通过网络搜索，请列出速卖通常见的买家支付方式（信用卡支付方式见图 8 - 2），并用表单的方式罗列出相应的各国通用的支付方式和特点。

收款金额：			
买家应付	已付款	支付方式	收款日期
US $ 17.53	US $ 17.53	信用卡	▨04-30 19:38

图 8 - 2　支付方式

3. 对于未放款订单申请放款

通过待放款、已放款查询，陈倩发现有一票订单已完成（见图 8 - 3），但系统显示物流未妥投且确认收货超时，需要向系统进行放款申请，需要陈倩进行处理。

> **工作任务 2：处理售后评价**

1. 评价计分

某新店，生效评价 40 个。其中，好评为 30 个（低于 5 美元的好评为 1 个，相同的客户在一个自然句内连续给出 3 个好评），中评为 7 个，差评为 3 个。则该店铺的服务等级标志为哪种？

类别	产品名	订单金额	退款金额(运费)	待放款金额	手续费	联盟佣金	已放款金额	操作
订单号：67172928884299								订单总额：USD 12.59
产品费用	Blazer Women+ Feminino Ne...	USD 12.59	USD 0.00 (USD 0.00)	USD 11.96	USD 0.63	USD 0.00	--	查看原因
订单号：67055151858860								订单总额：USD 17.53
产品费用	New Arrival Spring L...	USD 17.53	USD 0.00 (USD 0.00)	USD 16.65	USD 0.88	USD 0.00	--	查看原因　请款
订单号：67163630085076								订单总额：USD 16.48
产品费用	Long Sleeve PU leath...	USD 16.48	USD 0.00 (USD 0.00)	USD 14.84	USD 0.82	USD 0.82	--	查看原因
订单号：67142362605784								订单总额：USD 16.48
产品费用	Long Sleeve PU leath...	USD 16.48	USD 0.00 (USD 0.00)	USD 15.66	USD 0.82	USD 0.00	--	查看原因

图 8-3　订单已完成但平台未放款

2. 撰写好评回复

店铺已收到客户对订单的五星好评（见图 8-4），作为客服的陈倩需要对客户的好评予以感谢，增强客户黏度，提升客户的良好体验。请你替陈倩写一封评价回复发送给客户。

图 8-4　客户评价（好评）

3. 处理中差评

店铺收到客户关于质量的差评：The material was poor quality I had to throw it away after trying it on。该客户愤怒地给了产品一星的评价（见图 8-5），作为客服的陈倩应如何处理？

❯ 工作任务 3：处理好售后服务、退换货及争议相关事宜

1. 买家未收到货的纠纷处理

店铺收到客户纠纷信息（见图 8-6），作为客服人员，陈倩应该选择接受买家方案，还是拒绝买家方案？如果拒绝，应当如何操作？

图 8-5　客户评价（差评）

纠纷历史							收起 ▲
发起方	是否收到货	是否退货	退款金额	日期	操作	原因	附件
买家	未收到	否	US $ 18.62	20 13:56	发起纠纷	Protection Order expires, but the package is still in transit.	

图 8-6　客户纠纷信息（未收到货）

相应的订单情况如下：

（1）订单相关产品信息（见图 8-7）。

产品信息		单价	数量	订单金额	状态	
	new Autumn short denim jacket women winter slim yarn large fur collar lamb cotton denim outerwear jeans Coats S-XXXXL 产品属性: Color: ■ Blue womens jacket Size: M 商品编码: women'sjacket (Cindy Chen)	$ 23.62	1 piece	$ 23.62	纠纷中	China Post Registered Air Mail 免运费 预估航运时间: 15-50 天 备货时间: 20 天

图 8-7　发起纠纷订单产品信息

（2）订单相关物流信息（见图 8-8）。

物流信息:			
国际物流方式	货运跟踪号	备注	详情
China Post Registered Air Mail	RJ367283823CN	添加备注	5.04.12 11:42 (GMT-7): Russian Federation,Successful delivery:Delivery to addressee 5.04.10 15:05 (GMT-7): Russian Federation,In transit (local mail):Arrived at the place of delivery 5.04.10 00:05 (GMT-7): Russian Federation,In transit (local mail):Left the sorting center 5.04.02 03:33 (GMT-7): Russian Federation,In transit (local mail):Sorting 03.23 08:30 (GMT-7): Opening 5.03.21 14:48 (GMT-7): Collection View Less 刷新

图 8-8　发起纠纷订单物流信息

（3）订单时间记录（见图8-9）。

图8-9　发起纠纷订单时间记录

（4）订单售后物流保证信息（见图8-10）。

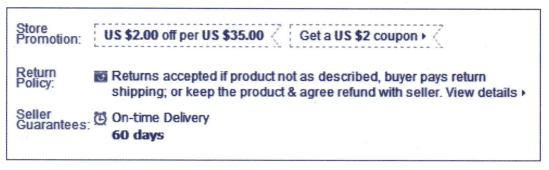

图8-10　发起纠纷订单物流保证信息

2. 产品质量的纠纷处理

店铺收到客户纠纷信息（见图8-11），抱怨产品有污渍，提出部分退款要求，并附上衣服污渍图（见图8-12）。作为该店铺的客服人员，陈倩应如何处理这样的纠纷？

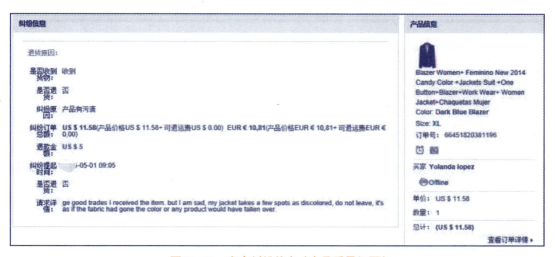

图8-11　客户纠纷信息（产品质量问题）

图 8-12　含有污渍产品图片

◉ 工作任务 4：做好维护老客户、开发新客户的工作

1. 老客户维护工作

陈倩的速卖通店铺准备开展折扣较大的自主营销活动，包括全店铺打折、满立减、限时限量折扣和优惠券。陈倩接到任务，要求做好老客户的通知维护工作。陈倩有哪些途径可以通知这些老客户？如何撰写活动通知呢？

2. 新客户开发工作

陈倩的速卖通店铺现在计划通过 SNS 社交媒体营销渠道增加粉丝，开发较忠实的年龄为 25～40 岁的职场女性客户群体。作为客服的陈倩，有哪些途径可以找到这些新客户群体？

 操作示范

工作任务 1　及时办理速卖通平台货款

一、速卖通平台催款

客户下单后，可能会因为种种原因未完成支付。这些原因归咎起来主要有：客户犹豫到底要不要付款，客户在选择货物时出现一些问题，客户觉得价格有点高。

（1）针对第一种情况，卖家可以稍微催一下客户，甚至可以用库存紧张或产品即将失效为由，给客户留言。

Dear friend,

Thank you for your order! We will send out the package as soon as possible after your payment.

Dear friend,

Do I need to leave one of the products for you, as this item will soon run out of stock?

（2）针对第二种情况，卖家应该让客户感受其良好的服务。

Dear buyer,

　We have got your order. But it seems that the order is still unpaid. If there is anything I can help with the price, size, shipment etc., please feel free to contact me. After the payment is confirmed, I will process the order and ship it out as soon as possible.Thanks!

（3）针对第三种情况，卖家可以进行价格调整（见图8-13），注意调整价格时务必给出合适的理由，价格调整完后，再给客户留言。

Dear friend,

　We have decrease the price by US$3. Pls take this advantage, as this price is only valid for three days.

图8-13　调整价格

　值得注意的是，卖家应给调整的价格规定一个价格有效期，并且记下这个订单号，逾期将价格调回原价，这样容易给客户紧迫感。

二、速卖通常见支付方式调研

速卖通常见支付方式见表8-1。

表8-1　速卖通常见支付方式

支付方式	主要流通国别	特点
信用卡（VISA/MasterCard）	速卖通主流支付方式	开通3D认证
借记卡	全球流通	
T/T银行汇款	全球流通，速卖通用得很少	大额交易较方便
Moneybookers	欧洲主流支付方式	在线支付

续表

支付方式	主要流通国别	特点
Boleto	巴西主流支付方式	在线支付，支付限额 1 ～ 3 000 美元
Qiwi Wallet	俄罗斯主流支付方式	地位相当于支付宝，支持西联汇款
WebMoney	在俄罗斯使用较多	

三、对于未放款订单申请放款

对于未放款订单的操作，通常分三步走：

【Step 1】查询该订单的物流情况，并下载物流凭证。

【Step 2】点击"请款"按钮，填写备注，并在附件中上传物流凭证（见图 8-14）。

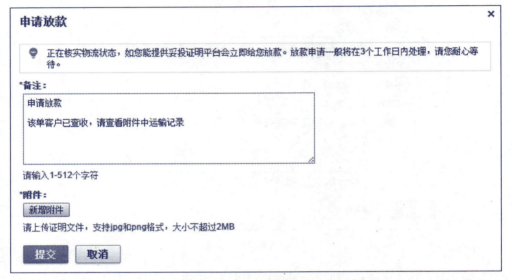

图 8-14 上传物流凭证

【Step 3】等待放款，通常需要 3 个工作日。

工作任务 2 处理售后评价

一、评价计分

根据评价计分规则（四星、五星的好评得 1 分，三星中评得 0 分，一星、二星的差评减 1 分），先计算出大概的总分：30×1（好评）$+7 \times 0$（中评）$+3 \times (-1)$（差评）。然后根据评台规则，低于 5 美元的订单评价不计入规则，扣除 1 分，再按照"相同买家在同一个自然旬内对同一个卖家做出的多个评价算一个（自然旬即为每月 1—10 日，11—20 日，21—28、29、30 或 31 日）"规则，扣除 2 分，则店铺最后 Feedback Score 为 24 分。最后按照图 8-15 所示的评价分值，换算出该店铺服务等级标志为█ █。

Feedback Symbol	Feedback Score
	3～9
	10～29
	30～99
	100～199
	200～499
	500～999
	1 000～1 999
	2 000～4 999
	5 000～9 999
	10 000～19 999
	20 000～49 999

图 8-15　店铺服务等级

二、撰写好评回复

质量较好的好评回复具备的要点包括：（1）在称呼上使用客户的名字，以示对客户的尊重，让客户感到亲切；（2）表达感谢之情，并言明该好评的鼓励作用；（3）表达将来继续为客户服务的愿望；（4）可以写一些个性化的祝福语；（5）落款名称可以写客服的名字，以便让客户觉得自己并不是和冰冷的互联网做交易，而是和实实在在的人做交易，这样也方便后续的营销邮件和 SNS 营销。具体操作界面和邮件内容见图 8-16。

三、处理中差评

对于由于质量问题产生的中差评，卖家可以分 5 步处理。

【Step 1】卖家收到差评之后应及时和买家联系，在表达歉意的同时，询问买家对产品质量不满意的具体原因。卖家可以通过站内信、邮件、Whats、Skype 等方式联系买家。

【Step 2】卖家可以通过换货（见图 8-17）或退款（见图 8-18）的方式，让买家满意并且追加评价。

【Step 3】如果买家未能追加评价，卖家可以先查看买家的评价是否符合平台评价的投诉规则。例如：买家的评价包含侮辱性言论；评价内容与实际星级不符（如内容为"我真的很喜欢这个货物，它很完美"，但是留了 1 星差评）。

【Step 4】若未能实现前面三步，卖家可以进行中差评营销。例如：解释为什么会出现这样的质量问题，或者附上产品的使用说明与注意事项、色差的注意事项等。这里的中差评营销主要是为了向潜在的客户说明真实情况。

【Step 5】中差评处理结束后，卖家应该积极查找相同产品的其他评价，如果发现评价具有共通性，则应及时采取措施，改进产品质量，或上架新的无质量问题的类似产品。

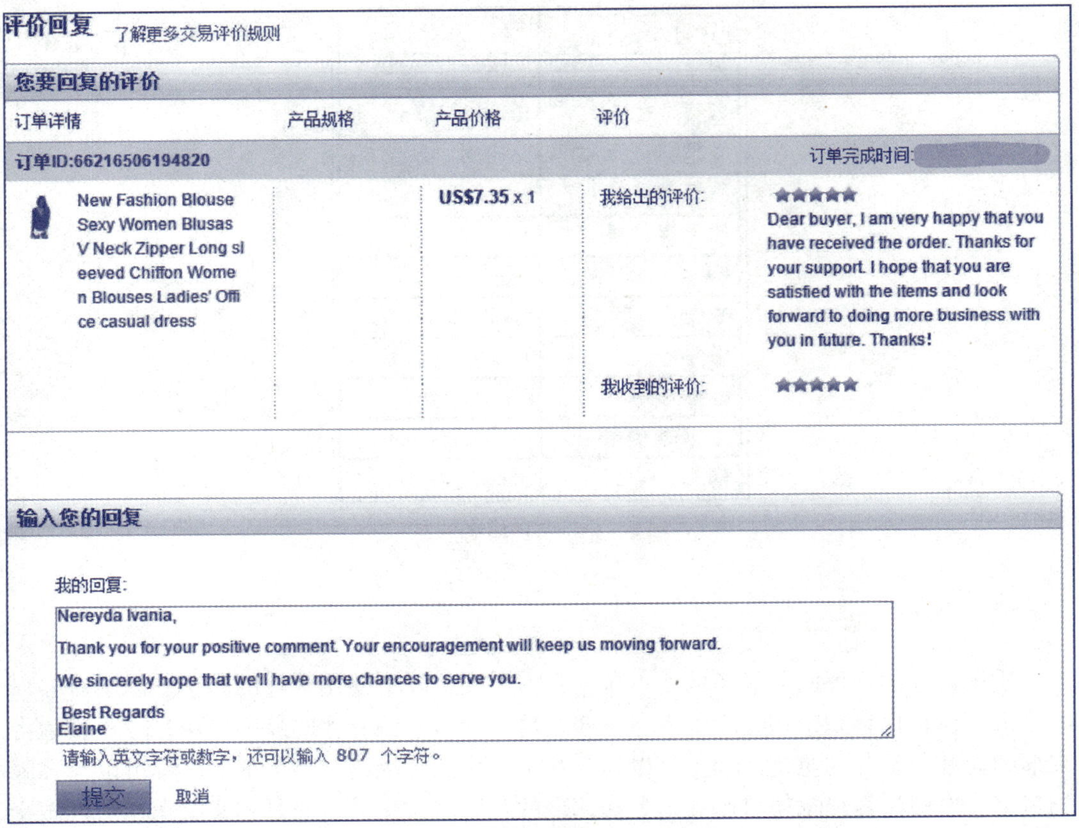

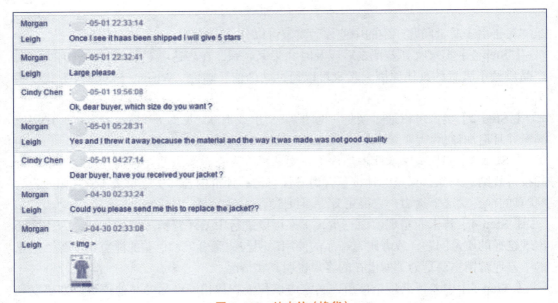

图 8—16　处理好评回复

图 8—17　站内信（换货）

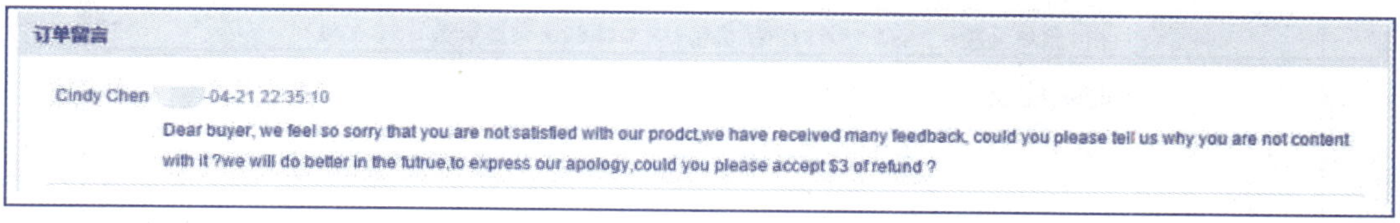

订单留言

Cindy Chen　　-04-21 22:35:10

Dear buyer, we feel so sorry that you are not satisfied with our prodct,we have received many feedback, could you please tell us why you are not content with it ?we will do better in the futrue,to express our apology,could you please accept $3 of refund ?

图 8-18　订单留言（退款）

工作任务 3　处理好售后服务、退换货及争议相关事宜

一、买家未收到货的纠纷处理

卖家应首先查看纠纷原因，再根据纠纷原因了解详情，最后判定是拒绝纠纷还是接受纠纷。如果拒绝，分两步走：第一步，与买家联系；第二步，拒绝平台纠纷并提供相应证据，以备裁决。

纠纷原因：买家认为运输时间已超过承保期（见图 8-6），而货物仍在运输途中，并要求退款。

纠纷分析：订单运输时间是否已超过承保期，一要看发货时间是否合适，二要看是否还在承保期内。如图 8-9 所示，我们发现订单下单时间为 3 月 3 日，发货时间为 3 月 19 日，符合店铺所限定的备货时间。此外，根据物流跟踪信息提示（见图 8-8），货物已到达并妥投，妥投时间为 4 月 12 日，发货时长不到 30 天，符合承保期 60 天。

纠纷判定：综上所述，卖家行为符合速卖通平台规则，决定拒绝买家方案。

纠纷处理方法：从平台与买家两方面同时处理。一方面，卖家可以通过站内信，向买家解释拒绝的理由（见图 8-19）；另一方面，卖家可以向平台提交拒绝的理由和证明（见图 8-20、图 8-21）。

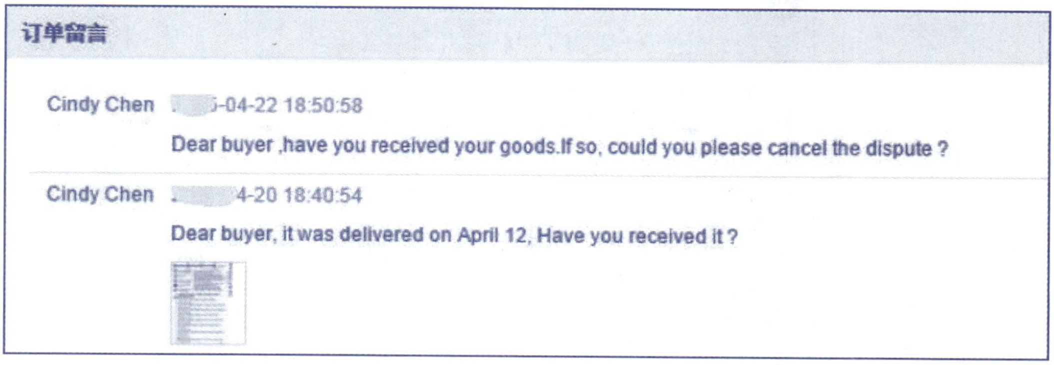

订单留言

Cindy Chen　　-04-22 18:50:58

Dear buyer ,have you received your goods.If so, could you please cancel the dispute ?

Cindy Chen　　4-20 18:40:54

Dear buyer, it was delivered on April 12, Have you received it ?

图 8-19　站内信发出的解释

操作方法：

【Step 1】通过站内信向买家发出解释。

【Step 2】向平台提交拒绝纠纷的理由。

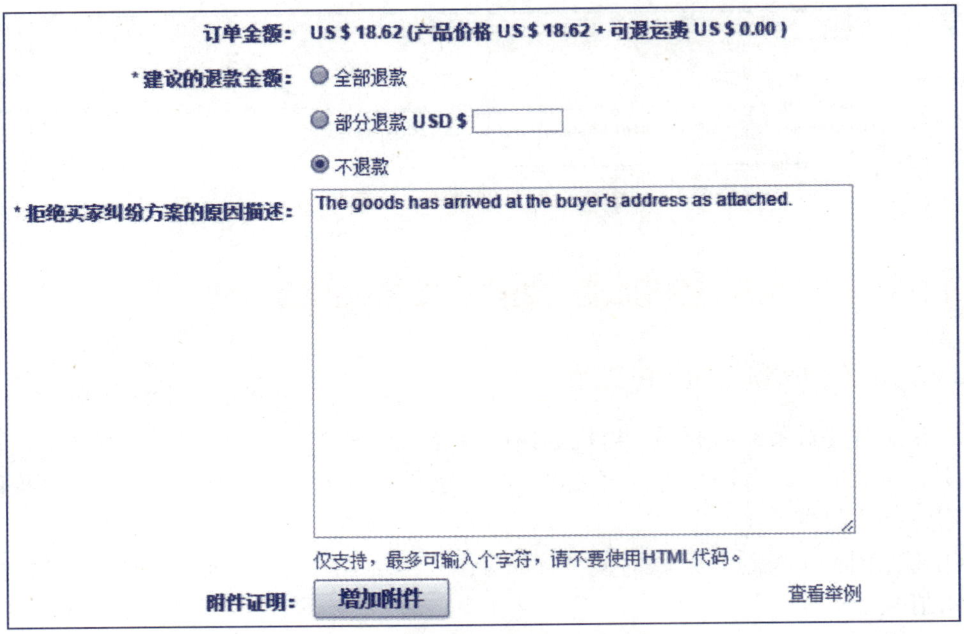

订单金额： US $ 18.62（产品价格 US $ 18.62 + 可退运费 US $ 0.00）

*建议的退款金额： ◯ 全部退款

◯ 部分退款 USD $ ☐

◉ 不退款

*拒绝买家纠纷方案的原因描述： The goods has arrived at the buyer's address as attached.

仅支持，最多可输入个字符，请不要使用HTML代码。

附件证明： 增加附件   查看举例

图 8－20   提交拒绝理由

向平台提交附件证明。

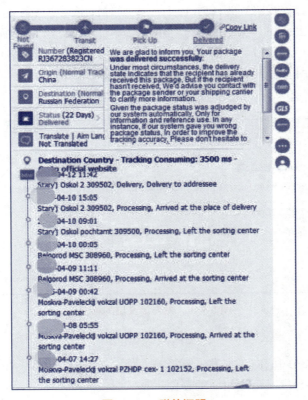

图 8－21   附件证明

二、产品质量问题的纠纷处理

与上个任务一样，卖家应首先分析纠纷原因，判定是拒绝纠纷协议还是接受纠纷协议，并提供解决方案。

纠纷原因：产品有污渍。

纠纷分析：买家已附有污渍图，证据确凿，要求提供部分退款的解决方案，可见买家对速卖通的平台规则比较熟悉。

纠纷判定：卖方责任。

纠纷解决：退款是必然的。卖家首先要诚恳地道歉，然后协商部分退款的金额，修改纠纷方案，如将买家所提的 5 美元减少到 3 美元，如果买家不同意，则可以同意买家的方案，但同时向买家索要好评以减少店铺服务等级的损失；最后，对买家表示感谢，同时赠送优惠券。

注意事项：自买家提起纠纷起，卖家必须在 5 天内作出响应（同意或者拒绝纠纷协议），否则订单将按照买家提出的退款金额执行退款并结束订单。除非如上一个任务中买家是以未收到货为由提起纠纷，且选择的原因是货物在途，那么卖家即使未在 5 天内作出响应操作，也不会导致订单被系统判定默认退款。

【**Step 1**】与买家协商（见图 8 - 22）。

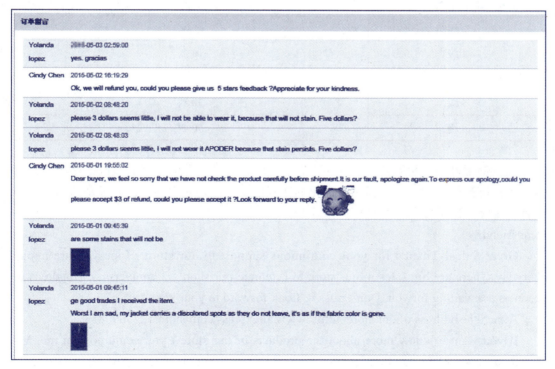

图 8 - 22　与买家协商

【**Step 2**】同意买家方案（见图 8 - 23）。

图 8-23　同意买家方案

工作任务 4　做好维护老客户、开发新客户的工作

一、老客户维护工作

老客户维护的途径主要通过速卖通的邮件营销，WhatsApp、Skype 等聊天工具营销以及 VK 分享。但在速卖通平台，卖家每月能发的营销邮件并不多（见表 8-2），因此，平时要注意客户信息的积累。

表 8-2　卖家每月能发的营销邮件数

您当前的卖家等级	每月可发邮件数
0～1 级	0 封
2 级	5 封
3 级	10 封
4 级	20 封
5 级	30 封
6 级	50 封

在营销邮件中，卖家首先要写明主题，同时也要注意写明促销的原因，然后表达对客户支持店铺的感谢，最后提供个性化的客服信息。需要注意的是，如果是速卖通内部的营销邮件，还可以添加 8 个相关推荐产品。

Dear friend,

Great Sales! Thanks for your continuous support to our store. Hope you are happy everyday. There are big sales in our store to celebrate our shop's 3 anniversary. Hundreds of products are waiting for you. Don't miss it. Look forward to your visit.

Attach the address of our store. http://www.aliexpress.com/store/1223690833.

If you want to know more about the products or our store，you could contact me. My e-mail address is elainepan0358@outlook.com. My WhatsApp Account is 8615260891021.

Have a lovely day.

Best Regards,

×× Shop

二、新客户开发工作

新客户开发可利用表 8 – 3 所示的 SNS 社交媒体。

表 8 – 3 SNS 社交媒体

SNS 社交媒体	特点	面向市场
Facebook	通过兴趣标签等手段加目标粉丝	全球
Twitter（现名为"X"）	微博粉丝互动（140 字符）	全球
Instagram	图片营销	全球
Pinterest	图片分享营销	全球
YouTube	视频分享营销	全球
VK	加目标粉丝群	俄罗斯
Modait	购物信息流分享平台	巴西
LinkedIn	商务社交网	全球

知识链接

一、收款基本概念

（一）跨境电商收款的含义

跨境电商收款是建立在整体电商运营框架基础上的一个重要环节，是指在跨境电商平台中实现销售后取得资金的过程。

（二）跨境电商收款操作流程

完成销售→买家付款→资金解冻→银行转账→结汇退税。

（三）跨境电商收款注意事项

（1）提现手续费；

（2）跨境电商资金正规回笼。

二、常规电商收款方式

（一）支付宝国际账号

支付宝国际账号是支付宝为从事跨境交易的国内卖家建立的资金账户管理平台，具有对交易的收款、退款、提现等主要功能。支付宝国际账户是多币种账户，包含美元账户和人民币账户。目前只有全球速卖通与阿里巴巴国际站会员才能使用支付宝国际账号。通过支付宝国际账号，用户可以方便地进行跨境交易和资金管理。

支付宝国际账号的主要特点包括：

（1）多币种支持。支付宝国际账号支持多种货币交易，包括美元、人民币等，方便用户进行跨国交易。

（2）便捷的收款方式。通过绑定用户的国内支付宝账户或美元银行账户，用户可以方便地收取来自全球的货款。

（3）快速提现。提现不再限制在 100 笔订单之内，账户中的"可提现金额"都可以被提现，且人民币账户提现不收取提现手续费。

（4）灵活的美元收款账户设置。用户可以同时绑定 3 个美元提现银行账户，更加灵活方便。

（5）高级安全保障。支付宝国际账号提供高级的安全保护措施，包括密码保护、双重认证等，以保护用户的账户和资金安全。

支付宝国际账号是一种非常便捷、高效、安全的电子支付工具，适用于从事跨境交易的国内卖家，可以帮助他们更好地管理资金和进行跨国交易。

（二）PayPal

PayPal（贝宝）是一种国际贸易支付工具，于 1999 年正式上线。因其在使用上的便捷性、安全性、即时性、多样性等，PayPal 成为全球范围内使用广泛的支付工具之一。

PayPal 的主要特点包括：

（1）使用广泛。在跨国交易中，超过 90% 的卖家和超过 85% 的买家认可并正在使用 PayPal 电子支付业务。

（2）操作便捷。使用 PayPal 账户可有效降低网络欺诈的发生，同时它所集成的高级管理功能，有助于用户轻松掌控每一笔交易详情。

（3）全球通用。PayPal 是一个全球性支付平台，支持多种货币交易，用户无须拥有当地银行账户，即可在全世界范围内进行支付。

（4）安全性高。PayPal 提供高级的安全保护措施，包括密码保护、双重认证等，以保护用户的账户和资金安全。

（5）快速到账。PayPal 的即时支付、即时到账功能，使得交易更加快捷、高效。

（6）支持多种支付方式。PayPal 支持信用卡、借记卡、银行账户等多种支付方式，方便用户进行选择。

（三）WorldFirst

WorldFirst（万里汇）致力于为全球中小企业提供更优质的跨境收付兑服务，依托跨境金融领域的全球生态合作网络，为客户提供更加丰富的产品解决方案与资金安全保障。自 2019 年加入蚂蚁集团，成为其旗下子品牌后，WorldFirst 开始为中国卖家提供更加本地化的服务。

WorldFirst 的主要特点包括：

（1）安全放心。WorldFirst 是全球领先的国际支付平台，严格遵守合规的最高要求，保障资金极致安全，赢得全球客户信赖。

（2）支持多平台接入。WorldFirst 打通国际市场，支持全球多个电商平台的接入和收款，如亚马逊、全球速卖通、eBay、Lazada、Newegg、Tophatter、Cdiscount 等诸多平台。

（3）全面的收款币种。WorldFirst 支持英镑、美元、日元、欧元、新西兰元、新加坡元等币种收款账户。

（4）贴心的客户服务。专业的中文客服、专属的客户经理为用户实时跟进，贴心服务。

（5）可提款到支付宝，周期短、流动快，大大缩短了资金链，让跨境电商收款更便捷、更高效。

（四）Payoneer

Payoneer 是一家总部位于纽约的在线支付公司，主要业务是帮助合作伙伴将资金下发到全球，同时为全球客户提供美元、欧元、英镑和日元收款账户用于接收欧美电商平台和企业的贸易款项。

Payoneer 的主要特点包括：

（1）支持多币种收款。Payoneer 支持的币种包括美元、英镑、欧元、日元、加拿大元、澳元，并为卖家提供资格审核所需文件。

（2）电子邮件请求付款，给客户发送付款请求，轻松催款、追踪。Payoneer 客户可选择电子支票、银行转款或信用卡付款，便捷安全。

（3）提款至银行账户，最快 1 个工作日到账。

（4）免费转账给其他 Payoneer 用户，支持 ATM 取现、实体店或网上消费。

（五）LianLianPay

LianLianPay（连连支付）隶属于连连银通电子支付有限公司。连连银通电子支付有限公司是中国独立第三方支付企业、国内产业互联网支付解决方案的提供商，拥有中国人民银行颁发的支付业务许可证、中国人民银行核准的跨境人民币结算业务资质，并于 2019 年底成为国内较早完成国家外汇管理局支付机构外汇业务名录登记的支付机构之一，同时是国家金融监督管理总局批准的基金销售支付结算机构。

LianLianPay 的主要特点包括：

（1）全球超过 10 种币种收款。LianLianPay 可锁定中行实时汇率，真正实现 0 汇损。

（2）多平台多店铺统一管理。一个账户，一键提现，方便卖家进行多币种、多店铺的资金管理。

（3）7×24 小时快速提款。365 天（中国法定节假日除外）随时提，随时到账，轻松优化资金周转。

（4）全方位保障资金安全。LianLianPay 拥有境内外支付牌照，保障资金合规，安全无风险。

三、速卖通平台收款规则

（一）不法获利规则

不法获利，是指卖家违反速卖通规则，涉嫌侵犯他人财产权或其他合法权益的行为。

不法获利的类型：诱导买家违反正常交易流程获得不正当利益；刊登或提供虚假的商品、服务或物流信息骗取交易款项；账户关闭后仍注册，使用其他账户。

对于不法获利的行为，平台一律给予关闭账户的处理。

（二）放款规则

1. 平台放款条件

（1）买家确认收货并同意放款；

（2）平台查到货物妥投信息。

只有同时满足交易成功和货物妥投两个条件，平台才会放款给卖家。买家确认放款之后，系统会自动查询订单中货运跟踪号的状态，如状态正常，订单款项将会自动支付给卖家，订单结束。

2. 注意事项

（1）对于卖家使用 TNT、UPS、FedEx、DHL、EMS 5 种物流方式发货的，系统会自动核实物流情况。

买家收货期内，系统核实物流妥投且妥投信息与买家收货地址信息一致时，会自动提醒买家在 7 天内确认收货。如果买家超时未确认，系统将默认买家确认收货，订单结束并放款给卖家。

买家收货期内，如果系统核实显示货物有投递到买家国家的物流信息，只是未显示正常妥投，只要买家确认收货且卖家能提供物流出具的妥投证明，系统也会放款给卖家。如果买家没有确认收货，系统会等到收货期超时后，再放款给卖家。

（2）对于卖家使用其他物流方式（航空包裹、顺丰速运）发货的，系统设定的收货超时时间为 30 天（除卖家延长收货期的订单外，此类订单发货期以实际延长后的期限为准）。

若买家未在规定时间内确认收货，系统将自动确认买家收货，并核对物流状态。若物流妥投，平台会放款给卖家。

若未妥投（不包含货物退回情况），系统会将该笔订单冻结 180 天，在此期间客服人员会不断与买家进行联系，询问收货情况，若期间卖家可以提供物流出具的妥投证明或者逾期买家未答复，平台会放款给卖家。

（3）为确保平台顺利查询货物妥投信息，卖家应注意：

保留发货过程中的所有单据，如发货单、收据等凭证，建议保留 6 个月以上；

保持与快递公司或者货代公司的联系，若选择的运输方式的物流官网上长时间无法查询到货物妥投信息，请督促快递公司或者货代公司进一步了解货物的物流状态；

保持与买家的联系，提醒对方及时确认收货并同意放款。

四、速卖通平台违约金规则

如果卖家缴存了保证金，则速卖通有权在出现以下三种情形时从店铺保证金中划扣对应金额（见表 8-4）。

表 8 - 4　速卖通违规类型及处罚

违规类型	违规场景	违约金金额及其他处罚
违规扣分	因知识产权严重违规累计达 2 次时	3 000 元人民币
	因知识产权禁限售违规扣分累计达 24 分时	3 000 元人民币
	因知识产权禁限售违规扣分累计达 36 分时	5 000 元人民币
	因商品信息质量违规扣分，每扣 12 分节点时	500 元人民币
	因知识产权禁限售违规、交易违规及其他、知识产权严重违规等被扣 48 分或直接关闭账号的	如卖家适用第十七条之一的保证金制度，违约金金额为保证金金额；如卖家适用第十七条之二的履约担保制度，违约金金额为履约担保保证金金额
违反虚假发货规则	构成虚假发货规则的一般违规，每被扣除 2 分	500 元人民币
	构成虚假发货规则的严重违规，每被扣除 12 分	1 000 元人民币
违反成交不卖规则	构成成交不卖规则的一般违规，被扣除 2 分	500 元人民币
	构成成交不卖规则的严重违规，被扣除 12 分	1 000 元人民币

为避免歧义，如果卖家构成多个违约场景，速卖通有权按各违约场景对卖家采取限制性措施。

如果保证金余额不足，导致速卖通无法划扣对应金额的违约金，卖家应向速卖通支付不足部分。如果网商银行仅向平台履行部分违约金，卖家应向速卖通支付不足部分。

如卖家行为对平台造成更大的实际损害，平台有权向卖家继续追偿直至卖家弥补全部损失。

五、电子商务客服

（一）电子商务客服的含义

客户服务（Customer Service）是指以客户为导向，为其提供服务并使之满意。广义而言，任何能提高客户满意度的内容都在客户服务的范围之内，一般国内客服的沟通方式是电话或者即时沟通工具。

电子商务客服是指承接客户咨询、订单业务处理、投诉，并通过各种沟通方式了解客户需求，与客户直接联系解决问题的电商服务人员。一般跨境电商客服的沟通方式是电子邮件和电话等。

（二）电子商务客服的知识储备

（1）熟悉主营产品的内涵和外延，能够提供既专业又全面的产品信息咨询。每天熟悉和掌握 2 ～ 3 款产品，了解产品的相关知识，从产品相关系数、使用说明，到常见问题的解决，都要掌握清楚，日积月累，一定要给客户留下专业印象。

（2）了解相应平台买家购物的流程、支付方式、常见问题及解决方法（指导买家购物）。

（3）熟悉平台费用体系以及产品定价公式。

（4）熟悉常用物流渠道的到货时间和查询方法。

（5）熟悉常规问题的解决套路，流程化解决一般性问题。

（6）熟悉国外消费者的消费习惯和消费性格、购物时间、忌讳事项、热门节日。

（三）电子商务客服的工作内容

1. 售前客服

售前客服是指在订单成交前，为买家购物提供相关指导，包括购物流程、产品介绍，以及支付方式等。

售前客服四大主题：

（1）产品相关：产品的功能和兼容性、相关细节明细、包裹内件详情。

（2）交易相关：关于付款方式和付款时间的等交易流程咨询。

（3）物流相关：运送地区和运送时间、能否提供快递、是否挂号等物流问题咨询。

（4）费用相关：合并邮费、批发购买、关税、是否能优惠等费用问题咨询。

2. 售后客服

售后客服是指在产品销售之后，为客人提供订单查询跟踪指导、包裹预期到货时间咨询以及产品售后服务对接等工作。

售后客服工作见表 8 - 5。

表 8 - 5　售后客服工作

物品没有收到	物流因素导致延迟
	订单漏下
	仓库漏发
	货运丢失
	买家地址不对
	相关信息如联系电话缺失
	海关清关导致延迟
	其他原因：海关、邮局罢工，安防严检，极端天气因素，当地邮局处理能力
物品描述不符	货不对——贴错标签、入错库、配错货、发错地址、下错订单
	货对，东西不符合——质检不到位，参数不对，材质不对，缺斤少两，有色差，尺寸有出入，货运损坏
	货对，东西也符合，但与买家预期不符——图片或者描述浮夸，买家吹毛求疵

续表

其他主动 售后联系	联系买家告知付款状态、订单确认和处理的相关信息
	分阶段联系买家，提供包裹物流状态信息
	不可抗力因素导致包裹延误、物流滞后等相关通知
	问题产品同类订单主动沟通联系
	新品、热卖产品推荐及店铺营销活动邮件推送

能力实训

一、选择题

1.［多选］电商收款操作流程为（　　　）。

　　A. 销售完成　　　　　　　　　　　　　B. 买家付款

　　C. 资金解冻、银行转账　　　　　　　　D. 结汇退税

2.［多选］常规电商收款途径有（　　　）。

　　A. 电汇　　　　　　　B.PayPal　　　　　　　C. 国际支付宝　　　　D. 手机

3.［多选］手机付款作为新兴的付款方式，具有快捷方便的功能，但是不可避免地有（　　　）发展的劣势。

　　A. 政策问题　　　　　B. 安全问题　　　　　C. 技术问题　　　　　D. 标准问题

4.［多选］不法获利规则类型包括（　　　）。

　　A. 诱导买家违反正常交易流程获得不正当利益

　　B. 刊登或提供虚假的商品、服务或物流信息骗取交易款项

　　C. 账户关闭后仍注册，使用其他账户

　　D. 出售劣质产品

5.［多选］速卖通平台付款标准是（　　　）。

　　A. 接单后的 7 天内（系统有提示）

　　B. 将货物发出（必须是有效订单）

　　C. 在系统中将有效订单标记为已发出，也就是在系统里发货

　　D. 提供对应订单的有效运单号

二、判断题

1.速卖通的不法获利规则是指卖家违反速卖通规则，涉嫌侵犯他人财产权或其他合法权益的行为。（　　　）

2.速卖通平台卖家若违反成交不卖规则，被扣除 2 分，则对应的违约金为 500 元人民币。（　　　）

3. 速卖通平台付款标准是接单后 7 天内完成。（　　　）

4. 如果在将货物发出、在系统中将有效订单标记为已发出、提供对应订单的有效运单号这三个步骤没有完成之前，订单被取消，PayPal 平台规定该订单将不会被付款。（　　　）

5. 速卖通平台会在每个自然月的第一天对前一个月的有效订单进行付款。（　　　）

三、能力拓展

【工作任务 1】催促客户付款。

有一个俄罗斯客户在陈倩担任客服的店铺拍下了一件女装，但迟迟未付款（见图 8-24）。陈倩看到了这个订单，并且查询了该客户的交易记录（见图 8-25），发现客户未曾购买过类似的夹克。于是陈倩决定采用降价策略，刺激客户付款。请你替她写一封邮件。邮件要点如下：

（1）感谢客户的关注与下单；

（2）由于她是新客户，给予降价 0.5 美元，且有效期为 3 天；

（3）以该产品为新品受青睐、库存紧张为由，催促客户付款。

图 8-24　未付款订单

【工作任务 2】催评。

店铺存在较多的需催评订单（见图 8-26），客服陈倩决定策划一个催评模板，要点包括：（1）感谢客户的购物支持；（2）引导好评；（3）如有问题，随时联系。请你帮陈倩制作一个催评模板。

【工作任务 3】处理退换货。

店铺收到客户的站内信，信里写道"衣服与图片不符"，要求退货并且退款（见图 8-27）。鉴于客户态度强硬与高额的运费，客服陈倩决定折价处理订单（见图 8-28），即退还给客户部分金额，同时索要五星好评。如果你是陈倩，请尝试与客户沟通。

【工作任务 4】老客户维护。

店铺为了庆祝成立两周年，正在做满立减活动（见图 8-29）。由于速卖通内部营销邮件是有限额的，因此客服陈倩决定选择一批具有潜力的老客户，给他们发送满立减信息，同时告知他们秋装新款已上架，最后再做一个关联产品的营销。如果你是陈倩，你该如何选择这些客户、如何撰写营销邮件以及如何做关联产品的营销？

店铺的网址为 http://www.aliexpress.com/store/435606689123。

图 8 - 25　客户交易记录

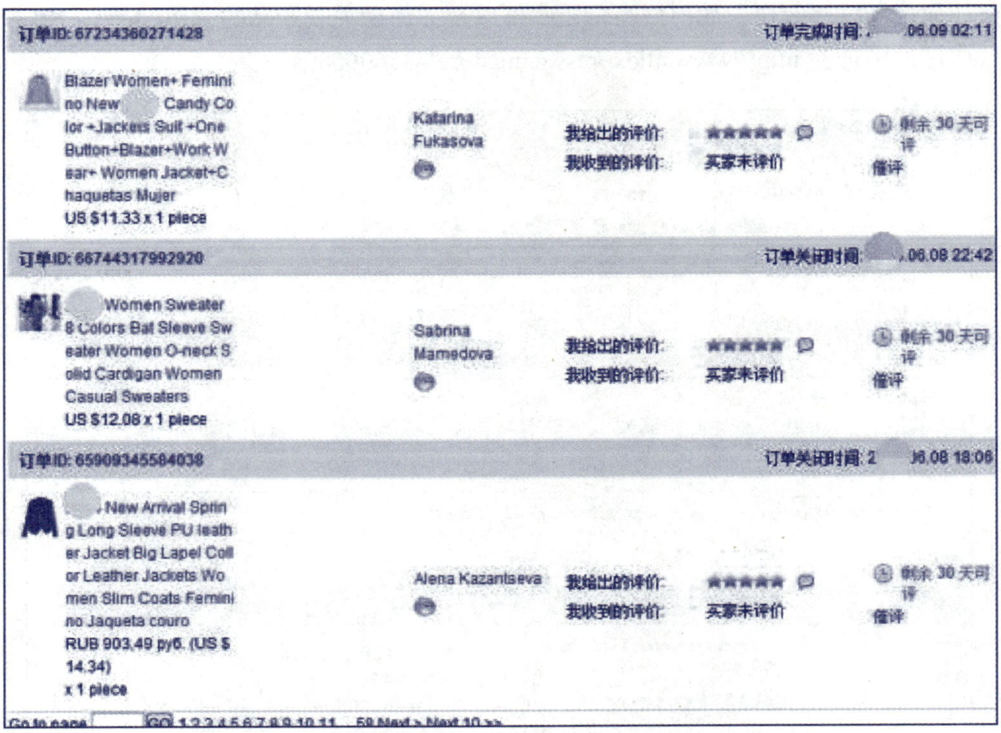

订单ID: 6723436027142B　　　　　　　　　　　　　　　　订单完成时间：　.06.09 02:11

Blazer Women+ Femini
no New　　Candy Co
lor +Jackes Suit +One
Button+Blazer+Work W
ear+ Women Jacket+C
haquetas Mujer
US $11.33 x 1 piece

Katarina
Fukasova

我给出的评价：　　★★★★★
我收到的评价：　　买家未评价

剩余 30 天可
评
催评

订单ID: 66744317992920　　　　　　　　　　　　　　　　订单关闭时间：　.06.08 22:42

Women Sweater
8 Colors Bat Sleeve Sw
eater Women O-neck S
olid Cardigan Women
Casual Sweaters
US $12.08 x 1 piece

Sabrina
Mamedova

我给出的评价：　　★★★★★
我收到的评价：　　买家未评价

剩余 30 天可
评
催评

订单ID: 65909345584038　　　　　　　　　　　　　　　　订单关闭时间：2　J6.08 18:06

New Arrival Sprin
g Long Sleeve PU leath
er Jacket Big Lapel Coll
or Leather Jackets Wo
men Slim Coats Femini
no Jaqueta couro
RUB 903,49 py6. (US $
14.34)
x 1 piece

Alena Kazantseva

我给出的评价：　　★★★★★
我收到的评价：　　买家未评价

剩余 30 天可
评
催评

Go to page　　　GO 1 2 3 4 5 6 7 8 9 10 11　 59 Next > Next 10 >>

图 8－26　需催评订单

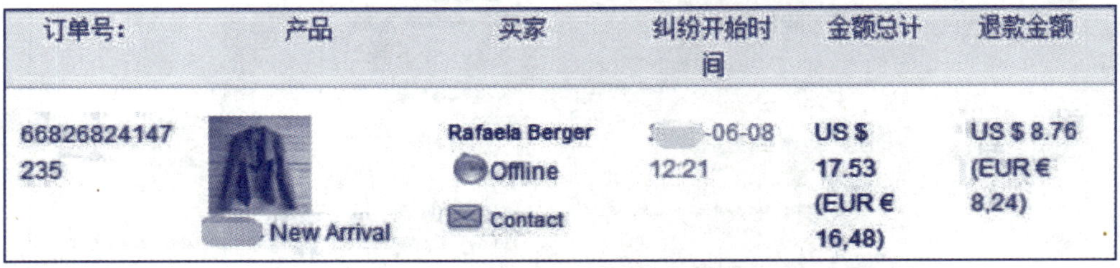

订单号	产品	买家	纠纷开始时间	金额总计	退款金额
66826824147235	New Arrival	Rafaela Berger Offline Contact	-06-08 12:21	US $ 17.53 (EUR € 16,48)	US $ 8.76 (EUR € 8,24)

图 8－27　客户发出退款、退货要求

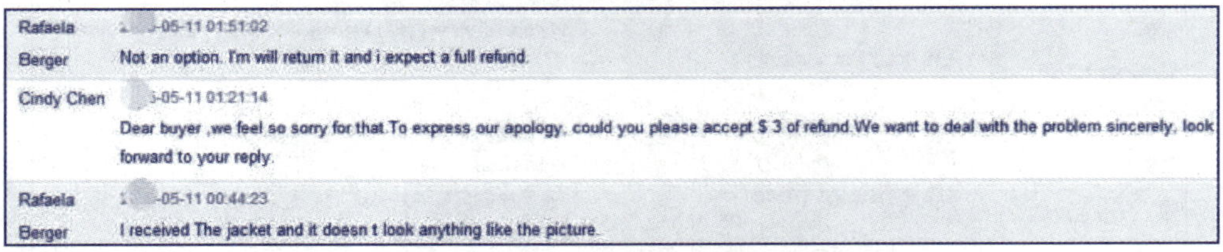

Rafaela Berger	-05-11 01:51:02	Not an option. I'm will return it and i expect a full refund.
Cindy Chen	-05-11 01:21:14	Dear buyer ,we feel so sorry for that.To express our apology, could you please accept $ 3 of refund.We want to deal with the problem sincerely, look forward to your reply.
Rafaela Berger	-05-11 00:44:23	I received The jacket and it doesn t look anything like the picture.

图 8－28　处理纠纷

Seller Discount
On all products

Time left until promotion ends：6d 17h 0m
Shop Now ›

- Get **$1.00** off on orders over US $20.00
- Get **$2.00** off on orders over US $35.00
- Get **$3.00** off on orders over US $50.00
(Incl. shipping costs)

If you want to purchase more than one product, please add everything to your Cart first. When you proceed to the checkout page, the Seller Discount will be automatically calculated.;

图 8－29　店铺折扣信息

个性化成长记录表

序号	评价内容	学生成长记录	评价方式	评价主体	备注
1	微课学习（5%）		平台考试测验	平台	
2	课前测试（5%）		平台考试测验	平台	
3	课中测试（5%）		平台考试测验	平台	
4	仿真实训（5%）		平台系统评分	平台	
5	课后作业（5%）		平台考试测验	平台	
6	学习活跃度（3%）		平台系统评分	平台	
7	资源贡献度（2%）		平台系统评分	平台	
8	技能操作完整度（10%）		操作成果评分 实战成果评分	教师	
9	技能操作规范度（10%）		操作成果评分 实战成果评分	教师	
10	成果展示（10%）		操作成果评分 实战成果评分	教师	
11	方案制定（5%）		能力评估表	自评／互评	可选
12	技能操作完整度（5%）		能力评估表	自评／互评	
13	技能操作规范度（5%）		能力评估表	自评／互评	
14	成果展示（5%）		能力评估表	自评／互评	
15	客户服务模拟实战（20%）		绩效考核评分 满意度调查表	企业	
16	1+X 考证		考试通过率	评价组织	增值评价，可选，一般放年度考核
17	技能大赛		获奖等级	技能大赛组委会	增值评价，可选，一般放年度考核

备注：各部分权重占比可根据单元实际情况调整。

参考文献

［1］速卖通大学.跨境电商营销：阿里巴巴速卖通宝典.北京：电子工业出版社，2015.

［2］速卖通大学：http://daxue.aliexpress.com/.

［3］eBay 大学：http://university.ebay.cn/.

［4］亚马逊大学：http://sellercentral.amazon.com/gp/homepage.html.

［5］亿恩网：http://www.enec.net/portal.php.

［6］雨果网：http://www.cifnews.com/.

［7］全球速卖通平台规则（2023 版）.